高等职业教育新商科系列教材

品牌管理
Brand Management

主　编　吴会杰　李　菁
副主编　潘文佳

西安交通大学出版社
XI'AN JIAOTONG UNIVERSITY PRESS

内容简介

本教材在内容设计上以综合职业能力培养为目标,以典型工作任务为载体,以职业能力清单为基础,精心选取了实践性、专业性、创新拓展性强的实践教学素材,采用项目导向和任务驱动的教学模式重构学习内容。本教材共分为10个项目:品牌认知、品牌战略、品牌定位、品牌设计、品牌形象、品牌传播、品牌延伸、品牌国际化、品牌危机管理、品牌资产。本教材旨在培养学生树立品牌意识,构建以顾客价值为主导的品牌管理体系,为成为一名合格的经济管理人员奠定良好的知识技能基础和品牌创新创意潜质。本教材内容实践性、应用性强,工学结合,特色突出;既可以作为高等职业教育经济管理类专业的教学用书,也可以作为企业营销、技术、管理和服务岗位工作人员的参考书。

图书在版编目(CIP)数据

品牌管理 / 吴会杰,李菁主编. -- 西安:西安交通大学出版社,2024.5
ISBN 978-7-5693-3597-2

Ⅰ.①品… Ⅱ.①吴… ②李… Ⅲ.①品牌-企业管理 Ⅳ.①F273.2

中国国家版本馆 CIP 数据核字(2024)第 010580 号

书　　名	品牌管理 PINPAI GUANLI
主　　编	吴会杰　李　菁
责任编辑	史菲菲
责任校对	王建洪
封面设计	任加盟
出版发行	西安交通大学出版社 (西安市兴庆南路 1 号　邮政编码 710048)
网　　址	http://www.xjtupress.com
电　　话	(029)82668357　82667874(市场营销中心) (029)82668315(总编办)
传　　真	(029)82668280
印　　刷	陕西日报印务有限公司
开　　本	787mm×1092mm　1/16　印张 13.5　字数 303 千字
版次印次	2024 年 5 月第 1 版　2024 年 5 月第 1 次印刷
书　　号	ISBN 978-7-5693-3597-2
定　　价	39.80 元

如发现印装质量问题,请与本社市场营销中心联系。
订购热线:(029)82665248　(029)82667874
投稿热线:(029)82665379
读者信箱:511945393@qq.com

版权所有　侵权必究

前言

随着全球化的深入推进和市场竞争的日益激烈,品牌管理已成为企业赢得市场份额的关键手段。为了帮助学习者更好地掌握品牌管理的理论和实践技巧,西安职业技术学院牵头组织专家团队,结合行业领军企业的实践经验编写了本教材。

本教材的编写初衷是满足品牌管理教育的需求,为学习者提供一本内容丰富、结构清晰、理论与实践相结合的品牌管理教材。希望通过本教材,学习者能够系统地了解品牌管理的理论体系、方法与技巧,并能够结合实际案例进行实践操作,提高自身的品牌管理能力。

本教材的特点如下:①内容全面。本教材涵盖了品牌管理的各个方面,包括品牌战略、品牌识别、品牌传播、品牌保护、品牌创新等,为学习者提供了全面的学习内容。②理论与实践相结合。本教材不仅介绍了品牌管理的理论知识,还结合大量实际案例进行了分析和讲解,使学习者能够更好地理解和掌握品牌管理的实践技巧。③融入思政元素。本教材以"讲好中国品牌故事,弘扬中国品牌精神"为主题,引导学生树立正确的品牌观,践行品牌强国战略。④配套数字资源。本教材每个项目都有"项目拓展"和"即测即评",方便学习者拓展阅读和在线自测。

本教材从树立品牌管理意识、推进品牌战略、培养德技并修复合型创新型人才出发,精心选取了实践性、专业性、创新拓展性强的实践教学素材,采用项目导向和任务驱动的教学模式重构学习内容。本教材共分为10个项目:品牌认知、品牌战略、品牌定位、品牌设计、品牌形象、品牌传播、品牌延伸、品牌国际化、品牌危机管理、品牌资产。

本教材由西安职业技术学院吴会杰教授、李菁副教授主编,潘文佳副主编,张媛、徐良霞(徐州生物工程职业技术学院)、陈曦、闫思敏参编。具体分工如下:项目一和项目二由李菁编写,项目三和项目四由张媛编写,项目五和项目六由潘文佳和徐良霞编写,项目七由陈曦和徐良霞编写,项目八由陈曦编写,项目九和项目十由闫思敏编写。

本教材既可作为高职与应用型本科院校经济管理类专业教材,也可作为社会学习者了解品牌管理的参考资料。

由于编者水平有限,书中难免有疏漏之处,请读者批评指正。

编 者

2024 年 1 月

目录

项目一　品牌认知 ……………………………………………………………… 001

　任务一　品牌的起源 …………………………………………………………… 001
　任务二　品牌的内涵 …………………………………………………………… 007
　任务三　品牌的作用 …………………………………………………………… 012
　项目拓展 ………………………………………………………………………… 019
　即测即评 ………………………………………………………………………… 019

项目二　品牌战略 ……………………………………………………………… 020

　任务一　品牌的战略 …………………………………………………………… 020
　任务二　品牌的战略模式 ……………………………………………………… 027
　任务三　品牌的管理 …………………………………………………………… 034
　项目拓展 ………………………………………………………………………… 041
　即测即评 ………………………………………………………………………… 041

项目三　品牌定位 ……………………………………………………………… 042

　任务一　品牌的定位 …………………………………………………………… 042
　任务二　品牌定位的流程 ……………………………………………………… 048
　任务三　品牌定位的策略 ……………………………………………………… 054
　项目拓展 ………………………………………………………………………… 060
　即测即评 ………………………………………………………………………… 060

项目四　品牌设计 ……………………………………………………………… 061

　任务一　品牌名称设计 ………………………………………………………… 061
　任务二　品牌标志设计 ………………………………………………………… 067
　任务三　品牌理念设计 ………………………………………………………… 072

任务四　品牌包装设计 …………………………………………………… 076
　　项目拓展 …………………………………………………………………… 082
　　即测即评 …………………………………………………………………… 082

项目五　品牌形象 …………………………………………………………… 083
　　任务一　品牌的个性 …………………………………………………… 083
　　任务二　品牌的文化 …………………………………………………… 090
　　任务三　品牌识别系统 ………………………………………………… 096
　　项目拓展 …………………………………………………………………… 101
　　即测即评 …………………………………………………………………… 101

项目六　品牌传播 …………………………………………………………… 102
　　任务一　品牌传播的内涵 ……………………………………………… 102
　　任务二　品牌传播的媒介 ……………………………………………… 109
　　任务三　品牌传播的新模式 …………………………………………… 120
　　项目拓展 …………………………………………………………………… 128
　　即测即评 …………………………………………………………………… 128

项目七　品牌延伸 …………………………………………………………… 129
　　任务一　品牌延伸的内涵 ……………………………………………… 129
　　任务二　品牌延伸的策略 ……………………………………………… 134
　　任务三　品牌延伸的风险 ……………………………………………… 142
　　项目拓展 …………………………………………………………………… 147
　　即测即评 …………………………………………………………………… 147

项目八　品牌国际化 ………………………………………………………… 148
　　任务一　品牌国际化的内涵 …………………………………………… 148
　　任务二　品牌国际化的障碍和风险 …………………………………… 152
　　任务三　品牌国际化的策略 …………………………………………… 158
　　任务四　中国品牌国际化 ……………………………………………… 164
　　项目拓展 …………………………………………………………………… 171
　　即测即评 …………………………………………………………………… 171

项目九　品牌危机管理 ……………………………………………………… 172
　　任务一　品牌危机的成因 ……………………………………………… 172

任务二　品牌危机的类型 …………………………………… 178
　　任务三　品牌危机的防范和应对 ………………………………… 182
　　项目拓展 ……………………………………………………………… 189
　　即测即评 ……………………………………………………………… 189

项目十　品牌资产 …………………………………………………… 190

　　任务一　品牌资产的内涵 …………………………………………… 190
　　任务二　品牌资产的评估 …………………………………………… 195
　　任务三　品牌资产的保护 …………………………………………… 202
　　项目拓展 ……………………………………………………………… 207
　　即测即评 ……………………………………………………………… 207

参考文献 ……………………………………………………………… 208

项目一 品牌认知

任务一 品牌的起源

课程思政

格力名字的由来

格力这个名字在中国几乎可以说是家喻户晓,可谓是中国家电行业的国民品牌。说起格力这个名字的由来,要先从一个人说起,他就是格力电器的创始人朱江洪。格力这个名字是从冠雄塑料厂的产品商标"海乐"演变而来的。"海乐"的意思就是"珠海快乐",但由于朱江洪和他的团队当时缺乏商标专利保护意识,当他们想用"海乐"作为新公司的名称和产品商标时,郁闷地发现它已经被别人注册了。朱江洪深知品牌对一个企业的重要性,于是他带着两名副手在办公室里给新公司起名字,朱江洪说:"今天大家什么也别干,哪儿也别去,就坐在这儿想名字,想不出来谁也不许回家!"大家苦思冥想了很长时间,有人提出"快乐"的英文是GLEE,中文译音就是"格力",格力格力,格外有力,中文寓意也很好。

学生思考

"格力"是如何建立自己的品牌的?

教师点评

这就是格力企业文化:刚柔并济打造核心品牌!

一、任务描述

在街道、商城、地铁、机场等地方,我们经常能看见格力空调的广告:"好空调,格力造!"它在人们的潜意识当中无形种下了一颗记忆的种子,使人们想买空调的时候,第一时间就会想到"格力"。这就是"品牌"的强大与存在的意义。那么品牌是什么时候出现的?又是如何发展起来的?要回答这些问题,我们就必须来了解一下"品牌"的起源。

二、课前导学

(一)应知应会——追本溯源:扑朔迷离的品牌起源

说法一:最早的品牌是中国的"杜康",有曹操《短歌行》"何以解忧,唯有杜康"的佐证。

说法二:最早的品牌诞生于中国北宋时期。"济南刘家功夫针铺"广告青铜版,以白兔形象为符号,并提示顾客"认门前白兔儿为记",是目前世界上已知的最早的印刷商品广告实物。

说法三:品牌(brand)一词来源于古挪威文 brandr,它的中文意思是"烙印"。当时,西方游牧部落在马背上打上不同的烙印,用以区分自己的财产,这是原始的商品命名方式,被西方公认为现代品牌概念的来源。

说法四:品牌(brand)一词来源于古斯堪的那维亚语 brandr,意思是"燃烧",指的是生产者燃烧印章烙印到产品上。

说法五:现代概念上的品牌诞生于1867年的宝洁公司。当时的宝洁公司跟其他企业一样将产品堆在码头上,每堆货物上都盖了帆布,但是为了区别于其他企业的货物,宝洁公司在帆布上打一个明显的标记:一个极大的圆圈和一个五星(后来发展为宝洁公司的星月标志)。随后一件神奇的事情发生了,商品被客商迅速地一抢而空。没打标记之前,平均销售需要15天,而打了标记后,销售时间缩短到了2个小时。

(二)日积月累——品牌的发展历程

品牌的发展经历了以下几个时期。

1. 品牌的符号化时期

早在远古时代,在我国的陶器上,就有了作为标记的符号,这是品牌最早的存在形式;到后来先秦时期的青铜器上的铭文,这些符号标记作用也很清晰,就是为了区分私有权;到了春秋战国时期,出现了所谓"物勒工名"的制度,即器物的制造者要把自己的名字刻在上面,以方便管理者检验产品质量。在古希腊和古罗马时期的陶器、金器、灯具上也都刻有文字或图案的标记,成为商标的雏形。欧洲初期的标志,大多是商人或工匠签刻的姓名,后来演变为简单的图形标记。

2. 品牌的法律化时期

1857年法国制定的《关于以使用原则和不审查原则为内容的制造标记和商标的法律》是世界上最早的专门成文的商标法。随后,在19世纪60—70年代,英国、美国、德国、日本也相继颁布了各自的商标法。1883年签订的《保护工业产权巴黎公约》和1891年签订的《商标国际注册马德里协定》,使商标制度步入国际化轨道。

商标是商品的标志或标记。它是市场经济发展到一定阶段的产物,是产权主体明晰化和市场竞争明朗化的产物。商品生产的最初阶段并没有商标,当商品生产发展到品牌竞争阶段后,同一种商品出现了众多的生产者和经营者,为了表明自己的商品质量优良和独具特色,许多生产者和经营者就在自己的商品上做上记号,刻印标志,以示区别。后来商标就演变成为一种约定俗成的品牌标志。

在这个时期,包装产品逐步替代散装产品,这直接导致作为品牌基础元素的包装设计成为销售产品的主要手段。大量产品问世,促使各家产品要做区分,商标法推出并修订,这让品牌得到了法律保护。

19世纪末到20世纪中叶,商标制度已风行全世界,品牌得到了法律的认可和保障。这个时期产生了大量的优秀品牌,很多经过百年洗礼,至今仍具有勃勃生机。

3. 品牌的资产化时期

把品牌作为企业的竞争核心,让品牌成为一个学科,把品牌推上营销前沿,让品牌真正成为品牌学,却是1950—2000年这50年的事情。第二次世界大战后,经济逐渐恢复,技术快速变革和迭代,市场上产品过剩,让品牌逐渐走向"正规"。

这短短50年左右的时间中,品牌理论逐步成熟,涌现出了一批品牌学大师和学派。

1955年,大卫·奥格威在"品牌与形象"的演讲中,第一次阐述了"品牌"概念,并提出品牌形象论。20世纪50年代中后期,IBM(国际商业机器公司)在其设计顾问的倡导下,首度推行了企业CI(企业形象)设计,随后CI进入日本,20世纪80年代传到我国,对我国品牌设计影响至今。20世纪60年代,美国葛瑞广告公司首次提出"品牌性格哲学",这就是后来的品牌个性。20世纪70年代,艾·里斯(Al Ries)和杰克·特劳特(Jack Trout)提出了定位理论,其最开始用于广告传播,后来逐渐演变为品牌定位理论,指导品牌的建设,是品牌战略的重要组成部分之一。1989年,美国《营销研究》期刊发表了彼得·法夸尔(Peter Farquhar)撰写的《管理品牌资产》。1991年,戴维·阿克(David Aaker)以更为完善和整体的理论、框架和实例发表了同名专著。品牌资产论成了接下来几十年引导品牌建设的重要理论,它将品牌从虚无缥缈的无形转变为可计算衡量的有形。

如今品牌资产已经作为企业经营过程中无形资产的重要组成部分,在企业的收购、兼并或者上市过程中,体现出重大价值。

4. 品牌的人格化时期

1994年,福尼尔(Fournier)提出了品牌关系质量。一年后布莱克斯通(Blackston)提出了品牌关系模型,他认为,品牌关系以消费者认为的品牌态度为基础,是消费者对品牌的态度和品牌对消费者的态度之间的互动,就像人和人的关系一样,都存在于对方的头脑里。

为了适应这些新的变化,营销者又一次开始了营销变革,更专注于人类的情感需求。新时代的营销概念也应运而生,比如情感营销、体验营销、品牌资产营销等。科特勒所说的营销3.0的世界里,品牌变成"以价值观为驱动",企业的盈利能力与社会责任感及其所宣扬的价值观息息相关,"交换"与"交易"被转化为"互动"与"共鸣",营销的价值从功能与情感的差异化升级为精神与价值观的相匹配。

如今品牌不只是一个冷冰冰的商品、一个好的logo(标志)和名称,而是一个有温度、有性格、有表达的"人",这就是IP(知识产权)诞生的土壤。品牌作为一个人格化的概念,有自己的人设、性格、情感和价值观,以及独特的符号和视觉识别系统,这就是品牌IP化的过程。

（三）实践训练

(1)列举几个生活中常见的品牌。

_____

_____

_____

(2)你还了解哪个品牌的发展历史？

_____

_____

_____

_____

三、任务实施前准备

(1)知识准备：品牌的发展历史（见图1-1）。

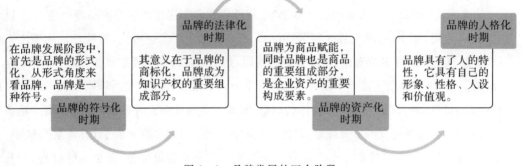

图1-1　品牌发展的四个阶段

(2)工具准备：笔记本、笔、电脑、网络。

四、任务实施流程

本任务实施流程如表1-1所示。

表1-1　任务一实施流程

序号	作业内容	说明
1	确定调研对象	确定2~3个企业作为调研对象
2	收集资料	分组对这2~3个企业的品牌发展历史、品牌故事、品牌的意义、品牌特点等进行调研并收集资料
3	整理资料	以小组为单位对调研企业的资料进行归纳整理
4	撰写调研报告	在前期调研的基础上，撰写完整的调研报告
5	汇报	分组进行汇报

五、知识链接

(一)品牌的含义

品牌简单地讲是指消费者对产品及产品系列的认知程度。品牌是人们对一个企业及其产品、售后服务、文化价值的一种评价和认知,是一种信任。品牌已是一种商品综合品质的体现和代表。当人们想到某一品牌的同时总会和时尚、文化、价值联想到一起,企业在创品牌时不断地创造时尚,培育文化,随着企业的做强做大,不断从低附加值向高附加值升级,向产品开发优势、产品质量优势、文化创新优势的高层次转变。当品牌文化被市场认可并接受后,品牌才产生其市场价值。结合当今商业环境,消费心理学给品牌做了新的定义:人们在接触商品、服务以及相关宣传时,通过和心目中已经熟悉的同类商品和服务对比形成的,对商品和服务的识别印象和对比感受。因此,没有对比就没有品牌。

菲利普·科特勒认为品牌是一个名字、名称、符号或设计,或者是它们的组合,其目的是识别某个销售者或某群销售者的产品或服务,并使之同竞争对手的产品和服务区别开来。

从品牌战略开发角度看,品牌是通过以上这些要素及一系列市场活动而表现出来的结果所形成的一种形象认知度、感觉、品质认知,以及通过这些而表现出来的客户忠诚度,总体来讲它属于一种无形资产。

品牌是企业或品牌主体(包括城市、个人等)一切无形资产总和的全息浓缩,而"这一浓缩"又可以以特定的"符号"来识别;它是主体与客体、主体与社会、企业与消费者相互作用的产物。

(二)品牌的种类

按照不同的标准,品牌可划分为不同的种类。

1. 根据品牌知名度的辐射区域划分

根据品牌知名度和辐射区域划分,品牌可分为地区品牌、国内品牌、国际品牌。

地区品牌是指在一个较小的区域之内生产销售的品牌,例如,地区性生产销售的特色产品。这些产品一般在一定范围内生产销售,产品辐射范围不大,主要受产品特性、地理条件及某些文化特性影响。这有点像地方戏种,如秦腔主要在陕西,晋剧主要在山西,豫剧主要在河南。

国内品牌是指国内知名度较高、产品辐射全国、在全国销售的产品品牌。

国际品牌是指在国际市场上知名度、美誉度较高,产品辐射全球的品牌。

2. 根据品牌在生产经营中的不同环节划分

根据品牌在生产经营中的所属环节,品牌可分为制造商品牌和经营商品牌。制造商品牌是指制造商为自己生产制造的产品设计的品牌。经销商品牌是经销商根据自身的需求及对市场的了解,结合企业发展需要创立的品牌。

3. 根据品牌来源划分

根据品牌来源的不同,品牌可分为自有品牌、外来品牌和嫁接品牌。自有品牌是企业依据自身需要创立的品牌。外来品牌是指企业通过经营、兼并、收购或其他形式而取得的品牌。嫁接品牌主要指通过合资、合作方式形成的带有双方品牌的新产品品牌。

4. 根据品牌的生命周期长短划分

根据生命周期长短来划分,品牌可分为短期品牌和长期品牌。

短期品牌是指生命周期持续较短时间的品牌,由于某种原因,品牌在市场竞争中昙花一现或持续一时。

长期品牌是指品牌生命周期随着产品生命周期的更替,仍能经久不衰、永葆青春的品牌。

5. 根据品牌产品内销或外销划分

根据产品品牌是针对国内市场还是国际市场,品牌可分为内销品牌和外销品牌。由于世界各国在法律、文化、科技等宏观环境方面存在巨大差异,一种产品在不同的国家市场上有不同的品牌,在国内市场上也有单独的品牌。品牌划分为内销品牌和外销品牌对企业形象整体传播不利,但由于历史、文化等原因,有时不得不采用。企业对于新品牌的命名应考虑到国际化的影响。

6. 根据品牌产品的所属行业划分

根据品牌产品的所属行业不同,品牌可分为家电业品牌、食品饮料业品牌、日用化工业品牌、汽车机械业品牌、网络信息业品牌等。

六、总结评价

任务考评表

考评任务	被考评人	考评标准				
	班级:	考评内容	分值	自我评价	小组评价	教师评价
品牌的起源		1. 调研准备充分,分工合理	10			
		2. 调研记录内容全面,准确性高	20			
		3. 调研过程纪律表现良好,注重团队合作	10			
		4. 调研报告总结及时、认真,体现出对企业品牌起源的认识,具有合理性	30			
	姓名:	5. 汇报时 PPT(演示文稿)内容完整、美观,语言表达流畅,着装、仪态合乎要求	30			
		合计				
		综合得分 (自评占 10%,组评占 30%,师评占 60%)				

任务二　品牌的内涵

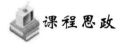

华为构建万物互联的智能世界

华为是中国最大的通信设备生产商之一,也是全球知名的电信设备制造商。华为的品牌文化早在公司创立之初就开始形成,贯穿于公司的战略和运营中,成为公司成功的重要因素之一。艰苦奋斗、狼性文化、低调务实、时时刻刻的危机意识是华为文化的灵魂,而爱祖国、爱人民则是华为文化的根基,从新员工抓起、重视新员工的文化培训是其文化得以延续和继承的根本保证。

学生思考

华为品牌的影响力体现在哪些方面?

教师点评

企业精神理应是企业思想升华、理念提炼、全员共识的结晶,要使员工和社会普遍接受和认同,关键是强化企业精神要义的宣贯,突出时代化、通俗化和大众化诠释,实现认知度、认可度、认同度的统一。

一、任务描述

近年来,华为手机业务的发展可谓是突飞猛进,市场份额不断扩大的同时,品牌声望也在不断积累,越来越多的消费者在购买手机时会选择华为。作为一名在校大学生,你身边的同学朋友中,有多少人在使用华为手机?为什么越来越多的人选择华为产品呢?

二、课前导学

(一)应知应会

1. 品牌的内涵

品牌最持久的含义和实质是其价值、文化和个性;品牌是一种商业用语,品牌注册后形成商标,企业即获得法律保护拥有其专用权;品牌是企业长期努力经营的结果,是企业的无形载体。

品牌内涵主要从以下六个方面体现:

(1)属性:品牌代表着特定商品的属性,这是品牌最基本的含义。

(2)利益:品牌不仅代表着一系列属性,而且体现着某种特定的利益。

(3)价值:品牌体现了生产者的某些价值感。

(4)文化:品牌还附着特定的文化。

(5)个性:品牌也反映一定的个性。

(6)用户:品牌暗示了购买或使用产品的消费者类型。

2.品牌存在的意义

1)企业的视角

品牌是企业的无形资产,能给企业带来巨大的利益。

品牌是一个企业存在与发展的灵魂。

品牌可以通过溢价赚取附加利益,提高利润率。

品牌生命周期越长,核心竞争力越强。

2)顾客的视角

产品是企业生产的,品牌是顾客选择的。

同质化背景下的产品竞争体现为品牌竞争。

3)基于市场的视角

品牌为顾客创造差异化价值。

(二)日积月累

1.品牌内涵的特点

1)品牌内涵的形成最终是由公众决定的

很多企业在推品牌时就会提出要倡导某个理念,其实不管理念有多好,最终能否占据公众的心智是品牌成败的关键。如果娃哈哈当初要推一种年轻人喝的可乐,试想那要怎样说服消费者放弃"百事"?所幸娃哈哈选择了带有中国喜庆色彩的"非常可乐",但要怎样才被广大消费者认可,恐怕娃哈哈还需努力。

其实也有公司没有主动为其品牌注入内涵,而是通过其包装、说明、企业宣传及消费者使用等产生一种理念或感觉,这对某些行业当然也适用。

2)要在公众心中塑造或改变某种内涵非常困难

尽管普通消费者一般会根据其仅有的有限经验及知识对某一品牌形成自己的认知,尽管那可能会跟客观情况不一致,但他却认为那是正确的,所以"心智认知就是品牌",消费者是根据自己的认知去消费的。

一个品牌要在消费者心中形成某种内涵,不仅取决于公司本身的情况,还要看竞争对手是否已经先你一步。当然我们也可以利用不同的定位去导入不一样的内涵。

3)品牌内涵代表品牌的核心价值

品牌的核心价值是品牌资产的主体部分,同时也是品牌保持持久竞争力的保证。但品牌核心该怎么表达?应该通过品牌的内涵去铸造品牌的核心价值。企业应针对行业产品的不同特点再结合合适的市场定位,赋予品牌独特的内涵。

2.品牌的五个认识误区

1)品牌是欧美国家的高档商品

品牌的本质1:能够让顾客感受到价值的一切。

品牌是一种价值承诺：当双方信息不对称的时候，承诺尤其重要。承诺体现了信用，在交易中具有商业价值。消费者关注的不是标志本身，而是一种承诺，是品牌承诺给他带来的利益预期。

2）品牌是产品之外的附加值

品牌的本质2：产品内在价值也是品牌的一部分。

产品为品牌提供功能性利益，产品与品牌的精神利益一起构成品牌价值要素。

3）品牌就是形象标志和商标

品牌的本质3：品牌是从标志与商标所联想到的价值感与利益。

产品：由厂商制造，内容可客观分析，价格由厂商决定。

品牌：由顾客购买，满意靠主观感觉，价值由顾客认定。

商标：仅仅是品牌识别的一个元素，与标准字体、颜色等元素一样，起到识别的作用，它的特别之处是法律意义上的保护作用。

4）品牌是广告和营销创造出来的

品牌的本质4：品牌是企业经营管理长期努力的结果。

品牌真正的本质是经营管理长期努力的结果，是企业创新形成的独特优势在市场上的一种体现。所以，品牌管理与企业的整个组织系统有关，而不仅仅只跟营销有关。

5）品牌主要以时尚消费者为对象

品牌的本质5：品牌应用于服务业、工业和各种组织。

品牌在现实中有多种表现，如大众品牌、小众品牌、奢侈品牌、服务品牌、组织品牌、区域品牌、城市品牌……

（三）实践训练

(1)你是如何理解品牌内涵的？

(2)品牌的内涵体现在哪些方面？

三、任务实施前准备

(1)知识准备：品牌内涵的运营(见图1-2)。

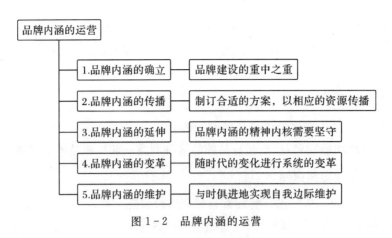

图 1-2 品牌内涵的运营

(2) 工具准备：笔记本、笔、电脑、网络。

四、任务实施流程

本任务实施流程如表 1-2 所示。

表 1-2 任务二实施流程

序号	作业内容	说明
1	确定调研对象	华为技术有限公司
2	收集资料	调研华为品牌故事、品牌属性、品牌定位、传播口号、品牌核心价值、品牌使命、品牌愿景等
3	整理资料	以小组为单位对调研的资料进行归纳整理
4	撰写调研报告	在前期调研的基础上，撰写完整的调研报告
5	汇报	分组进行汇报

五、知识链接

(一) 品牌内涵的表现

1. 知名度

知名度是指某种品牌被社会公众认识和了解的程度，或者说是这个品牌在市场上有多少人知道及知道些什么，它是一个"量"的衡量指标。高知名度是被广大消费者接受和购买的前提；相反，如果一个品牌没有知名度，不为消费者所认识和了解，那么消费者是不会把货币投向该品牌的。

2. 美誉度

美誉度是指某种品牌被社会公众信任和赞许的程度，或者说是社会公众对这个品牌是如何评价的,它是一个"质"的衡量指标。高美誉度是赢得顾客的重要条件,好的品牌都有特定的方面让消费者津津乐道而乐于购买。

3. 市场表现

一个品牌在市场上的表现通常有两个衡量指标,一是市场覆盖率,二是市场占有率。前者指品牌所辐射市场范围的大小,后者是品牌在全部同类商品销量中所占的比重。

4. 信誉价值

品牌的信誉价值是指某一品牌在某一时点(年度)上的市场竞争力。它反映该品牌所处的地位。品牌的信誉价值并不等同于交易价值,但它可以为交易价值的实现提供一个供社会认识和接受的基础,从而有助于交易价值的实现。

(二) 品牌内涵的塑造

1. 内涵的确立

这是塑造品牌内涵的第一步。企业首先要做的就是收集竞争市场信息,包括竞争对手品牌的内涵及被接受程度,市场上品牌分布状况,产品特点、档次等;再根据自己公司或产品特点确定合适的内涵。

在这一过程中,企业应遵循的最重要的原则是尽量避免跟风,因为改变消费者的心智非常困难。想当初 VOLVO(沃尔沃)也曾试图树立自己"豪华轿车"的形象,但改变不了消费者对其"安全性"的认识,幸亏当时 VOLVO 的高层及时认识并纠正了这个问题。其实市场是很大的,客户的需求也多种多样,如"性能""豪华""性价比""经济"等。

国内牙膏市场上,"田七"通过传播"中医护理"概念打开了市场,避免了与"高露洁"和"佳洁士"的直接竞争,通过细分市场,间接与各大品牌竞争。

2. 内涵的传播

一旦内涵被确定,企业就需要制订合适的方案去传播,包括时间、地点、途径、是否请明星代言、产品及包装策略、广告的制订等,不同的传播途径会覆盖不同的消费群体,不一样的手段也会给人不一样的感觉,企业需要根据自身品牌和产品特点及公司实际情况做出合理安排。

在品牌传播过程中,有很多公司时常忘记遵守的一个原则是"避免品牌内涵与产品、服务或公司形象等不符合,不统一"。我们看到,很多品牌投入了很多资金大做广告,却在产品的设计或研发上显得落后,甚至公司内部有违法现象,这都极大地影响了品牌在公众心目中的形象。

企业因为盈利而生存,产品为了获得更多市场份额而需要品牌,品牌因为获得公众认可而产生价值。怎样的品牌才会获得公众认可呢?唯有当一个品牌可以为消费者创造更多价值时,他才会选择它。因此,企业倡导的内涵能否被公众接受,是由公众决定的,那公众根据什么决定呢?根据他在消费时获得的利益,反映在产品性能、包装、渠道、公司形象等方面。所以,内涵绝不是一句口号。

3. 内涵的维护与创新

社会总是向前发展的,客户需求也会随着时代的变化而变化,特别是竞争者会在企业不小心时利用企业的弱点,抢走企业的客户。只有不断关注并满足客户需求,才能保持发展。

品牌内涵的维护与创新,同样来自客户的需求,如新产品、组织活动、创新营销、参与一些公益事业等。需要指出的是如果要抛弃原有而塑造全新的内涵,则需要企业做战略上的重新部署,同时还可能会冒一定的风险。当IBM发现PC(个人计算机)制造业务发展空间越来越小时,做出了战略转型,由制造转向IT(信息技术)服务。

六、总结评价

任务考评表

考评任务	被考评人	考评标准				
	班级:	考评内容	分值	自我评价	小组评价	教师评价
品牌的内涵	姓名:	1.调研准备充分,分工合理	10			
		2.调研记录内容全面,准确性高	20			
		3.调研过程纪律表现良好,注重团队合作	10			
		4.调研报告总结及时、认真,体现出对企业品牌内涵的认识,具有合理性	30			
		5.汇报时PPT内容完整、美观,语言表达流畅,着装、仪态合乎要求	30			
		合计				
		综合得分 (自评占10%,组评占30%,师评占60%)				

任务三　品牌的作用

海尔中国造

海尔集团是在1984年引进德国利勃海尔电冰箱生产技术成立的青岛电冰箱总厂基础上发展起来的特大型企业。1997年8月,海尔被国家经贸委确定为中国六家首批技术创新试点企业之一,重点扶持冲击世界500强。2021年12月7日,由世界品牌实验室独家编制的2021年度(第十八届)世界品牌500强排行榜揭晓。海尔连续18年入选世界品牌500强,排名提升至全球第37位,连续5年位列中国入榜品牌前三强。海尔旗下有冰箱、空调、洗衣

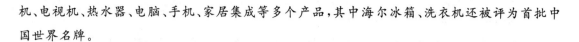

机、电视机、热水器、电脑、手机、家居集成等多个产品,其中海尔冰箱、洗衣机还被评为首批中国世界名牌。

学生思考

海尔品牌的作用是如何体现的?

教师点评

海尔集团在创立和打造品牌时非常注意运用各种营销活动和宣传攻势,充分突出海尔的商标设计、口号、广告等。

一、任务描述

随着中国科技崛起,中国制造的身影出现在全球各地,中国品牌也在全球市场有着重要地位,尤其是代表科技创新的家电行业,在全球家电市场占据重要一席,请大家了解海尔、格力、美的如何在国内外市场超越外资品牌市场占有率。

二、课前导学

(一)应知应会

1.品牌对企业的作用

1)提高企业的知名度和美誉度

品牌是企业在市场上的标志和形象,它可以帮助企业在消费者心目中建立起一种独特的形象和信誉,提高企业的知名度和美誉度。这种知名度和美誉度可以帮助企业吸引更多的消费者和合作伙伴,提高企业的影响力和话语权。

2)增加销售额和市场份额

品牌可以为企业赢得更多的消费者信任和忠诚度,从而增加销售额和市场份额。消费者在购买产品时,往往更愿意选择那些具有知名度和美誉度的品牌,因为他们相信这些品牌的产品更加优质、可靠和安全。

3)提高顾客忠诚度和信任度

品牌可以帮助企业建立起一种长期的信任关系,从而提高顾客的忠诚度和信任度。消费者在购买产品时,往往更愿意选择那些他们熟悉和信任的品牌,因为他们相信这些品牌的产品更加符合自己的需求和期望。

4)降低宣传成本和销售成本

品牌可以帮助企业降低宣传成本和销售成本。因为品牌已经在消费者心目中建立起了一种独特的形象和信誉,不需要在宣传和销售上花费太多的成本和精力,这可以帮助企业提高效率和降低成本,从而更好地服务于消费者。

5）提高企业的竞争力和市场地位

品牌可以帮助企业提高竞争力和市场地位，因为品牌已经在市场上建立起了一种独特的形象和信誉，具有一定的市场份额和话语权，这可以帮助企业在激烈的市场竞争中脱颖而出，赢得更多的消费者和市场份额。

2. 品牌对消费者的作用

1）提供产品的保障和信任

品牌可以为消费者提供产品的保障和信任，因为品牌已经在市场上建立起了一种独特的形象和信誉，消费者相信这些品牌的产品更加优质、可靠和安全。

2）提供认同感和归属感

品牌可以为消费者提供一种认同感和归属感，因为品牌代表了一种特定的文化和价值观，消费者可以通过选择品牌来表达自己的个性和态度。

3）提供消费体验和情感

品牌可以为消费者提供一种独特的体验和情感，因为品牌不仅仅是产品本身，还包括品牌的形象、文化、价值观等多方面的元素。这些元素可以为消费者带来更加深刻的感受和情感体验。

3. 品牌对社会的作用

1）推动社会经济发展

品牌可以为社会经济的发展做出贡献，因为品牌不仅可以促进企业的长期发展，还可以带动相关产业的发展，创造更多的就业机会和经济效益。

2）提高社会文化品质

品牌可以为社会文化的品质做出贡献，因为品牌代表了一种特定的文化和价值观，可以传递积极向上的信息和理念，引领社会文化的发展和进步。

3）提高社会公信力和知名度

品牌可以为社会提高公信力和知名度，因为品牌代表了一种特定的形象和信誉，可以帮助社会建立起一种积极、正面的形象和信誉。

综上所述，品牌的真正作用是多方面的，它不仅仅是企业的标志和形象，更是企业文化和价值观的体现，是消费者认知、印象和信任的总和，是社会经济和文化发展的重要力量。因此，企业应该重视品牌建设，不断提升品牌的形象和信誉，为消费者提供更优质、可靠和安全的产品和服务，为社会做出更大的贡献。

（二）日积月累

1. 品牌之于消费者

我们从品牌发展的历程中知道，品牌刚开始主要是便于消费者识别，是通过一个或者一组图文来标识自己的产品或服务,后期逐步具有区别竞争、提升价值、引发消费者共鸣等作用。

从消费心理学的角度来分析,品牌之于消费者有以下三方面的作用。

1)功能性利益

功能性利益是指消费者在购买和使用产品或服务消费时带来的实际利益。比如,品牌是消费者记忆商品的工具,企业不仅要将商品销售给目标消费者,而且要使消费者通过使用,对商品产生好感,从而重复购买,不断宣传,形成品牌忠诚。

消费者通过对品牌产品的使用,形成满意,就会围绕品牌形成消费经验,存贮在记忆中,为将来的消费决策形成依据,简化选择。

2)情感性利益

情感性利益是指消费者在购买和使用某品牌的过程中获得的情感满足,它是一种审美的体验、快乐的感觉乃至一种安全的体验。

品牌在塑造的过程中,会遵循一个不变的定位,并围绕这个定位,输出自己的价值主张,这就逐步形成品牌的特色或者个性。消费者在购买这一品牌产品时,除了购买这个产品的使用价值外,同时还是为了购买这个品牌的情感偏好。

如有些可口可乐的忠粉,他们在购买可乐的时候,不仅购买了可乐的解渴功能利益,也是喜欢可乐的快乐文化。在炎热的夏季,几个人一起聚餐时,就会想起"欢聚时刻喝可乐"这样的画面。

有些消费者,如环保主义者会特定地购买"去塑化"的产品,素食主义者会使用不含羊毛、羽绒、皮革等动物制品的服装,爱国主义者会偏爱国产品牌,这些都构成了品牌的独特偏好,进而形成与品牌的情感共鸣。

品牌可以给消费者带来特定的情感性利益,使消费者对品牌形成特定的品牌偏好,帮助消费者增强情感共鸣,进而获得身份认同。

3)社交性利益

社交性利益,也被称为自我表现性利益,是指消费者通过购买和使用某品牌而表现出的财富、学识、修养、自我个性、生活品位与社会地位的层次感受。

消费名牌可以让消费者提升荣耀感,如购买奢侈品可以带给消费者荣耀感,进而表现出自己的财富和喜好。消费名牌可以让消费者获得尊严,如出门入住五星级酒店,商务活动坐劳斯莱斯,招待在私人会所,健身打高尔夫球等,无不体现消费者自身的尊严和地位。

这时候,品牌就具备了社交属性,也就是当下品牌工作者所讲的社交货币。社交货币是应对消费者的消费场景,构建能够满足消费者某种社交需求而创建的品牌调性。

社交货币源自社交媒体中经济学的概念,它是用来衡量消费者分享品牌相关内容的倾向性问题。简单地说,社交货币就是利用人们乐于与他人分享的特质,塑造自己的产品或思想从而达到口碑传播的目的。

社交货币的六大维度分别是：

(1)谈资币——提供谈资产品或者活动；

(2)表达币——替目标消费者表达想法、情趣、情谊和情绪；

(3)价值币——帮助别人满足需求，同时体现自己被需要的价值；

(4)故事币——给消费者提供交流互动的机会和场景，去建立消费者的归属感；

(5)炫耀币——满足炫耀攀比心理；

(6)形象币——帮助消费者来展示他们的良好形象，帮助他们完成某种诉求。

2.品牌之于企业

品牌建设对于企业来说，是一个极其重要的经营活动，并且消耗着企业较大的资源，那么企业为什么要费时费力地去建设品牌、维护品牌和发展品牌呢？品牌对于企业又有什么作用和价值呢？

品牌对于企业来讲，主要有以下三方面的作用。

1)是企业文化的体现

如果你说一个企业没文化，那么这家企业的老板一定会跟你急，企业文化的特点在于你不管做文化梳理还是不梳理，它都存在，并最终影响着企业的战略发展方向和关键节点的决策。与其让文化自我自然成长，倒不如对其规范设计，因此许多企业逐步明白了文化是要进行设计和管理的。那么品牌和文化又有什么关系呢？品牌是基于文化的，以文化为基础，寄生于企业文化中的。企业文化更多地偏向于企业内部以及企业利益相关方的沟通，如果想要对外沟通，则需要将文化转化为品牌策略，因此品牌是偏向于外部，面向市场以及社会公众沟通的。品牌的核心价值主张要与企业文化的使命、愿景和价值观相吻合，这样才能使企业保持表里如一。

企业文化是一个企业软实力建设的基础层，是企业运营流程、制度、规章、指引等文件的指导方针，是员工行为规范的指引，在企业经营活动的各个方面都应该被应用。

品牌基于企业文化核心理念，是企业文化对外传播的具象表达，是企业和消费者沟通的主要载体，是企业文化的外在表现。

2)是企业的营销手段

驱动企业业绩增长的三驾马车(品牌、产品、渠道)在不同领域、不同行业中，重要程度会有所不同，即使是在同一领域、同一行业中，不同的发展阶段，也会不同。不同的领域和发展阶段，企业所处的竞争位置不同，也会影响三者的重要程度排序。

品牌是其他两个要素的起点，也是其他两个要素建设的有效保障，同时是企业营销的终极目的。

品牌可以有效地降低企业的营销成本。企业建立品牌，让消费者指名购买其商品，其营销成本就低了。没有品牌，营销成本就会增高。这一点非常容易理解，有牌子的产品就比没牌子的产品好卖，名牌产品就比杂牌产品好推销得多。

品牌可以有效地提升企业的营销效率。企业建立清晰的品牌体系,包括品牌的定位、价值主张和品牌的表达系统,这样在营销管理的过程中,就会有法可依、有章可循。符合品牌建设的营销动作,应该多多益善;不利于品牌建设的营销动作,就要谨慎小心;有损品牌建设的营销动作,就应该明令禁止。同时如果有了清晰的品牌策略,营销协同也就变得更加容易。

品牌可以有效增加企业营销的效能。企业品牌一旦建立起来,其在市场竞争中,较没有建立起品牌的企业,就处于有利地位,就具备了市场的领导权和定价权,就可以收获较高的品牌溢价。在渠道谈判中,企业就可以掌控主导权和议价权。

3)是企业的重要资产

当下企业已经将品牌作为企业资产的重要组成部分,它在企业并购、交易以及企业破产的过程中,都是不可或缺的部分。品牌的估值已经成为企业估值的重要参考。

品牌能够使通过产品或服务所提供给顾客(用户)的价值增大(或减少)。

品牌是赋予产品或服务的附加价值。它反映在消费者对有关品牌的想法、感受以及行动的方式上,同样它也反映于品牌所带来的价格、市场份额及盈利能力。

品牌除了本身具有经济价值(可以估值)之外,还可以为企业带来稳定的超额收益,是企业创造经济价值不可缺少的一种资源。

(三)实践训练

(1)品牌的作用可以通过哪些方面体现?

_____
_____
_____
_____

(2)选择一个自己熟悉的品牌,说说该品牌是通过哪些途径扩大市场影响力的。

_____
_____
_____
_____

三、任务实施前准备

(1)知识准备:品牌的作用及影响力。

(2)工具准备:笔记本、笔、电脑、网络。

四、任务实施流程

本任务实施流程如表 1-3 所示。

表 1-3 任务三实施流程

序号	作业内容	说明
1	确定调研对象	海尔、格力、美的的品牌影响力
2	收集资料	分组分析三个企业如何通过品牌扩大市场占有率和市场领导力,并进行 SWOT 分析
3	整理资料	以小组为单位对企业的资料进行归纳整理
4	撰写调研报告	在前期调研的基础上,撰写完整的调研报告
5	汇报	分组进行汇报

五、知识链接

1. 品牌——产品或企业核心价值的体现

品牌是消费者或用户记忆商品的工具,消费者或用户选择品牌,通过对品牌产品的使用,形成满意,就会围绕品牌形成消费经验,存贮在记忆中,为将来的消费决策形成依据。一些企业更为自己的品牌树立了良好的形象,赋予了美好的情感,或代表了一定的文化,使品牌及品牌产品在消费者或用户心目中形成了美好的记忆。

2. 品牌——识别商品的分辨器

品牌的建立是由于竞争的需要,用来识别某个企业的产品或服务。品牌设计应具有独特性,有鲜明的个性特征,品牌的图案、文字等与竞争对手相区别,代表该企业的特点。同时,互不相同的品牌各自代表着不同形式、不同质量、不同服务的产品,可为消费者或用户购买、使用提供借鉴。通过品牌,人们可以认知产品,并依据品牌选择购买。每种品牌代表了不同的产品特性、不同的文化背景、不同的设计理念、不同的心理目标,消费者或用户可根据自身的需要进行选择。

3. 品牌——质量和信誉的保证

企业设计品牌,创立品牌。树品牌、创名牌是企业在市场竞争条件下逐渐达成的共识,企业希望通过品牌对产品、企业加以区别,通过品牌形成品牌追随,通过品牌扩展市场。品牌的创立,名牌的形成,正好能帮助企业实现上述目的,使品牌成为企业有力的竞争武器。品牌,特别是名牌的出现,使用户形成了一定程度的忠诚度、信任度、追随度,由此使企业在与对手竞争中拥有了后盾基础。品牌可以利用其市场扩展的能力,带动企业进入新市场,带动新产品打入市场。品牌可以利用品牌资本运营的能力,通过一定的形式如经营、合同管理等形式进行企业的扩张。

4. 品牌——企业的"摇钱树"

品牌以质量取胜,品牌常附有文化、情感内涵,所以品牌给产品增加了附加值。同时,品牌有一定的信任度、追随度,企业可以为品牌制定相对较高的价格,获得较高的利润。品牌中的知名品牌在这一方面表现最为突出。由此可见,品牌特别是名牌给企业带来较大的收益,而品牌作为无形资产,已为人们所认可。

5.品牌——区分对手

企业利用品牌将自己的产品与竞争对手的产品相区别。早期的企业对品牌的认识就是这么简单。它们相信只要给自己的产品或服务起一个名称,就足以将对手区分开,所以许多品牌的名字直接采用企业创办者的姓氏或名字。但一个品牌要在竞争对手林立的市场中脱颖而出,还需要通过产品提供给消费者特殊的利益,满足消费者的实际需求,才能获得成功。如果不能给消费者带来"与众不同"的感受,它也无法真正与其他品牌相区别。

六、总结评价

任务考评表

考评任务	被考评人	考评标准				
	班级:	考评内容	分值	自我评价	小组评价	教师评价
品牌的作用	姓名:	1.调研准备充分,分工合理	10			
		2.调研记录内容全面,准确性高	20			
		3.调研过程纪律表现良好,注重团队合作	10			
		4.调研报告总结及时、认真,体现出对企业品牌作用的认识,具有合理性	30			
		5.汇报时PPT内容完整、美观,语言表达流畅,着装、仪态合乎要求	30			
		合计				
		综合得分 (自评占10%,组评占30%,师评占60%)				

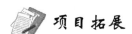
项目拓展

即测即评

项目二 品牌战略

任务一 品牌的战略

 课程思政

比亚迪的全新战略

2022年11月16日,比亚迪第300万辆新能源汽车下线发布在比亚迪全球总部举行,这可以说是中国品牌的高光时刻,意味着比亚迪成为全国首家新能源汽车累计销量达到300万辆的传统车企,同时也是首个达成这一里程碑的中国品牌。而此次发布会最重要的是比亚迪的全新品牌战略。未来,比亚迪将形成比亚迪品牌(王朝、海洋)、腾势品牌、仰望品牌、专业个性化全新品牌矩阵,覆盖从家用到豪华、从大众到个性化,满足用户多方位、全场景用车需求。

学生思考

你是如何理解"比亚迪的全新战略"的?

教师点评

比亚迪各大品牌齐上阵,实现多档价格区间全覆盖,并针对不同海外市场重点主推契合当地消费者的新能源汽车产品,这可以更好地帮助比亚迪完成产品普及以及品牌口碑积累。比亚迪各品牌不仅仅面向中国市场,还是令比亚迪能够更加深入海外市场的一把利刃。

一、任务描述

对于一个企业来说,企业战略是凌驾于一切战略之上的,所有的战略指向都必须符合企业发展战略。也可能因此,很多企业家在进行企业战略和品牌战略平衡的时候,往往更加注重前者,而忽略后者。一个企业想要做大做强一定要有自己的品牌战略,那么如何做好品牌战略呢?

二、课前导学

(一)应知应会——品牌战略的意义

品牌战略是企业发展战略的核心组成部分,其意义体现在以下几个方面。

1.增强品牌认知度和品牌价值

品牌战略能够帮助企业建立起品牌形象,提升品牌知名度和认知度,并建立品牌的独特性、信任度和亲和力,从而提高品牌价值。通过品牌战略的实施,消费者能够更加深入地认识和了解品牌,从而促进他们做出购买产品的决策。

2.应对市场竞争

品牌战略可以帮助企业在竞争激烈的市场环境下占据优势地位,从而提高企业的市场份额和销售额。新进入市场的企业,更要注重品牌建设,以便在市场上获得更多的关注度和认可度。

3.提升市场忠诚度和顾客满意度

品牌战略可以帮助企业提升品牌用户的忠诚度,从而增加市场占有率。忠诚用户往往会为品牌发声并引导其他消费者加入品牌用户的行列。此外,品牌战略的成功实施也能提高用户的满意度,获得更高的用户口碑。

4.提高企业的信誉度和社会形象

品牌战略能够帮助企业建立起良好的信誉度和社会形象,企业越成功地建立品牌,其形象越受到消费者、投资者、媒体和政府等众多利益相关者的认可和信赖。在企业面对困境时,一个好的品牌形象可以对企业起到很好的稳定和支撑作用。

(二)日积月累

1.单一品牌

1)单一品牌的含义

单一品牌又称统一品牌,是指企业所生产的所有产品都同时使用一个品牌的情形。这样在企业不同的产品之间形成了一种最强的品牌结构协同,使品牌资产在完整意义上得到最充分的共享。

2)单一品牌的优势

单一品牌战略的优势不言而喻,企业可以集中力量塑造一个品牌形象,让一个成功的品牌附带若干种产品,使每一个产品都能够共享品牌的优势。单一品牌的另一个优势就是品牌宣传的成本要低,这里面的成本不仅仅指市场宣传、广告费用的成本,同时还包括品牌管理的成本,以及消费者认知的清晰程度。单一品牌更能集中体现企业的意志,容易形成市场竞争的核心要素,避免消费者在认识上发生混淆,也不需要在各个品牌之间协调。

3)单一品牌的风险

当然单一品牌战略也存在一定的风险,它有"一荣共荣"的优势,同样也具有"一损俱损"的危险。如果某一品牌名下的某种商品出现了问题,那么在该品牌下附带的其他商品也难免会受到牵连,至此整个产品体系可能面临重大的灾难。单一品牌缺少区分度,差异性差,往往不能区分不同产品独有的特征,这样不利于商家开发不同类型的产品,也不便于消费者有针对性地选择,因而在单一品牌中往往出现"副品牌"。

2. 多品牌

1) 多品牌的含义

一个企业同时经营两个以上相互独立、彼此没有联系的品牌的情形,就是多品牌战略。众所周知,商标的作用是就同一种商品或服务,区分不同的商品生产者或者服务提供者的。一个企业使用多种品牌,当然具有的功能就不仅仅是区分其他的商品生产者,也包括区分自己的不同商品。多品牌战略为每一个品牌各自营造了一个独立的成长空间。

2) 多品牌的优势

很明显,它可以根据功能或者价格的差异进行产品划分,这样有利于企业占领更多的市场份额,面对更多的消费者;彼此之间看似竞争的关系,但是实际上很有可能壮大了整体的竞争实力,增加了市场的总体占有率;避免产品性能之间的影响,比如把卫生用品的品牌扩展到食品上,消费者从心理上来说就很难接受。而且,多品牌可以分散风险,某种商品出现了问题,可以避免殃及其他的商品。

3) 多品牌的缺点

多品牌具有以下缺点:宣传费用高昂,企业打造一个知名的品牌需要财力、人力等多方面的配合,如果想成功打造多个品牌自然要有高昂的投入作为代价;企业多个品牌之间存在竞争;品牌管理成本过高,也容易在消费者中产生混淆。

(三) 实践训练

(1) 品牌战略的核心是什么?

_____
_____
_____
_____

(2) 品牌战略如何选择?

_____
_____
_____
_____

三、任务实施前准备

(1) 知识准备:品牌的战略。
(2) 工具准备:笔记本、笔、电脑、网络。

四、任务实施流程

本任务实施流程如表 2-1 所示。

表 2-1 任务一实施流程

序号	作业内容	说明
1	确定调研对象	红旗、比亚迪、吉利三大汽车品牌的战略核心
2	收集资料	分组对三个企业的品牌战略进行分析
3	整理资料	以小组为单位对企业的资料进行归纳整理
4	撰写调研报告	在前期调研分析的基础上,完成品牌战略分析报告
5	汇报	分组进行汇报

五、知识链接

(一)品牌战略的含义

所谓品牌战略就是企业将品牌作为核心竞争力,以获取差别利润与价值的企业经营战略。品牌战略是市场经济竞争的产物。近年来,一些意识超前的企业纷纷运用品牌战略的利器,取得了竞争优势并逐渐发展壮大。战略的本质是塑造出企业的核心专长,从而确保企业的长远发展。在科技高度发达、信息快速传播的今天,产品、技术及管理诀窍等容易被对手模仿,难以成为核心专长,而品牌一旦树立,则不但有价值并且不可模仿,因为品牌是一种消费者认知,是一种心理感觉,这种认知和感觉不能被轻易模仿。

(二)品牌战略的内容

1.品牌化决策

品牌化决策解决的是品牌的属性问题。是选择制造商品牌还是经销商品牌,是自创品牌还是加盟品牌,在品牌创立之前就要解决好这个问题。不同的品牌经营策略,预示着企业不同的道路与命运,如选择"宜家"式产供销一体化,还是步"麦当劳"的特许加盟之旅。总之,不同类别的品牌,在不同行业与企业所处的不同阶段有其特定的适应性。

2.品牌模式选择

品牌模式选择解决的则是品牌的结构问题。是选择综合性的单一品牌还是多元化的多品牌,是联合品牌还是主副品牌,品牌模式虽无好与坏之分,但却有一定的行业适用性与时间性。如日本丰田汽车在进入美国的高档轿车市场时,没有继续使用"TOYOTA",而是另立一个完全崭新的独立品牌"LEXUS",这样做的目的是避免"TOYOTA"给"LEXUS"带来低档次印象,而使其成为可以与"宝马""奔驰"相媲美的高档轿车品牌。

3.品牌识别界定

品牌识别界定确立的是品牌的内涵,也就是企业希望消费者认同的品牌形象,它是品牌战略的重心。它从品牌的理念识别、行为识别与符号识别三个方面规范品牌的思想、行为、外表等内外含义,其中包括以品牌的核心价值为中心的核心识别和以品牌承诺、品牌个性等元素组成的基本识别。如2000年海信的品牌战略规划,不仅明确了海信"创新科技,立信百年"的品牌核心价值,还提出了"创新就是生活"的品牌理念,立志塑造"新世纪挑战科技巅峰,致力于改善人们生活水平的科技先锋"的品牌形象,同时导入了全新的视觉识别系统。通过一系列品牌核心价值的营销传播,海信一改以往模糊混乱的品牌形象,以清晰的品牌识别一举成为家电行业首屈一指的"技术流"品牌。

4. 品牌延伸规划

品牌延伸规划是对品牌未来发展领域的清晰界定,明确了未来品牌适合在哪些领域、行业发展与延伸,在降低延伸风险、规避品牌稀释的前提下,以谋求品牌价值的最大化。

5. 品牌管理规划

品牌管理规划是从组织机构与管理机制上为品牌建设保驾护航,在上述规划的基础上为品牌的发展设立远景,并明确品牌发展各阶段的目标与衡量指标。企业做大做强靠战略,"人无远虑,必有近忧",解决好战略问题是品牌发展的基本条件。

6. 品牌远景

品牌远景是对品牌的现存价值、未来前景和信念准则的界定。品牌远景应该明确告诉包括顾客、股东和员工在内的利益相关者:品牌今天代表什么,明天代表什么,什么代表从今天到明天的努力。

(三)品牌战略的作用

1. 提升知名度

品牌战略的核心是创造一个让自己脱颖而出、形象独特的品牌形象,该品牌形象可以促进企业快速提升知名度,使企业获得更多的曝光。企业如何提升知名度?

(1)营销策略:建立一个完整、有吸引力的品牌形象。营销是让企业提升知名度的重要手段。企业要制订一个整体计划,并借助多种渠道和平台传播,包括各大社交媒体、搜索引擎和线下网络。

(2)活动策划:参加和组织活动是帮助企业提升知名度的方法之一。企业可以在线下举行活动或赞助活动,为客户提供有价值的经验,增加曝光度。

(3)媒体宣传:在各大媒体平台上争取媒体曝光机会,通过各种媒体报道提高品牌曝光量。合格的企业宣传可以帮助企业获取更多的客户,提高企业美誉度。

(4)口碑传播:让满意的客户宣传企业。口碑能够帮助企业扩大信誉度,提升品牌知名度和声誉。企业可以提供优质的服务,开展客户满意度调查,了解客户需求,并针对性地改进客户体验。

(5)个性化营销:针对不同的客户群体制订相应的营销策略、个性化服务以及开展有针对性的营销活动。不同的客户群体可能有不同的购买习惯,提供相应需求的服务和产品,能够增加客户黏性和知名度。

2. 提高品牌价值

通过品牌战略的实施,企业可以在消费者心目中形成积极的品牌印象,提高品牌的认可度和品牌的价值。企业如何提高品牌价值?

(1)确立清晰的品牌定位和使命:企业应该有明确定义的品牌定位和使命,这可以帮助企业在市场上树立形象,并帮助消费者与品牌建立联系。企业需要了解自己的目标市场和竞争者,并确保品牌价值与目标市场契合。

(2)不断改进和创新产品:消费者往往更喜欢创新和有竞争力的产品,因此企业需要不断改进和创新产品,以满足消费者需求,这将有利于提高品牌价值,赢得消费者的信任和忠诚度。

(3)强化品牌形象和品牌知名度:企业需要通过广告、市场营销和公关活动等手段来宣传自己的品牌和产品,并建立自己的品牌形象和品牌知名度。这些努力将有助于企业在消费者心目中树立品牌形象,提高品牌价值。

(4)保持品牌一致性:保持品牌一致性是构建品牌价值的重要一环。企业需要确保品牌的所有方面(如标志、口号、产品等)在不同渠道和平台上保持一致,以营造品牌形象和品牌价值。

(5)不断提升客户体验:提升客户体验是赢得客户忠诚度的关键。通过提高服务水平、减少客户抱怨和维护客户关系等措施,企业可以提升客户体验和忠诚度,从而提高品牌价值和市场占有率。

(6)加强社交媒体的营销:社交媒体的使用越来越广泛,企业需要结合目标市场的特点,采用合适的社交媒体平台来扩大品牌知名度和接触面,并增强品牌的影响力和可见度。

3. 扩大市场份额

品牌战略能够帮助企业在竞争激烈的市场环境中提高市场占有率和市场份额。企业充分利用自身资源和品牌的优势,通过各种营销手段,提高产品竞争力,创造品牌差异,提高企业的核心竞争优势。企业如何扩大市场份额?

(1)了解客户需求:了解目标客户的需求、偏好以及对于产品或服务的看法,可以帮助企业更好地定位市场,并促进产品或服务的发展。通过调研、分析数据或直接与客户进行交流等方式,了解客户需求,从而为产品或服务的开发提供优质的参考意见。

(2)提供优质的客户服务:企业可以通过提供优质的客户服务,包括及时地解决问题、为客户提供合适的服务等,来提高客户的忠诚度。在竞争激烈的市场中,客户服务的优劣往往也是产品或服务的重要区别之一,提供优质的客户服务是企业在市场份额上获得竞争优势的一个途径。

(3)加大市场宣传力度:企业可以通过提供吸引人的营销活动、及时更新社交媒体的内容、广告投放等方式,增加对目标人群的曝光率。市场宣传可以帮助企业更好地推广品牌及产品、建立知名度,并吸引更多的潜在客户,还可以提高现有客户的忠诚度,从而扩大市场份额。

(4)提供差异化的产品或服务:企业可以通过提供独特或创新的产品或服务来区分自己和竞争对手。这样可以更好地满足目标客户的需求,以及提升品牌知名度。根据客户的反馈,企业不断优化产品或服务以及相关的制度和流程,以达到满足客户需求并具有吸引力的效果。

（5）发掘新的业务模式：企业可以通过开展新的业务模式或创新，拓宽市场份额所涉及的业务领域。这可能包括对新技术、新客户需求的开发或对经典业务领域的重新定义等，并在这些新的领域实现增长。

（6）加强内部管理：企业可以加强内部管理，以保持竞争优势。这包括提高员工的工作效率和满意度，通过合适的激励机制来鼓励良好的工作表现和独立思考，并提供必要的培训来满足市场快速变化的需要。

4.提高忠诚度

品牌战略能够帮助企业提高消费者的忠诚度，让消费者变成品牌的忠实拥趸。通过积极的品牌管理、精心的品牌推广，企业可以树立起良好的品牌形象，建立起品牌的信誉，在市场上取得持续的良好口碑。企业如何提高客户的忠诚度？

（1）提供优质的产品或服务：优质的产品或服务是建立客户忠诚度的关键。企业需要确保产品或服务质量稳定、不断提高，并且尽可能满足客户不同的需求和期望。

（2）建立良好的客户关系：与客户建立良好的关系是建立客户忠诚度的重要因素。企业需要通过客户服务、回访、问候等方式与客户建立密切关系，让客户感受到企业的关怀和关注。

（3）提供个性化的服务：企业可以通过了解客户、跟踪客户的购买历史和喜好，提供个性化的服务。对于客户而言，能够得到个性化的服务可以提高他们的满意度，进而提高忠诚度。

（4）提供激励措施：企业可以通过优惠券、兑换奖励等方式提供激励措施，吸引客户的关注并提高忠诚度。

（5）持续改善客户体验：持续改善客户体验可以提高忠诚度。企业可以通过反馈调查、监测评估等方式获取客户意见，进一步改善产品或服务。客户的参与感和满意度提高，忠诚度也就提高了。

六、总结评价

任务考评表

考评任务	被考评人	考评标准				
	班级：	考评内容	分值	自我评价	小组评价	教师评价
品牌的战略		1.调研准备充分，分工合理	10			
		2.调研记录内容全面，准确性高	20			
		3.调研过程纪律表现良好，注重团队合作	10			
	姓名：	4.调研报告总结及时、认真，体现出对企业品牌战略的认识，具有合理性	30			
		5.汇报时PPT内容完整、美观，语言表达流畅，着装、仪态合乎要求	30			
		合计				
		综合得分（自评占10%，组评占30%，师评占60%）				

任务二　品牌的战略模式

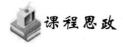

课程思政

蜕变新生的新红旗，引领中国品牌向上冲锋的"旗手"

作为新中国汽车制造工业的一面"旗帜"，红旗的发展史可以说是中国汽车产业化之路的一个缩影。作为家喻户晓的"共和国长子"，从1958年8月1日新中国第一辆国产高级轿车——红旗牌高级轿车正式诞生开始，红旗就扛起了民族汽车品牌的"旗帜"，而一汽也一直将红旗作为集团发展的重中之重。2018年1月8日，中国一汽发布了新红旗品牌发展战略。从2018年到2021年，红旗品牌实现了4年多增长63倍这样的产业奇迹。尤其是在新冠疫情、"缺芯"诸多不利因素叠加的2022年，红旗仍然保持了前三季度的产销增长，产量同比增长3.3%，销量同比增长5.1%。在销售、制造、低碳等各个方面，红旗均延续了高质量发展势头，在逆势中书写了中国品牌新的高度。2022年7月，世界品牌实验室发布的2022年《中国500最具价值品牌》分析报告中显示，"红旗"的品牌价值稳步增长，达到了1036.08亿元，位列乘用车品牌行业领先，成为中国价值突破1000亿元的乘用车品牌。大象起舞，静水流深，红旗正在一步步跨出舒适区，从技术研发、渠道营销等维度发力去构筑核心竞争力，力求取得全新突破，继续做民族汽车品牌向上冲锋的"旗手"。

学生思考

红旗是如何一步步成为国产豪华品牌的？

教师点评

不同于大多数中国品牌正在努力迈向高端，作为承载了中国汽车工业的情怀与期望的红旗可谓"生而高端"，并一直在以一己之力填补自主品牌在高端领域的空白。

一、任务描述

品牌模式选择解决的是品牌的结构问题。品牌模式无好坏之分，但有一定的行业适用性与时间性。由于品牌档次的不同，很多企业在进入不同市场时，为了让企业在不同市场带来不一样的体验和认知，通常也会另立一个或多个完全崭新的独立品牌，这样做的目的是使其可以与不同市场中其他品牌相媲美。那么我们该如何选择恰当的品牌战略模式呢？

二、课前导学

（一）应知应会——企业的品牌模式发展阶段

企业的品牌模式发展一般会经历以下几个阶段。

1. 第一阶段：市场导入期——单一品牌模式

这一阶段一般是企业刚成立的 3~5 年时间内，企业规模比较小，业务比较集中。因为在市场中的发展时间相对短暂，所以企业可以说是没有品牌体系，甚至谈不上受众的品牌认知。企业开始不断地向市场渗透，将自身的产品导入市场，从行业内开始突破。因此，在没有品牌的情况下，选择单一品牌模式是企业最好的发展战略。无论是以企业品牌切入，还是以产品品牌切入，都必须保持高度的集中优势，发挥出最大的品牌声势。

这一阶段的首要任务就是确立企业的核心品牌认知体系，告诉行业和受众"我是什么"，规划清楚企业核心业务优势，可以为受众、为社会带来什么价值。因为企业刚成立不久，生命力很脆弱，没有太多的人力、物力、财力进行广撒网式营销，因而在激烈竞争下，企业必须集中所有能够集中的资源，放到推广一个品牌上，才能在行业内、媒体上发出同一个声音，从而快速建立品牌知名度和美誉度，由此带动受众的关注转化为购买行为。

2. 第二阶段：快速成长期——主副品牌模式

一个企业发展到了快速成长期，也就是企业实现了破茧成蝶的蜕变，且具备了一定的行业影响和企业规模实力。这一阶段可能是企业成立 5~10 年，甚至是 20 年，这由当时的市场环境和社会环境决定。这时企业保持着高速的增长，无论是自身，还是管理团队，或是市场基础，都得到了一定的积累。但竞争依然存在，甚至越往高处走，竞争越激烈，压力越大。这就需要企业不断扩大品牌的影响，必须保持企业在市场中的稳固地位。同时行业中还有不断涌入的新进入者，加速了市场的高度细分，再加上消费需求的多元化，因此，企业必须采取主副品牌模式，在保证主品牌影响力的前提下，采用副品牌进入市场阻击新进入者，扩大品牌产品的覆盖面，占据更大的市场份额。

这一阶段的任务主要有：一是集中力量将核心产品或业务规模做大做强，加速巩固品牌的市场销售力；二是落实品牌的全国区域市场渗透，强化对各区域市场的垂直管理，可建立各区域公司、项目公司运营；三是保证企业品牌的高度，也就是主品牌的品牌影响力和市场地位，可以通过横向扩张，借助品牌拉动复制，打造样板市场或样板产品。通过对业务、区域市场、品牌三方面的综合管理，实现企业资源优化配置，实现最优的效果转化。

3. 第三阶段：战略发展期——多品牌模式/复合品牌模式

一个企业上升到战略发展期，换而言之，就是成了一个庞大的企业集团，在行业中属于名列前茅的引领者，且在社会中也具备了足够的品牌口碑。这时的企业足够大，足够强，财力足够雄厚，发展已经不再局限于单一产品或单一产业。经历过快速成长期，企业的市场管理体系健全，市场经验也非常丰富，也具备了很多区域公司或项目公司，甚至是控股、参股公司。这时候就可以考虑多元化发展，或是敢于向自己攻击。这就需要多品牌运作，或是兼并，或是强强合作打造新的品牌。企业可以考虑采用多品牌模式或复合品牌模式，这取决于企业的资源分配和市场眼光。

这一阶段的任务主要是进行企业品牌的深度发展，对集团品牌模式进行有效梳理，并调整结构分工,以便于品牌快速扩张和复制。在保证核心业务品牌的稳固下,尽可能地实现对品类市场的垄断,保持绝对的竞争优势,同时与时俱进对品牌进行创新,维系目标受众。甚至还可以考虑进行海外市场的开拓,从本土走向国际竞争。但在进行多品牌运作或复合品牌运作时,必须谨慎选择,避免进入夕阳产业,或竞争大、利润低的行业,否则将会对企业集团造成拖累。

对于企业而言,在市场中不是生就是死,那么长远的战略发展规划就是根本。不同的阶段,企业的实力不一样,品牌模式的选择也就随着企业的发展时间和规模实力不断上升。如果一个企业能够实现快速资源垄断或市场垄断,品牌模式的选择也可以跨级采用。如果做不到,那就只能脚踏实地,一步一步积累。

(二)日积月累——品牌发展策略

品牌发展策略有以下模式。

1. 品牌强化策略

一个新品牌出现,首先要在提升品牌知名度的前提下,采用强化策略使品牌活力加强,最终成为领导品牌。新品牌必须策略性地、系统地进行策划。

2. 品牌形象加强策略

品牌的知名度较高,市场表现也有过人之处,品牌已经有相当的活力,不过还未取得消费者的品牌地位认同,品牌忠诚度不高,这时企业应加强品牌形象提升的整合传播活动。

3. 品牌延伸策略

品牌知名度逐渐提升,品牌慢慢地得到消费者认同,但品牌美誉度不够强,且市场表现一般,营销缺乏活力。在这种情况下,要有计划地导入新产品,进行市场细分,以求品牌的个性化,提升美誉度,最终达到领导品牌地位。

4. 品牌再活化策略

消费者对品牌形象相当认同和尊重,品牌知名度和品牌美誉度有一定的影响,忠诚消费者开始改变对现有品牌的看法,若不采取动作将持续衰退,通过再活化策略加强品牌力。

5. 品牌撤退策略

因市场环境变化,既有品牌已不适应新的市场环境,甚至于影响或阻碍企业发展。企业应尽快判断以新品牌来取代,重新对品牌进行策划。

企业可根据自身特点,进行品牌策略规划,扩大品牌对企业的贡献。品牌力对企业的贡献有以下几点:

(1)品牌力提高会使企业销售增加。

(2)品牌力提高会使消费者忠诚度提高,使企业利润率提高,从而节省营销成本。

(3)便于企业扩张。品牌力提高,加大了品牌对外延伸力度,品牌延伸是企业扩张的有效策略之一。

(4)扩大企业收益。随着消费者对品牌的认同及尊重,品牌溢价能力加强,企业收益自然扩大。

(5)扩大企业综合竞争优势。企业竞争实质上是企业价值链竞争,企业在价值链上的谈判力加强,也就扩大了企业在市场竞争中的综合优势。

(三)实践训练

(1)选择合适的品牌战略模式对企业有何作用?

_____

(2)选择合适的品牌战略模式应考虑哪些因素?

_____

三、任务实施前准备

(1)知识准备:品牌的战略模式。

(2)工具准备:笔记本、笔、电脑、网络。

四、任务实施流程

本任务实施流程如表2-2所示。

表2-2 任务二实施流程

序号	作业内容	说明
1	确定调研对象	红旗汽车的品牌战略模式选择
2	收集资料	分组对红旗汽车品牌战略模式进行分析
3	整理资料	以小组为单位对企业的资料进行归纳整理
4	撰写调研报告	在前期调研的基础上,撰写完整的调研报告
5	汇报	分组进行汇报

五、知识链接

品牌战略的模式有以下几种。

(一)产品品牌战略

1. 基本内容

产品品牌战略有时也叫个别品牌名称决策。它的做法是给每一个产品一个独有的名字,并给予它们各自的定位,占领特定的细分市场。也就是说,即使同属于一个产品种类,但由于定位不同,产品有各自的品牌,如在洗发水中,宝洁的品牌有海飞丝(定位于去头皮屑)、飘柔(定位于使头发柔顺)、潘婷(定位于修护损伤)、沙宣(定位于专业头发护理)。在世界名表中,欧米茄、雷达、浪琴、斯沃琪、天梭等品牌出自同一制表集团——瑞士斯沃琪集团。

2. 适用场合与优势

(1)当公司对一个特定的市场具有战略上的需要时。例如,宝洁的洗发水有四个重要品牌,这样就保证它在洗发水市场上获得极高的份额。

(2)当这些细分市场不是十分不同时。每个产品选择不同的品牌名称,保证消费者看到的是不同的产品。消费者很难看出洗发水有何不同(尽管它们在成分、功能等上有所不同),而特别的名称强调了产品间物理性质的差异。

(3)产品品牌战略能凸显产品个性,锁定目标消费者。如欧米茄代表着成功人士或名人的尊贵豪华的选择,雷达是高科技的象征,而斯沃琪则是前卫和时髦、潮流人士的首选。

(4)当公司对创新具有强烈的欲望时。产品品牌战略能够为公司抢先获得有利的定位。名称使得创新变成自己的专利,有效地抵御同行的仿制。

(5)产品品牌战略允许公司在新市场上冒险。如果一个细分市场的前景不明朗,那么采用产品品牌战略即使失败也不会影响到原有成功产品的品牌形象。

(6)产品品牌战略意味着公司的名称独立于公众之中,这样就给公司进入新的市场提供了自由的空间。

(7)产品品牌战略有助于获得有利的货架空间。因为零售商分配给公司货架空间的多少是与品牌数量成正比的。

(8)产品品牌战略适用于处于成长中的市场。虽然采用这种战略,在研究开发、设备和商业费用上投入很大(这也是这种战略的缺点),但因市场在成长,它取得投资回报的机会也是很大的。

(9)产品品牌战略能给低品牌忠诚者提供更多的选择。

(10)相对于电器类行业,产品品牌战略更多地用于生活用品、食品、服饰等行业。

(二)产品线品牌战略

所谓产品线,是指同一产品种类中密切相关的一组产品,它们以类似的方式起作用,定位于相同的质量和价格水平,满足同类型顾客的需要,出售给相同的顾客群,通过同类型的销售网点分销,或在一定的幅度内做价格变动。产品线品牌战略就是对同一产品线上的产品赋予同样的品牌。这种战略一般得益于最初产品的成功。

产品线品牌战略有以下几项好处：首先，它提高了品牌的销售力，有利于创造鲜明持久的品牌形象；其次，它便于更进一步的产品线延伸；最后，它减少了推广的费用。这一战略的不利之处在于，产品线的扩展总是有限的，只能生产与现有产品密切相关的新产品。还有一个问题在于，如果产品线中有一个非常强势的创新产品，那将导致产品线的发展速度减慢。

（三）分类品牌战略

分类品牌战略是指对产品使用不同类别的家族品牌名称，给予一个具有相同能力水平的产品群以一个单独的名称和承诺。它被广泛地用于食品、化妆品、服饰、厨房用具、零配件和工业品上。不同类别系指一个范围较宽的组别，包含数条产品线。这种战略也可理解为不同类别的家族品牌名称决策。品牌把所有这些产品置于同样的承诺和定位上。

分类品牌战略的优点在于：首先，由于集中在一个单独的品牌下，避免了传播的随机分散，建立起来的品牌知名度能为所有产品所共享；其次，这种战略能通过广告传达它的独特承诺；最后，推出新产品的成本不需要花费很大。这种战略常见的问题是，由于在一个品牌下集中了太多的产品，难免会出现与品牌基础不同的产品，导致对品牌个性产生负面影响；具体产品的传播信息难免与整个品牌的承诺产生不一致。

（四）伞状品牌战略

伞状品牌战略是在不同产品门类上冠以一个相同的品牌名称。它也可以理解为统一家族品牌名称决策。国际上许多大公司都采用这种做法。例如：佳能用于公司的照相机、复印机、和办公设备上；雅马哈用于摩托车、钢琴和吉他上；三菱用于银行、汽车和家用电器上。这种战略的最突出优势在于把资产集中在一个单独的名称上，它的产品、传播和其他所有行动都对品牌声望贡献良多。伞状品牌战略适用于新产品与原有产品有较高的关联度、新产品的市场竞争不太激烈、新产品的主要竞争品牌并非专业品牌等情况。另外，该战略尤其适合跨国公司在进行世界性营销时采用。

伞状品牌战略具有明显的优点：节省广告费用，有利于解除顾客对新产品的不信任感，能壮大企业的声势等。但企业要从伞状品牌战略中获益，需要具备如下的条件：品牌在市场上已获得一定的信誉，各类产品应具有相同的质量水平，否则会影响整个品牌声誉。

伞状品牌的运用还会产生如下负面影响：一个品牌下聚集了太多的产品，将会导致品牌定位的稀释，同时也不可避免地带来某些限制。不同产品部门总是致力于传播自己产品的特殊优势，例如，东芝的高保真音响瞄准更年轻一代的消费者提出了自己的口号，而微机部门力推它们的卓越的笔记本电脑，电视机部门则在它们的图像上做文章。这对于这些特定的市场来说本无可非议，但各类产品传播的不断变化的特定信息削弱了品牌的核心意义。延伸越多，品牌的杠杆力可能变得越弱。因此，这种战略主要用于已经拥有高市场地位的强势品牌。而在一般情况下，要避免这个问题，就需要借助于品牌识别系统的建立。

（五）来源品牌战略

来源品牌战略有时也称为附属品牌战略，与伞状品牌战略相比，只存在一个关键的差别点：先对产品进行直接命名（子品牌），再拥有一个共同的母品牌，因而每个产品具有两个品牌，形成双重品牌结构，所以它也被称为双重品牌化战略。

在来源品牌概念下，子品牌有它们自己的信仰，但它们仍牢牢地受到家族精神的支配。来源品牌战略的益处在于，它有能力把一种差别化感觉和深度强加于子品牌身上。同时，通过子品牌名称的修饰和丰富，母品牌可以加强自己的价值和识别。因此，我们可发现，子品牌和母品牌相互影响、相互促进，最终吸引一个特定的细分市场。来源品牌战略的一个危险是超越母品牌核心识别的限制。这意味着要保持对品牌延伸的严格界限。只有经过鉴别的可靠的名称才可以在母品牌的活动范围内使用。

在来源品牌战略中，雷吉斯·麦肯那提出了银色子弹的说法。所谓银色子弹，指的是子品牌被当作一种改变或支持母品牌形象的工具。在高科技领域，这种现象较多。比如，索尼公司的随身听（walkman）为索尼提供了创新迷你化的核心识别。还有奔驰206、福特的金牛座、苹果的麦金塔等，都为它们的母品牌扮演了银色子弹的角色。

（六）担保品牌战略

如果一个品牌要寻找更大的自由，那么担保品牌战略可能更加适合。担保品牌战略与来源品牌战略较相似，区别在于前者的母品牌和子品牌是比较松散的关系，对市场来说，主要是子品牌（产品品牌）在起作用，母品牌并不突出，只是起到背书或担保的作用（担保品牌往往是公司品牌）。在产品品牌、产品线品牌或分类品牌之下，担保品牌战略支持产品分类的广泛变化。例如，公司母品牌雀巢为全部产品提供信任、质量保证、信誉和竞争力，产品品牌则提供口味、感觉等特殊的价值和个体经验。同样，雪佛兰、别克、凯迪拉克等多个品牌同属于通用汽车公司的GM（通用）品牌名下，但它们的定位各不相同。除非有特殊情况，一般消费者只意识到产品品牌本身。每个产品可以自由地表现其创新性，因此在产品品牌的名称和符号使用上呈现出广泛的变化。

担保品牌战略的主要优点是能够获得很大的调遣自由。以雀巢为例，如果是来源品牌，则一些与婴儿食品和儿童巧克力相关的特殊形象必然影响到产品品牌的发展，而担保品牌战略却为雀巢带来了无限的发展空间，使它的产品领域涵盖咖啡市场、汤料市场等。在担保品牌下，产品品牌共享它承担的认可作用，包括标准化的质量、科学技术和对公众的责任，以及对生态环保的关注等。

担保品牌可以向来源品牌转化。例如福特汽车公司拥有主品牌福特，子品牌包括金牛座、探险者、林肯、水星等。原本两者之间处于松散的关系，即福特属于担保品牌的性质。后来公司意识到了主品牌的重要性，把促销重点放在提高主品牌形象的宣传上，将每个子品牌都联系起来，使之既有益于加强主品牌形象，又能受益于主品牌形象。这与通用汽车公司的策略正好相反。

以上这六种品牌化战略都是典型做法。事实上，很多公司采用了分类品牌、伞状品牌、来源品牌或担保品牌的混合结构。毋庸置疑，许多混合情形的产生是因为在新产品的不断开发

过程中很少对品牌决策做出严格的选择。如果缺乏对一个品牌整体运作和与产品关系的预想计划,将导致品牌化政策的总体混乱,这无疑对品牌资产造成内耗。

六、总结评价

任务考评表

考评任务	被考评人	考评标准				
	班级:	考评内容	分值	自我评价	小组评价	教师评价
品牌的战略模式		1.调研准备充分,分工合理	10			
		2.调研记录内容全面,准确性高	20			
		3.调研过程纪律表现良好,注重团队合作	10			
	姓名:	4.调研报告总结及时、认真,体现出对企业品牌战略模式的认识,具有合理性	30			
		5.汇报时PPT内容完整、美观,语言表达流畅,着装、仪态合乎要求	30			
		合计				
		综合得分 (自评占10%,组评占30%,师评占60%)				

任务三　品牌的管理

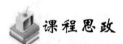

品牌驱动　打造消费者挚爱产品——蒙牛

品牌是蒙牛实现高质量增长的护城河。

2022是体育大年,冬奥会、亚洲杯、世界杯万众瞩目、精彩纷呈,蒙牛聚焦重大体育赛事开展全方位品牌活动,让"天生要强"的品牌主张与体育精神有机融合、深入人心。同时,蒙牛不断推进品牌年轻化,发布全球雇主品牌"来!一起牛",推出中国乳业首位虚拟数字员工"奶思",进一步加强与Z世代消费者沟通。

多年来,蒙牛母子品牌协同发力、相互赋能,全面打造了六大品类、400多款产品的品牌矩阵。其中,特仑苏在2022年高端市场份额创历史新高,与第二梯队差距显著拉大,夯实全球乳业第一大单品地位;高端鲜奶新标杆——每日鲜语实现品牌知名度、品牌健康度遥遥领先;优益C、"健字号"冠益乳紧抓市场风口,引领国人健康消费时尚;冰激凌不仅培育随变、绿色心情

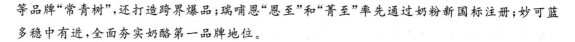

等品牌"常青树",还打造跨界爆品;瑞哺恩"恩至"和"菁至"率先通过奶粉新国标注册;妙可蓝多稳中有进,全面夯实奶酪第一品牌地位。

学生思考

蒙牛是如何进行品牌管理的?

教师点评

蒙牛以消费者为核心,引领创新,以变应变,积极拥抱年轻的族群,打造真正具有世界影响力的中国乳品品牌,发挥品牌力,共促乳业高质量发展,从而使中国成为全球乳业的强国。

一、任务描述

在现代市场竞争中,品牌已经不再仅仅是企业商标或名称的简单代表,而是涵盖了企业在市场上的形象和价值的方方面面。品牌管理与保护对于企业的发展至关重要,尤其是在数字化时代。企业可以通过哪些途径来进行品牌管理呢?

二、课前导学

(一)应知应会

1. 品牌管理的含义

品牌管理是指针对企业产品和服务的品牌,综合运用企业资源,通过计划、组织、实施、控制来实现企业品牌战略目标的经营管理过程。

2. 品牌管理的内容

为了在消费者心智中建立起个性鲜明的、清晰的品牌联想,品牌管理的职责与工作内容主要为:制订以核心价值为中心的品牌识别系统,然后以品牌识别系统统帅和整合企业的一切价值活动,同时优选高效的品牌化战略与品牌架构,不断地推进品牌资产的增值并且最大限度地合理利用品牌资产。

要高效创建强势大品牌,关键是围绕以下四个方面做好企业的品牌管理工作。

1) 规划以核心价值为中心的品牌识别系统

进行全面科学的品牌调研与诊断,充分研究市场环境、目标消费群与竞争者,为品牌战略决策提供翔实、准确的信息导向;在品牌调研与诊断的基础上,提炼高度差异化、清晰明确、易感知、有包容性和能触动感染消费者内心世界的品牌核心价值;规划以核心价值为中心的品牌识别系统,基本识别与扩展识别是核心价值的具体化、生动化,使品牌识别与企业营销传播活动的对接具有可操作性;以品牌识别统帅企业的营销传播活动,使每一次营销传播活动都演绎传达出品牌的核心价值、品牌的精神与追求,确保企业的每一份营销广告投入都为品牌做加法,都为提升品牌资产做累积。

2) 优选品牌化战略与品牌架构

品牌战略规划中重要的一项工作是规划科学合理的品牌化战略与品牌架构。在单一产品的格局下,营销传播活动都是围绕提升同一个品牌的资产而进行的,而产品种类增加后,就面临着很多难题,在品牌延伸时,新产品究竟是沿用原有品牌,还是采用一个新品牌?若新产品采用新品牌,那么原有品牌与新品牌之间的关系如何协调?企业总品牌与各产品品牌之间的关系又该如何协调?品牌化战略与品牌架构优选战略就是要解决这些问题。

在悟透各种品牌化战略模式的规律,并深入研究企业的财力、企业的规模与发展阶段、产品的特点、消费者心理、竞争格局与品牌推广能力等实际情况的基础上,按成本低又有利于企业获得较好的销售业绩、利润与实现培育强势大品牌的战略目标,优选出科学高效的品牌化战略模式。

3)进行理性的品牌延伸扩张

创建强势大品牌的最终目的是持续获取较好的销售与利润。由于无形资产的重复利用是不用成本的,只要有科学的态度与高超的智慧来规划品牌延伸战略,就能通过理性的品牌延伸与扩张充分利用品牌资源这一无形资产,实现企业的跨越式发展。因此,品牌战略的重要内容之一就是对品牌延伸的下述各个环节进行科学和前瞻性规划:提炼具有包容力的品牌核心价值,预理品牌延伸的管线,如何抓住时机进行品牌延伸扩张,如何有效回避品牌延伸的风险,延伸产品如何强化品牌的核心价值与主要联想并提升品牌资产,品牌延伸中如何成功推广新产品。

4)科学地管理各项品牌资产

创建具有鲜明的核心价值与个性、丰富的品牌联想、高品牌知名度、高溢价能力、高品牌忠诚度和高价值感的强势大品牌,累积丰厚的品牌资产。

首先,要完整理解品牌资产的构成,透彻理解品牌资产各项指标如知名度、品质认可度、品牌联想、溢价能力、品牌忠诚度的内涵及相互之间的关系。在此基础上,结合企业的实际,制定品牌建设所要达到的品牌资产目标,使企业的品牌创建工作有一个明确的方向,做到有的放矢并减少不必要的浪费。其次,在品牌宪法的原则下,围绕品牌资产目标,创造性地策划低成本提升品牌资产的营销传播策略。同时,要不断检核品牌资产提升目标的完成情况,调整下一步的品牌资产建设目标与策略。

(二)日积月累

1.品牌管理的步骤

1)勾画出品牌的"精髓",即描绘出品牌的理性因素

首先把品牌现有的可以用事实和数字勾画出的看得见摸得着的人力、物力、财力找出来,然后根据目标再描绘出需要增加哪些人力、物力和财力才可以使品牌的精髓部分变得充实。这里包括消费群体的信息、员工的构成、投资人和战略伙伴的关系、企业的结构、市场的状况、竞争格局等。

2) 掌握品牌的"核心",即描绘出品牌的感性因素

由于品牌和人一样除了有躯体和四肢外还有思想和感觉,因此在了解现有品牌的核心时必须了解它的文化渊源、社会责任、消费者的心理因素和情绪因素并将感情因素考虑在内。根据要实现的目标,重新定位品牌的核心并将需要增加的感性因素一一列出来。

3) 寻找品牌的灵魂,即找到品牌与众不同的求异战略

通过上述两个步骤对品牌理性和感性因素的了解和评估,升华出品牌的灵魂及独一无二的定位和宣传信息。人们喜欢去迪士尼乐园并不是因为它是简单的游乐场所,而是人们可以在那里找到童年的梦想和乐趣。所以品牌不是产品和服务本身,而是它留给人们的想象和感觉。品牌的灵魂就代表了这样的感觉和感受。

4) 进行品牌的培育、保护及长期爱护

品牌形成容易但维持是个很艰难的过程。没有很好的品牌关怀战略,品牌是无法成长的。很多品牌只靠花掉大量的资金做广告来增加客户资源,但由于不知道品牌管理的科学过程,在有了知名度后,不再关注客户需求的变化,不能提供承诺的一流服务,失望的客户只有无奈地选择了新的品牌,致使花费巨大得到的品牌效应昙花一现。所以,品牌管理的重点是品牌的维持。

2.品牌管理的重点要素

1) 建立信誉

信誉是品牌的基础,没有信誉的品牌几乎没有办法去竞争。很多"洋"品牌同中国本土品牌竞争的热点就是信誉。"洋"品牌多年来在全球形成的规范的管理和经营体系使得消费者对其品牌的信誉度的肯定远超过本土的品牌。本土企业同跨国企业品牌竞争的起点不是依靠炒作,而是要依靠提升管理水平和质量控制的能力、建立提高客户满意度的机制、提升团队的素质来建立信誉。企业必须研究客户需求的变化并不断创新出可以满足他们不同需求的有个性化功能的产品或服务。未来的品牌竞争将是靠速度决定胜负的。只有在第一时间了解到市场变化和客户消费习惯变化的品牌才可能以最快的速度调整战略来适应变化的环境并最终占领市场。

2) 争取支持

没有企业价值链上所有层面的全力支持,品牌是不容易维持的。除了客户的支持外,来自政府、媒体、专家、权威人士及经销商等的支持也同样重要。有时企业还需要名人的支持并利用他们的效应增加品牌的信誉。

3) 建立关系

由于客户需求的动态变化和取得信息的机会不断增加,因此为客户提供个性化和多元化的服务已成为唯一的途径。只有那些同客户建立了紧密的长期关系的品牌才会是最后的胜利者。

4)增加体验机会

互联网时代,客户购买的习惯发生着巨大的变化,光靠广告上的信息就决定购买的情况已经越来越少了。消费者需要在购买前先尝试或体验,之后再决定自己是否购买。所以品牌的维持和推广的挑战就变成了如何让客户在最方便的环境下,不需要花费太多时间和精力就可以充分了解产品或服务的质量和功能。这种让客户满意的体验可以增加客户对品牌的信任并产生购买的欲望。

对于任何品牌而言,衡量品牌四要素的指数均可量身裁定,成为专项指数。这些指数可成为品牌评估的基准线,提供"跟踪"衡量品牌形象变化的依据。品牌管理指数包括信誉指数、关系指数、支持指数和亲身体验指数。

(三)实践训练

(1)品牌管理的核心要素是什么?

_____

_____

_____

(2)企业可以从哪些方面提高品牌管理的运营能力?

_____

_____

_____

_____

三、任务实施前准备

(1)知识准备:品牌的管理。
(2)工具准备:笔记本、笔、电脑、网络。

四、任务实施流程

本任务实施流程如表2-3所示。

表2-3 任务三实施流程

序号	作业内容	说明
1	确定调研对象	蒙牛、伊利是如何进行品牌管理的
2	收集资料	分组对两个企业品牌管理方式进行对比分析
3	整理资料	以小组为单位对企业的资料进行归纳整理
4	撰写调研报告	在前期调研的基础上,撰写完整的调研报告
5	汇报	分组进行汇报

五、知识链接

(一)品牌管理的价值法则

1. 最优管理

遵循这一法则的企业追求的是优化的管理和运营,它提供中等的产品和服务并以最好的价钱和最方便的手段与客户见面。这样的企业不是靠产品的发明或创新或是同客户建立的亲密关系来争取市场领袖地位的,相反,它是靠低廉的价钱和简单的服务来赢得市场的。

2. 最优产品

如果一个企业能够集中精力在产品研发上并不断推出新一代的产品,它就可能成为产品市场领袖。其对客户的承诺是不断地为客户提供最好的产品。当然并不是靠一个新产品就可以成为产品市场领袖,而是要年复一年地有新产品或新功能来满足客户对产品新性能的要求。

3. 亲密关系

遵循这一法则的企业把精力放在如何为特定客户提供所需的服务上,而不是放在满足整个市场的需求上。他们不为追求一次性的交易,而是为了和选择性的客户建立长期、稳定的业务关系。只有在建立了长期、稳定的关系的情况下才可以了解客户独特的需要,也才可以满足客户的这种特殊需求。这些企业的信念是:了解客户要什么,为客户提供全方位的解决方案和售后支持来实现客户的远景目标。

(二)品牌管理的竞合关系

1. 由竞争到合作,打响主品牌战役

品牌竞争的核心并非是对抗,而是根据市场的实际、竞争者在市场中的地位、竞争者的态度等建立相应的竞争和合作关系。一家企业可以同时拥有多个品牌,但是主打品牌只能有一个。因为主打品牌是支柱和核心,对于主打品牌要予以重视并加大投入。在发展好主打品牌的同时,企业可以发展其他的品牌,进而产生"一好百好"的"马太效应"。

企业在有了一个领军品牌之后,可能会陆续推出一些子品牌,涉及不同的产业,做出不同的定位,满足不同的消费群体。但在品牌的经营中,对子品牌的重视程度,明显要弱于支柱品牌。这就是品牌管理中"强'干'弱'枝'"战略,以"干"带"枝",形成企业品牌家族"树大根深、枝繁叶茂"的繁荣景象。

2. 加强品牌沟通管理,提升内涵形象

企业形象是商品形象和文化的主要载体和重要体现。良好的企业形象更容易为企业赢得客户的信赖和合作,容易获得社会的支持。品牌管理的目标是通过研究明确目标消费者的需求所在,依据总体战略规划,通过广告宣传、公关活动等推广手段,实现目标消费者对品牌的深度了解,在消费者的心目中建立品牌地位,促进品牌忠诚。

3. 进行品牌资本运营,节省费用投入

创立品牌是品牌发展的初级阶段,经营品牌是品牌发展的高级阶段。从成熟品牌的发展过程来看,企业对品牌的管理经历了创立品牌—经营品牌—买卖品牌的三部曲。

企业管理好一个品牌存在不少困难。在开拓市场时,企业不得不投入更多,甚至多得多的宣传费用,即便如此,其品牌形象和品牌文化也很难塑造,即使知名度颇高,但是美誉度不足,没有魅力,缺乏号召力,顾客只是勉强听说过企业的产品,不认同也就不会购买。这是先天不良导致的后果。相反,管理好品牌,在品牌资本运营上做足"文章"将减小品牌推广阻力,从而大大减少品牌推广成本。

4. 挖掘品牌价值,提升管理效率

对于任何一个品牌来说,都有一定的价值。企业在品牌管理中要深入挖掘品牌价值,为消费者提供有价值的品牌体验;通过运用各种科技手段,提升品牌管理的效率。

拥有品牌的企业不一定成功,但成功的企业必定拥有一个成功的品牌,因为只有懂得管理品牌,将品牌效应发挥到最大,建立一套品牌管理的体系,才能从情感上赢得企业员工对品牌的忠诚,从而实现真诚的顾客服务。

(三) 品牌管理的策略

1. 以质量为立足点树立全面的品牌意识

产品的竞争,品牌的较量,首先是质量的竞争。质量对产品的效能具有直接影响,与顾客价值和满意度密切相关。企业要想在竞争中生存,除了接受质量观念外别无选择;要想在竞争中取胜,除了不断提高产品质量别无出路;要想建立名牌,必须以高质量的产品为基础。

2. 以知名度为催化剂,注重品牌个性化与差异化

21世纪的消费者是理智成熟的,传统消费方式正逐步向个性化消费方式过渡。随着改革开放的不断深入,社会保障体系的日益完善,人们收入水平的逐步提高,人们的消费需求已从生活基本需求向更高级的需求转变,消费观念已不再是商品从无到有的过程,而是享受购物服务、追求完善和展现个性,达到精神上的满足。在个性化消费时代,消费者更注重的是心理需要,以心理感受作为衡量消费行为是否合理、商品是否有吸引力的依据,消费时追求个性、情趣;强调商品内在的质的要求,注重商品购买过程中、使用后的服务与信誉,关注商品的时尚性、独特性和安全性;注重消费的文化内涵,注重商品的欣赏价值和艺术价值,追求名牌所蕴含的文化特质,以满足自己的个性化要求。

3. 以文化为根本打造世界名牌

文化是根植在一定的物质、社会、历史传统基础上形成的特定的价值观念、信仰、思维方式、习俗的综合体。文化具有连续性和稳定性,是环境因素中最深层、变化最慢的,但文化并非一成不变,现代世界不同文化既在努力保持各自的特色并发展自己,又在不断地相互交融和渗透。企业要在竞争中立于不败之地,必须将产品与文化结合起来,必须了解自己所面对的顾客的文化以及他们的消费行为在多大程度上、哪些方面受到其文化的影响,从而调整自己的产品,使产品形象体现出的文化适合消费者的心理需求,强化自己产品的诉求能力,使消费者产生愉快感、信赖感、可靠感、安全感,形成有特色的品牌文化。

六、总结评价

任务考评表

考评任务	被考评人	考评标准				
品牌的管理	班级: 姓名:	考评内容	分值	自我评价	小组评价	教师评价
		1.调研准备充分,分工合理	10			
		2.调研记录内容全面,准确性高	20			
		3.调研过程纪律表现良好,注重团队合作	10			
		4.调研报告总结及时、认真,体现出对企业品牌管理的认识,具有合理性	30			
		5.汇报时PPT内容完整、美观,语言表达流畅,着装、仪态合乎要求	30			
		合计				
		综合得分 (自评占10%,组评占30%,师评占60%)				

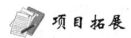

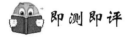

项目三 品牌定位

任务一 品牌的定位

 课程思政

西安市第一保育院

1938年10月,战时儿童保育会陕甘宁边区分会战时儿童保育院(以下简称"保育院")在延安成立,这便是西安市第一保育院的前身。它是中国共产党在延安时期最早创办的幼儿园,为参加抗战的军民解除了后顾之忧。1946年,随着内战全面爆发,陕甘宁边区政府决定对保育院进行战前疏散。年龄小一点的孩子由老师背在身上,年龄稍大一点的孩子躲进骡马背上驮着的竹筐里。大转移途经绥德等地,东渡黄河到山西,直到1948年9月,保育院的老师和孩子们才再次回到延安。这场历时20个月、行程长达1000多公里的安全大转移,创造了无一人掉队、无一人伤亡的奇迹,因而成为中国幼儿教育界享有盛名的"马背上的摇篮"。大转移保护的不仅是孩子,更延续着"为人师者立德立行"的精神,这成为西安市第一保育院80多年历史中最深沉厚重的底色。这段浸染着血与泪的历史,后来以一匹马的形象,被设计成西安市第一保育院的院标。西安市第一保育院以毛主席的题词"好好的保育儿童"为该园的办园宗旨,将摇篮精神不断发扬光大。

学生思考

西安市第一保育院是如何定位品牌形象的?

教师点评

西安市第一保育院:以摇篮文化,传承红色基因。

一、任务描述

这所从战争年代走进新时代的"红色摇篮",以"让每个孩子都成为亮晶晶的星"为培养目标,培养全面发展、富有个性的璀璨之星,先后荣获国家级"绿色幼儿园"、教育部幼儿园园长培

训基地、中国青少年素质教育研究实践基地、陕西省示范幼儿园等多项殊荣。这就是品牌定位中,对自己需要突出的绝对优势加大宣传,形成点睛之笔。

品牌定位,是企业在市场定位和产品定位的基础上,对特定的品牌在文化取向及个性差异上的商业性决策,它是建立一个与目标市场有关的品牌形象的过程和结果。那么如何去做品牌定位?要回答这些问题,我们就必须来了解一下"定位理论"。

二、课前导学

(一) 应知应会——定位理论

定位是定位理论中最核心、最基础和最早的概念和观点,正是定位这个概念和观点奠定了定位理论的基础,以至于人们把这种视心智为终极战场、打造品牌就是要在这场心智战争中取得主导地位的理论称为定位理论。其主要观点如下。

(1) 定位就是让企业和产品与众不同,争当第一,形成核心竞争力,突出某方面焦点,让品牌在消费者的心智中占据最有利的位置,成为某个类别或某种特性的代表品牌。当消费者产生相关需求时,消费者便会将定位品牌作为首选。

(2) 消费者对品牌的印象不会轻易改变,必须保持定位的稳定性,切忌频繁变更。定位一旦形成很难在短时间内消除,而盲目的品牌延伸反而会摧毁已有的定位。

(3) 定位就是追求简单,借助持续、简单的信息在消费者心中占据一个位置,其最佳的效果是让企业和产品在消费者心智中拥有一个字眼,就像沃尔沃代表"安全",英特尔代表"微处理器"。

(4) 定位就是建立认知。消费者心智的工作原理是定位的核心,决定着商业战略的成败。其具体内容包括:心智容量有限,只能接收有限的信息;心智厌恶混乱,喜欢简单;心智缺乏安全感,容易产生从众心理;心智拒绝改变,对老品牌更感兴趣;盲目性的品牌延伸会使心智失去焦点。

(二) 日积月累——21世纪定位理论的五大新法则

1. 第一个法则:全球化(globalism)

在20世纪,大多数企业的业务仍然停留在中国本土,而在21世纪,全球化成为一个大趋势,未来会属于那些将品牌做到全球的企业。中国多数的出口都是商品的出口,而不是品牌的出口,很多中国品牌在全球市场上并不出色,而且它们违反了最重要的定位法则,那就是聚焦定律。随着市场变得越来越大,产品线应该越来越窄才好。

2. 第二个法则:品类(category)

20世纪的时候,如果你想在市场中胜出,通过打造一个非常棒的品牌即可。而在21世纪,如果想在市场中胜出,必须拥有一个占据主导地位的品类。21世纪,企业的目标就是主导一个品类。一旦品牌在市场的某一品类中占据位置之后,该品牌在心智中就不会被归入另外的品类。并且品牌越强大,它进入另一个品类就越困难。一个品类中的领导品牌能够让品牌本身获得非常长久的生命力。

3. 第三个法则:互联网品牌(internet branding)

商业发展的速度越来越快,尤其在互联网上,发展速度惊人。而说到互联网,有一个最重要的定位原则需要注意,即:进入互联网的业务已经是一个新的品类,而新的品类必须要一个新的品牌名,而不是对现有的品牌名做延伸就可以了。

4. 第四个法则:多品牌(multiple brands)

20世纪由单品牌公司主导,而在21世纪,主导的公司是多品牌企业。单一品牌企业的时代结束了,未来属于多品牌企业。

5. 第五个法则:视觉锤(visual hammer)

视觉锤是非常重要的定位法则之一。当企业在展开定位战略的时候,拥有一个"视觉锤"将能达到事半功倍的效果。打造视觉锤有八种行之有效的方法:形状、颜色、产品、动作、创始人、标志符号、明星和动物。对于企业而言,最重要的是要找到与自己最为契合的方式打造属于自己品牌的"视觉锤",这样才能将品牌形象深深钉入潜在顾客的心智中。

(三)实践训练

(1)举例说明令你印象深刻的品牌。

_____
_____
_____

(2)你是否了解一些品牌定位的特点,请与同学们分享讨论。

_____
_____
_____
_____

三、任务实施前准备

(1)知识准备:品牌定位的要素(见图3-1)。

(2)工具准备:笔记本、笔、电脑、网络。

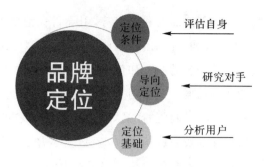

图 3-1 品牌定位的要素

四、任务实施流程

本任务实施流程如表 3-1 所示。

表 3-1 任务一实施流程

序号	作业内容	说明
1	确定调研对象	确定 2~3 个品牌作为研究对象
2	收集资料	分组对这 2~3 个品牌的发展、品牌故事、品牌特点和品牌产生的价值等进行研究并收集资料
3	整理资料	以小组为单位对品牌资料进行归纳整理
4	撰写分析报告	在前期梳理的基础上,分析所研究品牌的定位要素
5	分组汇报	分组进行汇报

五、知识链接

(一)品牌定位方式

品牌必须将自己定位于满足消费者需求的立场上,最终借助传播让品牌在消费者心中获得一个有利的位置。要达到这一目的,首先必须考虑目标消费者的需要。借助于消费者行为调查,可以了解目标对象的生活形态或心理层面的情况。这一切都是为了找到切中消费者需要的品牌利益点,而思考的焦点要从产品属性转向消费者利益。消费者利益的定位是站在消费者的立场上来看的,它是消费者期望从品牌中得到什么样的价值满足。所以用于定位的利益点选择除了产品利益外,还有心理象征意义上的利益,这使得产品转化为品牌。因此可以说,定位与品牌化其实是一体两面,如果说品牌就是消费者认知,那么定位就是公司将品牌提供给消费者的过程。

消费者有不同类型、不同消费层次、不同消费习惯和偏好,企业的品牌定位要从主客观条件和因素出发,寻找适合竞争目标要求的目标消费者。企业要根据市场细分中的特定细分市场,满足特定消费者的特定需要,找准市场空隙,细化品牌定位。消费者的需求也是不断变化的,企业还可以根据时代的进步和新产品发展的趋势,引导目标消费者产生新的需求,形成新的品牌定位。品牌定位一定要摸准顾客的心,唤起他们内心的需要,这是品牌定位的重点。所以说,品牌定位的关键是要抓住消费者的心。如何做到这一点呢？自然是必须带给消费者以实际的利益,满足他们某种切实的需要。但做到这一点并不意味着企业的品牌就能受到青睐,因为市场上还有许许多多企业在生产同样的产品,也能给顾客带来同样的利益。而市场已经找不到可能独步天下的产品,企业品牌要脱颖而出,还必须尽力塑造差异,只有与众不同的特点才容易吸引人的注意力。所以,企业品牌要想取得强有力的市场地位,它应该具有一个或几个特征,看上去好像是市场上"唯一"的。

这种差异可以表现在许多方面,如质量、价格、技术、包装、售后服务等,甚至还可以是脱离产品本身的某种想象出来的概念。飞亚达作为国产高端手表的代表,自成立初便坚持"追求精益求精"的工匠精神,不断学习和超越世界先进设计理念和制表工艺,用心血和激情为自己在世界名表中赢得一席之地。市场实践证明,任何一个品牌都不可能为全体顾客服务,细分市场并正确定位,是品牌赢得竞争的必然选择。

只有品牌定位明确、个性鲜明,才会有明确的目标消费层,成为某一层次消费者文化品位的象征,从而得到消费者的认可,让顾客得到情感和理性的满足感。

要想在竞争中脱颖而出,唯一的选择就是差异化,而定位正是在战略上达到差异化最有效的手段之一。企业如不懂得定位,必将湮没在茫茫的市场中。

(二)避免品牌定位的误区

品牌定位是一个非常复杂、重要的过程,品牌定位不是树立"口号",品牌定位的实现在于企业的执行力,品牌定位应避免陷入"新、奇、特"的误区,品牌定位是品牌阶段性发展的基石。

1.品牌定位不是树立"口号"

品牌定位可以说是企业在品牌运作过程中的基石与准线,也是所有营销主题与市场维护的核心,所以在企业的对外宣传中往往会以简洁、明了的语言进行解读,如都市商务男性高级奢侈品牌、时尚白领休闲女装等。但在企业的内部执行过程中切勿以"口号"形式进行品牌理解,一方面,不确切、不细致的企划构思不仅不能完好地展示品牌定位,反而会形成虚、假、套的空派作风;另一方面,品牌定位是系统工程,不应以简单的"点"去带动整体营销管理的"面",以致形成工作上的偏差。

2.品牌定位的实现在于企业的执行力

品牌定位是对品牌上市过程中的差异化经营寻找的切入点,更多的实际工作应体现在以品牌定位为核心的营销主题、形象展示以及品牌运营服务过程中,因此,也可以说品牌定位在市场中的实现以依靠企业在终端上的执行力进行表现。即使再完善与圆满的品牌定位体系,如果不能够使之形成市场中的最终表现,依然只是"海市蜃楼"。而企业的执行力则表现为企业的品牌定位体系在渠道中得到拓展与理解,这也是企业在品牌市场运作过程中的关键。

3.品牌定位应避免陷入"新、奇、特"的误区

虽然品牌定位是寻找差异化经营的过程,然而依然需要品牌能够适应市场消费的需求变化与消费特征。往往更多的企业希望能够通过一两个"好点子",使品牌在一夜之间迅速成名,因此便出现了高档产品推出几十万元的高级"珠宝时装",或是利用一些哗众取宠的"噱头"来提高关注率,等等。虽然这种方法能够在短时间内提高品牌知名度,但是对品牌长期发展而言只会产生负面影响,而且即使成本投入很高也无法建立品牌经营所需要的消费理解与消费认同。所以品牌定位在营销定位中应集中体现在品牌风格塑造与消费需求把握中,避免陷入"新、奇、特"的误区。

4.品牌定位是品牌阶段性发展的基石

对某一经营品牌进行的品牌定位工作并不是长久不变的,它仅是代表该品牌在某一段市场经营时间内所针对的市场情况而做出的经营选择。因此,品牌定位需要随着市场的发展与消费需求的变化而进行适当的经营调整,以便能够更好契合市场的需要。然而,很多企业却经常对现有品牌定位"朝令夕改",今天还是商务休闲,明天就换上了裤衩、背心;要么就是市场什么好做就卖什么产品,品牌定位仅仅是一纸空文,只要还是卖男装(或女装)就可以,哪管它是哪类服装,卖给哪类人群。因此,很多初涉品牌化经营的企业就是在这种变化中逐步消亡的。

品牌定位在品牌经营和市场营销中有着不可估量的作用。成功的品牌都有一个特征,就是以一种始终如一的形式将品牌的功能与消费者的心理需要连接起来,通过这种方式将品牌定位信息准确传达给消费者。因此,企业最初可能有多种品牌定位,但最终是要建立对目标人群最有吸引力的竞争优势,并通过一定的手段将这种竞争的优势传达给消费者并转化为消费者的心理认知。

六、总结评价

任务考评表

考评任务	被考评人	考评标准				
	班级:	考评内容	分值	自我评价	小组评价	教师评价
品牌的定位	姓名:	1.调研准备充分,分工合理	10			
		2.调研记录内容全面,准确性高	20			
		3.调研过程纪律表现良好,注重团队合作	10			
		4.调研报告总结及时、认真,体现出对品牌价值的认识以及品牌定位的要素分析	30			
		5.汇报时PPT内容完整、美观,语言表达流畅,着装、仪态合乎要求	30			
		合计				
		综合得分 (自评占10%,组评占30%,师评占60%)				

任务二 品牌定位的流程

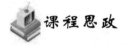

农夫山泉的品牌发展史

农夫山泉始创于1996年,原名为浙江千岛湖养生堂饮用水有限公司,1997年4月第一个工厂开机生产,同年6月,上市了产自千岛湖水源地的天然水产品,推出"农夫山泉有点甜"广告语。1999年,面对娃哈哈和乐百氏两大纯净水巨头,农夫山泉另辟蹊径,宣布停止生产纯净水,改而全部生产天然水,给农夫山泉树立了注重天然、健康的企业形象。2007年,农夫山泉又提出了一个新的品牌主张"天然的弱碱性水"。当时,农夫山泉还做了一个小物料,在每瓶水的瓶颈处套一个小拉环,上面注明农夫山泉的pH值是7.3±0.5,并且附上一张pH试纸,供消费者通过实验测试农夫山泉的酸碱度,证明其水质是弱碱性的,是天然的。和"农夫山泉有点甜"的感性体验不同,"天然的弱碱性水"是从理性层面表达了"天然",代表了农夫山泉"天然"的认知价值、功能价值。纵观农夫山泉的整个品牌发展史,我们可以发现农夫山泉的成功秘诀是:在纯净水市场巨头大战的夹缝中,开创了天然水品类,并且牢牢占住了这一市场,在天然水的消费升级大潮中,以坚持不懈的创新精神,不断升级产品、升级包装、升级品牌诉求与形象,继续锁定整个市场,始终以"天然"作为品牌的核心标签,打造品牌形象,累积品牌价值,统一品牌认知。

学生思考

农夫山泉的品牌定位过程有什么特点?

教师点评

农夫山泉:以天然定位,打造品牌形象。

一、任务描述

从农夫山泉的品牌发展史可以看出:一是农夫山泉品牌定位准确,二是品牌定位的传播准确。品牌定位是一个系统、有序的工程,因此需要按照科学流程来细致有效地开展相应工作。企业应结合企业的战略目标,从分析企业的优势开始,经过市场细分、目标市场的选择、对顾客价值观的把握、核心理念的提炼、优秀品牌联想的建立、传播方案的制订、品牌再定位等一系列环节,以及长期的策划和维护,才能将品牌定位确立起来。

二、课前导学

(一)应知应会——品牌定位的七个步骤

1. 企业优势分析

分析企业优势是品牌定位的第一步工作。首先,企业优势分析是制定企业战略的基础。

品牌定位的逻辑思路应是：企业战略—营销战略—品牌战略—品牌定位。从这一思路来说，品牌定位是品牌战略的核心，而品牌战略属于企业营销战略的一个方面，营销战略为企业的职能战略，它又从属于企业的总体战略。因此，品牌定位应服从企业的总体战略。一个清晰、完整的企业战略是品牌定位的前提条件，只有拥有了企业总体战略，品牌战略才能存在。按照波特竞争理论，一个企业的总体战略是建立在对该企业自身竞争优势的分析基础之上的。

其次，商场如战场，知己知彼，方能百战不殆。企业必须经常将其产品、价格、渠道和促销等与竞争对手相比较，通过比较，找出其竞争优势和不足之处，从而在消费者心中确立其优势地位。如伊利通过与其他同类产品的比较，发现自己的产品具有"奶香浓郁，口感纯正"的独特优势，这一优势来自良好的奶源，来自大草原。它是伊利品牌真正吸引人的精髓。于是，"伊利，都市中的自然感受"就成了伊利品牌的定位，其广告语"心灵的天然牧场"突出了现代都市人对健康绿色生活方式的向往，营造了自己的品牌优势，找到了独特的市场定位。

最后，分析企业自身优势的目的是挖掘企业自身的显在或潜在优势，并将其有效融入品牌定位的过程中，从而塑造出个性化的品牌。如百事可乐公司发现自己较短的生产历史竟是一种优势，于是将百事可乐定位为"新一代可乐"，成了"年轻、活泼、时代"的象征。

2. 市场细分与选择目标市场

市场细分的理论基础来自波特教授的差异化和集中化战略——寻找差异并把企业有限的资源集中用在最需要的地方。一个企业不论它的规模有多大，它所拥有的资源相对于消费需求的多样性和可变性总是有限的，因此它不可能满足市场上的所有需求，它必须针对某些自己拥有竞争优势的目标市场进行营销，目标市场顾客群是企业资源的重点投入对象。现代营销战略的核心可以描述为 STP 营销，即市场细分（segmenting）、选择目标市场（targeting）和品牌定位（positioning），它们是企业营销活动前奏中逐步深入的三部曲。在这三部曲中，市场细分与选择目标市场是品牌定位的前提，品牌定位则是结果，离开前两项基础工作，品牌定位将无从谈起。

市场细分的目的是根据企业自身的实力，确定企业进入的目标市场，两者存在先后顺序，同时又相互区别。市场细分是分析的过程，而确定目标市场是决策的过程。Lee 牌牛仔服的成功得益于它的市场细分策略，在占领男性市场后，它没有继续开拓空间已经很大的男性市场，而是把目光瞄准一直被忽视的女性市场。大多数女性都需要一件腰部和臀部都很合身且活动自如的牛仔服，于是 Lee 定位于此，通过对传统产品的改良和广告营销，将"最贴身的牛仔"这一与众不同的定位表达得淋漓尽致。

3. 分析目标市场内顾客价值观

目标市场确定后，必须透过消费者表层、多变的行为和需要，寻找到其内心根深蒂固的价值需要。杰克·特劳特和史蒂夫·里夫金在 1996 年所著的《新定位》一书中，一再强调定位的重心在于消费者心智，对消费者心智把握得越准，定位策略就越有效。"定位不在产品本身，而在消费者心底。"无论企业定位技巧多高明，其成功的关键还是迎合消费者的心理。因此，把握目标市场顾客的心理需求活动是品牌定位最重要的环节。由于消费者的心理需求特征纷繁复杂，纯粹地分析消费者心理需求是比较困难的，对此进行量化也不是容易的事，而分析消费者价值观是一种可行的方式,这是因为无论消费者购买什么样的产品,其购买决策往往源于共同的内在驱动因素——消费者自身的价值观,这使同一类型的消费者在购买不同类别的商品时体现出很高的相似性。

价值观是人们对事物一致且稳定的看法,是人和社会精神文化系统中深层的、相对稳定并起主导作用的成分,是人心理活动的中枢系统。分析消费者价值观是为了发现目标顾客群对事物的判断标准,解读他们的主要需求,为定位提供足够的心理依据。

4. 提炼品牌核心价值

由于目标市场内顾客价值观不尽相同,存在心理上的差异,因此对品牌定位而言,重要的是从这些多样价值观中提取相对集中、单一和稳定的顾客核心价值,在此基础上,根据企业的资金、技术和营销等确立品牌的核心价值。核心价值也是品牌的终极追求,是一个品牌营销传播活动的原点,企业的一切营销活动都是对品牌核心价值的体现与演绎,并丰满和强化品牌核心价值。品牌的核心价值一旦提炼成功,在以后的十年、二十年,乃至上百年的品牌建设过程中,就要始终不渝地坚持。只有这样,核心价值才会在消费者大脑中烙下深深的印记,并成为品牌最有感染力的内涵。

5. 建立优秀的品牌联想

提炼了品牌核心理念之后,企业要做的工作是把自己的品牌核心理念传达给顾客。由于核心理念过于抽象,想要直接进入消费者的心里、占领消费者的心智较为困难,因此,必须依据品牌的核心理念对品牌进行设计与包装,创造其识别特征,以塑造品牌形象。品牌定位的一个重要任务就是把品牌理念和品牌识别特征有机地结合起来,然后主动地与目标受众进行交流。如果说品牌理念是品牌和消费者交流的内核,那么品牌识别就是品牌和消费者交流的语言。这种识别特征有效传达给消费者后就可以形成品牌联想。优秀的品牌联想可能会成为关键的竞争优势,它为竞争者制造了一道无法逾越的障碍,为消费者提供了购买理由,为品牌打下了延伸基础,使品牌具有了鲜活生动的情感和生命,使消费者产生亲近感,从而有利于实现双向交流。如提起麦当劳,人们立刻会联想到金黄色的 M 形拱门和小丑打扮的麦当劳叔叔。鲜明的品牌视觉形象是麦当劳实现一致性的识别体系。这不仅是一种服务商标——有麦当劳的特许经营权,而且意味着麦当劳的一整套风味独特的快餐美味——有麦当劳店堂里温馨祥和的欢乐气氛,有麦当劳的高质量产品和服务。

6. 有效地传播品牌定位理念

品牌展现就是将品牌的内在核心价值,以品牌名称为聚焦点,系统地展示给社会公众。这实际上是一个将品牌核心价值与消费者心理进行联结的过程,因此是品牌展现必不可少的重要阶段。虽然品牌展现包括广告展现、公共关系展现、人员推广展现和促销展现等方式,但无论采用哪种展现方式,品牌展现的各种方式都应密切配合、协调一致,传达给社会公众的都应是相同的内容,只有这样才能保证品牌形象的一致性。另外,品牌的核心价值和核心理念确定以后,一旦得到市场认同,就应保持其相对稳定性。

7. 品牌的再定位

消费者的需求是不断变化的,市场也变幻莫测,因此企业需要根据环境的变化不断调整原来的定位,使品牌永远具有市场活力。任何以不变应万变的静态定位思想都将使品牌失去活力,因此任何企业的任何品牌都不可能通过一次过程就能完成正确定位,成功的品牌定位不是一成不变、一劳永逸的,只有经过反复过程才能实现。

(二)日积月累——安踏集团的"单聚焦、多品牌"发展战略

安踏集团敏锐地捕捉到了消费者需求不断细化的趋势,对品牌进行持续精准定位及品牌重塑,通过不同品牌承接消费者的不同需求。通过对品牌的精准定位,很好地将各个品牌进行有效分隔,从而避免公司多品牌战略下可能的资源内耗。在"单聚焦、多品牌"战略之下,除了安踏品牌,安踏集团还囊括了斐乐(FILA)、迪桑特(DESCENT)、可隆(KOLON)等在内的诸多明星品牌,并且多个品牌都在细分领域里崭露头角,显示出强大的竞争力。

安踏品牌,定位大众、专业运动,为消费者提供具功能性、专业及科技驱动的体育用品,涵盖大众体育项目,例如跑步、综训和篮球等,以及专业和小众体育项目的多个领域。斐乐品牌,定位高端时尚运动,以广泛年龄层的高端消费者为目标。迪桑特品牌,定位高端专业运动,打造包括骑行、跑步、综训、女子系列在内的多元品类矩阵,满足运动爱好者的多样需求。可隆品牌,定位高端户外运动,倡导高品质户外生活方式,通过时尚大胆的设计和剪裁,打破都市与户外的界限。

未来,安踏品牌将聚焦大众专业运动赛道,围绕"专业突破、品牌向上"的核心战略,重点突破跑步、篮球等核心品类;斐乐品牌将坚持高端时尚运动定位和高质量增长,持续打造"顶级品牌、顶级商品和顶级渠道",拓展鞋类、专业运动及儿童三大领域;迪桑特品牌与可隆品牌这两大专业品牌将借势户外赛道风口和品牌成长势能,进一步夯实高端品牌力和产品高质感,稳步提升渠道覆盖和渗透率。

安踏集团旗下品牌聚焦差异化的品牌定位,在心智品类建设和提升消费者认知等方面均获明显进展。各品牌在多个细分领域形成了领导者地位,多品牌的商业模式充分适配当前市场需求的发展趋势,具备穿越周期的抗风险能力。

(三)实践训练

(1)举例说明你所了解的品牌的发展情况。

(2)你是否了解品牌定位流程中所遵循的原则?请与同学们分享讨论。

三、任务实施前准备

(1)知识准备:品牌成功的三要素(见图3-2)。

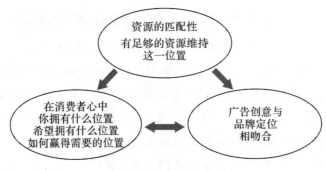

图3-2 品牌成功的三要素

(2)工具准备:笔记本、笔、电脑、网络。

四、任务实施流程

本任务实施流程如表3-2所示。

表3-2 任务二实施流程

序号	作业内容	说明
1	确定调研对象	确定2～3个品牌作为研究对象
2	收集资料	分组对这2～3个品牌的定位过程和品牌追寻的价值等进行研究并收集资料
3	整理资料	以小组为单位对品牌资料进行归纳整理
4	撰写分析报告	在前期梳理的基础上,分析所研究品牌的定位流程
5	分组汇报	分组进行汇报

五、知识链接

(一)品牌调研的步骤

(1)确定市场调研的必要性;

(2)定义问题;

(3)确立调研目标;

(4)确定调研设计方案;

(5)确定信息的类型和来源;

(6)确定收集资料的方法;

(7)问卷设计;

(8)确定抽样方案及样本容量;

(9)收集资料;

(10)分析资料;

(11)撰写调研报告。

(二)品牌调研分析方法

1. 3C 分析法

3C 分析法是指针对企业所处的微观环境——消费者(customer)、竞争者(competitor)、企业自身(corporation)三大方面进行全面的营销扫描。营销的本质在于"满足消费者的需求"。消费者分析主要包括消费者的人口统计特征(包括年龄、性别、职业、收入、受教育程度等)、消费者的个性特征、消费者的生活方式、消费者的品牌偏好与品牌忠诚、消费者的消费习惯与行为模式等。竞争者分析主要包括企业的主要竞争品牌、企业在竞争中的地位、竞争品牌的产品特征、竞争品牌的品牌定位与品牌形象、竞争品牌的传播策略等。企业分析主要针对企业的品牌现状进行分析,主要包括企业的产品特征、企业现有的目标市场、企业在消费者心目中的品牌形象、企业现有的品牌传播策略、企业现有的品牌知名度和美誉度等。

2. SWOT 分析法

SWOT 分析法是战略管理理论中最常见的分析工具之一,它是一种综合考虑企业外部环境和内部条件的各种因素,进行系统评价,从而选择最佳经营战略的方法。其中,S 是指企业内部所具有的优势(strength),W 是指企业内部所具有的劣势(weakness),O 是指企业外部环境的机会(opportunity),T 是指企业外部环境的威胁(threat)。对于品牌定位的前期调研与分析而言,SWOT 分析工具同样也是适用的,只不过此时所分析的对象更加微观,它主要集中在与企业品牌相关的内容上。

3. 品牌定位图分析法

品牌定位图分析法主要用于对市场上各种竞争品牌的定位进行比较分析。相对于前两种分析方法,品牌定位图的调查范围更为狭窄,主要限于对竞争者的分析。品牌定位图分析的目的是为企业建立一个与目标市场相关的独特品牌形象,以便在消费者心中留下深刻印象,并使消费者能够通过品牌形象区分不同的产品或服务。这种分析通常涉及品牌的核心价值、市场定位、竞争优势以及与目标市场相关的其他因素。由于品牌定位图准确和直观地指出了企业主要竞争品牌的定位布局,因此可以帮助企业迅速找到细分市场上的空隙,从而确立自己的品牌定位。

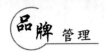

六、总结评价

任务考评表

考评任务	被考评人	考评标准				
	班级：	考评内容	分值	自我评价	小组评价	教师评价
品牌定位的流程	姓名：	1. 调研准备充分，分工合理	10			
		2. 调研记录内容全面，准确性高	20			
		3. 调研过程纪律表现良好，注重团队合作	10			
		4. 调研报告总结及时、认真，体现出对品牌定位流程的分析	30			
		5. 汇报时PPT内容完整、美观，语言表达流畅，着装、仪态合乎要求	30			
		合计				
		综合得分（自评占10%，组评占30%，师评占60%）				

任务三　品牌定位的策略

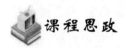

海尔的品牌战略

海尔集团创立于1984年，截至2024年2月，在全球设立了10大研发中心、71个研究院、35个工业园、143个制造中心和23万个销售网络，连续5年作为全球唯一物联网生态品牌蝉联"BrandZ最具价值全球品牌100强"，连续15年稳居"欧睿国际全球大型家电品牌零售量"第一名。海尔集团拥有海尔、卡萨帝、Leader、GE Appliances(通用家电)、Fisher & Paykel(斐雪派克)、AQUA、Candy等全球化高端品牌和全球首个智慧家庭场景品牌三翼鸟，构建了全球领先的工业互联网平台卡奥斯COSMOPlat和大健康产业生态盈康一生，旗下创业加速平台海创汇已孵化加速7家独角兽企业、107家瞪羚企业和175家专精特新"小巨人"。

1984年，海尔从一家濒临破产的集体小厂起步创业，从砸冰箱开始重塑企业精神；20世纪末，面对当下国内无名牌的现状，海尔决定出海"找高手下棋"，进军欧美市场，从此开启了品牌全球化之路；2019年，在第四次工业革命遽然兴起之际，海尔再一次踏准时机，开启"产品被场景替代，行业被生态'复'盖"的生态品牌战略阶段。三次颠覆式变革让海尔始终走在了时代前列。在这背后,帮助它站在时代潮头劈波斩浪的长剑便是"用户永远是对的"的理念。无论是20世纪80年代经济起步时用户对品质的追求,还是出海创牌时面向全球用户践行的本土化战略,抑或是物联网时代用户期待的场景化体验,海尔所有变革的核心都是围绕用户需求展开的。

为保障品牌发展适应外部环境,海尔始终坚持与时代同行,坚持"全球性"与"时代性"并举。海尔坚持自主创新,并率先确定、践行"走出去、走进去、走上去"的三步走全球化策略,通过"三位一体"本土化布局,即产品的设计、制造、营销都做到本土化,在欧美等高端市场凭借差异化竞争优势进行突破,进而实现对全球市场的覆盖。在物联网催生的产业格局变革中,海尔开创了一个通过与用户、合作伙伴联合共创,不断提供无界且持续迭代的整体价值体验,最终实现终身用户及生态各方共赢共生、为社会创造价值循环的物联网生态品牌。

打造世界一流品牌是建设世界一流企业的必然选择。如今的海尔,以品质作为品牌进化的起点,锚定"世界一流企业"勇毅前行。

学生思考

海尔的品牌战略有什么特点?

教师点评

海尔利用多品牌策略满足不同用户的需求,从高端品牌到场景品牌再发展成生态品牌。

一、任务描述

品牌定位的目的在于塑造独特的品牌形象,创造个性鲜明的品牌。品牌定位的方式有很多,没有一个固定、统一的模式,常见的有领导者定位、比附定位、空当定位、USP(独特的销售主张)定位、消费者定位、情感定位、利益定位等。品牌定位的策略可以单独使用,也可以相互组合使用,以达到更好的效果。如蓝月亮洗衣液通过强调蝉联多届洗衣液销售冠军,能使品牌深深印在消费者的脑海中,成为中国洗衣液的引领者。

二、课前导学

(一)应知应会——品牌定位的策略

1. 领导者定位

领导者定位也叫首席定位或者领先定位,即通过强调品牌在同行业或同类产品中的领导、专业地位,如宣称"最前卫""销量第一",达到强化品牌认知和定位的目的。

领导者定位的依据是人们对"第一"印象最深刻的心理规律。例如,第一个登上月球的人,第一次成功或失败,等等。尤其是在现今信息爆炸的社会里,各种广告、品牌多如过江之鲫,消费者对大多数信息毫无记忆。据调查,一般消费者只能回想起同类产品中的七个品牌,而第二个回想起来的概率只是第一个回想起来的品牌的一半。因此,领导者定位能使消费者在短时间内记住某品牌,并为该品牌产品以后的销售打开方便之门。

2. 比附定位

比附定位是通过与竞争品牌的比较来确定自身市场地位的一种定位策略,其实质是一种借势定位或反应式定位,即借竞争者之势,衬托自身的品牌形象。企业通过各种方法和同行中的知名品牌建立某种内在联系,使自己的品牌迅速进入消费者的心智,占据一个稳定的位置。借名牌之光使自己的品牌生辉。

3. 空当定位

空当定位,即寻找为许多消费者所重视但尚未被开发的市场空间。任何企业的产品都不可能占领同类产品的全部市场,也不可能拥有同类产品的所有竞争优势。市场中的机会无数,关键在于企业是否善于发现机会。善于寻找和发现市场空当是品牌定位成功的关键。企业要采用这种策略,就必须对以下三个问题有足够的把握:①新产品在技术上是可行的;②新产品的价格水平在经济上是可行的;③有足够的消费者。

4. USP定位

USP定位包含三个方面的内容:一是要向消费者传递一种主张、一种忠告、一种承诺,告诉消费者购买产品会得到什么样的利益;二是这种主张应是竞争对手无法提出或未曾提出的,应独具特色;三是这种主张应该以消费者为核心,易于理解和传播,具有极大的吸引力。比如,在汽车市场,宝马宣扬"驾驶的乐趣",马自达突出"可靠性",奔驰是"高贵、王者、显赫、至尊"的象征。

5. 消费者定位

消费者定位是指直接以某类消费群体为诉求对象,强调某产品专为该类消费群体服务,以此获得目标消费群体的认同。把品牌与消费者结合起来,有利于增强消费者的归属感,使其产生"我自己的品牌"的感觉。如:海澜之家的定位为"男人的衣柜",哈药的护彤定位为"儿童感冒药"。对消费对象的定位也是多方面的,比如从年龄上,有儿童、青年、中年、老年之分;从性别上,有男人、女人之分;从消费上,有高、低之分;从职业上,有医生、工人、学生等之分。成功运用消费者定位,可以将品牌个性化,从而树立独特的品牌形象和品牌个性。

6. 情感定位

情感定位是指通过产品直接或间接地给消费者带来情感体验,从而进行定位。市场营销专家菲利普·科特勒认为,人们的消费行为变化分为三个阶段:第一阶段是量的阶段,第二阶段是质的阶段,第三阶段是感情阶段。在第三阶段,消费者看重的已不是产品的数量和质量,而是产品与自己的亲密程度,或是为了得到某种情感上的满足,或是追求商品与自我理想的融合。显然,情感定位是品牌诉求的重要支点,情感是维系品牌忠诚度的纽带。

通过丰富品牌文化内涵,以情营销,可以培养消费者对品牌的情感,加强消费者对品牌的忠诚度。

7. 利益定位

利益定位也称功能定位,就是根据产品所能满足的需求或所提供的利益、解决问题的程度来定位。进行定位时,向顾客传达单一的利益还是传达多重利益并没有绝对的定论。但由于消费者能记住的信息是有限的,往往只对某一强烈诉求产生较深的印象,因此,向消费者承诺一个利益点的单诉求更能突出品牌的个性,获得成功的定位。如:高露洁的利益承诺是"我们的目标是,没有蛀牙",飘柔的利益承诺是"柔顺",海飞丝的利益承诺是"去头屑",潘婷的利益承诺是"健康亮泽",霸王的利益承诺是"中药防脱发",金嗓子喉宝的利益承诺是"保护嗓子,就选金嗓子喉宝"。

(二)日积月累——"采乐"去屑,挖掘药品新卖点

在很长一段时间里,以营养、柔顺、去屑为代表的宝洁"三剑客"——潘婷、飘柔、海飞丝占领了中国洗发水市场的大部分份额。想在洗发水领域有所发展的企业无不被这三座大山压得喘不过气来,无不生存在宝洁的阴影里难见天日。后来"舒蕾""风影""夏士莲""力士""花香"等品牌的加入,更让诸多洗发水品牌难以有所突破。"采乐"出山之际,国内去屑洗发水市场已相当成熟,从产品的诉求点看,似乎已无缝隙可钻。而西安杨森生产的"采乐"去头屑特效药,上市之初便顺利切入市场,销售量不断增加。

"采乐"的突破口便是治病。它的成功主要来自产品创意把洗发水当药来卖。同时,基于此的别出心裁的营销渠道,即"各大药店有售"也功不可没。去头屑特效药在药品行业找不到强大的竞争对手,在洗发水的领域更如入无人之境!"采乐"找到了一个极好的市场空白地带,并以独特的产品品质,成功地占领了市场。

(三)实践训练

(1)举例说明你所了解的品牌定位策略。

_____
_____
_____

(2)请与同学们分享讨论品牌定位的误区。

_____
_____
_____

三、任务实施前准备

(1)知识准备:品牌定位策略的七要素(见图3-3)。

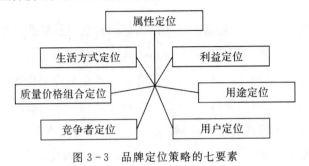

图3-3 品牌定位策略的七要素

(2)工具准备:笔记本、笔、电脑、网络。

四、任务实施流程

本任务实施流程如表3-3所示。

表3-3 任务三实施流程

序号	作业内容	说明
1	确定调研对象	确定2~3个品牌作为研究对象
2	收集资料	分组对这2~3个品牌的定位策略进行研究并收集资料
3	整理资料	以小组为单位对品牌资料进行归纳整理
4	撰写分析报告	在前期梳理的基础上,分析所研究品牌的定位策略
5	分组汇报	分组进行汇报

五、知识链接

根据核心价值的不同,领导品牌可划分为类别品牌(理性价值驱动)、伙伴品牌(感性价值驱动)和图腾品牌(象征性价值驱动)三种。

1. 类别品牌

类别品牌是能够成为某个产品类别代名词的品牌,是理性价值发挥到极致的品牌。由于某个品牌在功能属性方面的联想十分强烈,甚至达到了具有排他性的程度,因此在消费者的脑海中,这个品牌就变成了整个品类的化身。类别品牌最明显的特点是品牌和品类之间高度甚至独占性的关联,消费者不仅在提到这个品牌的时候能够准确地指出所代表的品类,而且在提到该品类的时候也会第一个想到这个品牌,甚至只能想到这个品牌。值得注意的是,垄断行业的寡头品牌并不是真正的类别品牌,它是以剥夺顾客选择权为代价强迫形成的独占关系,而非顾客进行充分自由选择自然形成的独占关系。

类别品牌的领导优势在于:基于极高的知名度,特别是品类的独占相关性,消费者在有需求时能够想到的必然是这些代名词品牌,同时由于成为品类代名词的事实暗示着高品质和高可信度,因此消费者在做出最终购买决策时肯定会偏向这些品牌。除此之外,也容易形成顾客对品牌的依赖心理,从而形成品牌忠诚度。

2. 伙伴品牌

伙伴品牌是能够成为消费者人生和生活一部分的品牌,是感性价值发挥到极致的品牌。在情绪感受方面非常强烈的联想能够引发消费者的深深共鸣,使消费者感觉这个品牌除了提供功能利益之外,还带有某种更深的含义(超越产品本身直接实现品牌与消费者的情感沟通),因此这个品牌不再有功利性的作用,反而成了消费者生活中不可或缺的伴侣。消费者和品牌之间的相互关心、体贴能够形成更密切的关系。可口可乐就是伙伴品牌的典型例子。20世纪80年代中期,当可口可乐取消老配方的消息传出时,全美国的消费者都如丧考妣、躁动不安,犹如世界末日来临一般。直到重新恢复老配方,整个美国才从悲观情绪中走出来。

伙伴品牌的领导优势在于:由于消费者并不是经济学家所谓的"理性人",其需求结构事实上是多样化的,除了功能性利益之外还需要心理上的满足,因此伙伴品牌正好能够带给他们希望、尊重,以及充满爱的心情、氛围和体验,从而提高了顾客满意度和品牌忠诚度。

3. 图腾品牌

图腾品牌是能够激发消费者信仰和追求的品牌,也是自我表达性价值发挥到极致的品牌。由于在个性方面的联想十分鲜明和突出,因此这种品牌能够通过形象带给消费者强烈的自我归属感,使消费者认为这种品牌不仅有使用价值,是生活中关心自己的伙伴,而且能够表达个人主张以及展现个人形象。如果说类别品牌给予消费者的是"可靠",伙伴品牌给予消费者的是"和谐",那么图腾品牌给予消费者的是"渴望"。由于在现实社会中,普通人很难在社会交流中真实地表达和展示自我,而图腾品牌能够提供与消费者共同拥有的价值体系和实现方法,因此能够激起消费者对品牌的狂热追求,获得他们发自内心的尊崇和仰慕。哈雷戴维森就是图腾品牌的典型例子,"哈雷粉丝"会将该公司图标作为自己的文身(全世界没有第二个品牌能够办到这一点),哈雷摩托车的缺点在他们眼中恰恰都是平庸之辈无法了解的特色。

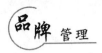

六、总结评价

任务考评表

考评任务	被考评人	考评标准				
	班级：	考评内容	分值	自我评价	小组评价	教师评价
品牌定位的策略		1.调研准备充分，分工合理	10			
		2.调研记录内容全面，准确性高	20			
		3.调研过程纪律表现良好，注重团队合作	10			
	姓名：	4.调研报告总结及时、认真，体现出对品牌定位策略的分析	30			
		5.汇报时 PPT 内容完整、美观，语言表达流畅，着装、仪态合乎要求	30			
		合计				
		综合得分 （自评占10％，组评占30％，师评占60％）				

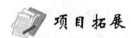

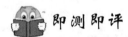

项目四 品牌设计

任务一 品牌名称设计

课程思政

六必居的名称设计含义

六必居酱园始于明朝嘉靖九年(公元1530年),至2023年已有493年的历史,是京城历史最悠久最负盛名的老字号之一。六必居店堂里悬挂的"六必居"金字大匾,出自明朝首辅严嵩之手。

从古至今,商人给自己的店铺起字号和人们为自己的孩子起名字,都是图个吉利、叫得响,比如店铺的字号以带"庆""福""顺"等字的居多。可是,六必居的掌柜为什么给自己的店铺起个"六必"的字号?这"六必"两字如何解释呢?据介绍,六必居的含义是:黍稻必齐,曲蘖必实,湛之必洁,陶瓷必良,火候必得,水泉必香。"六必"在生产操作工艺上可以解释为:用料必须上等,下料必须如实,制作过程必须清洁,火候必须掌握适当,设备必须优良,泉水必须纯香,这代表了我国古代几千年积累的酿造工艺水平的最高要求。

今天的北京六必居食品有限公司是经营酱腌菜及调味品的专业公司,拥有国内一流的现代化的生产线,公司技术研究室汇集了众多的工程技术人员,为企业的长远发展奠定了坚实的基础。公司酱腌菜产品的年产量达2万余吨,销售额过亿元,创利税近千万元。六必居的酱菜所以出名,与它选料精细、制作严格分不开。2019年11月,《国家级非物质文化遗产代表性项目保护单位名单》公布,北京六必居食品有限公司获得"酱菜制作技艺(六必居酱菜制作技艺)项目"保护单位资格。

学生思考

"六必居"在品牌名称设计上的理念是什么?

教师点评

品牌名称设计内涵:质量第一。

一、任务描述

老字号所传承的独特产品、精湛技艺和经营理念,具有不可估量的品牌价值、经济价值和文化价值。老字号承载着优秀的中华民族文化,是国家文化软实力的重要组成部分,历经数百年变迁发展,有着深厚的历史文化底蕴,既是中国的宝贵遗产,也是中国的特色品牌。新中国成立初期约有1万多家老字号,分布在餐饮、零售、食品、酿造、医药、居民服务等众多行业,在满足消费需求、丰富人民生活、倡导诚信经营、延伸服务内涵、传承和展现民族文化等方面发挥了重要作用。我们一起探究品牌名称设计背后的意义。

二、课前导学

(一)应知应会——品牌名称设计策略

1. 策略一:传播力要强

在品牌的经营上,一个成功的品牌之所以区别于普通的品牌,其中一个很重要的原因就是:成功的品牌拥有家喻户晓、妇孺皆知的知名度,消费者在消费时能够第一时间回忆起品牌的名称。因此,对于品牌的名称设计,首先要考虑解决品牌名称的传播力问题。比如在保健品里面,脑白金就是一个传播力非常强的品牌名。脑白金这三个字朗朗上口、通俗易记,而且这三个字在传播的同时将产品的信息传递给了消费者,使人们在听到或者看到脑白金这个品牌名时,就自然而然联想到品牌的两个属性:一个是产品作用的部位,一个是产品的价值。所以说,传播力是一个核心要素,只有传播力强的品牌名称才能为品牌的成功奠定坚实的基础。

2. 策略二:亲和力要浓

品牌名的亲和力取决于品牌名称用词的风格、特征、倾向等因素。比如,同样是国际知名香皂品牌,同样有传播力很强的品牌名,舒肤佳的品牌知名度和市场占有率与力士就显现出了不同的差异,在家庭中采购香皂的大多数是家庭主妇,因此力士这一名称和目标消费者的喜好显然是格格不入的,而舒肤佳则不同,这一名词首先给人的感觉是倾向于中性化的用语,它不但更广泛地贴合了目标消费者的偏好,而且,通过强调"舒"和"佳"两大焦点,给人以使用后会全身舒爽的联想,因此其亲和力更强。所以,在设计品牌名称时,不但要注意品牌名的传播力因素,而且要注意把握品牌名的亲和力因素,只有这样才能使品牌的传播达到最佳效果。

3. 策略三:保护要好

企业在为产品命名时如果缺乏对品牌名称的保护意识,往往会酿成严重的后果。一直以来,市场中都不乏处心积虑的市场追随者,他们有着敏锐的商业嗅觉,时时都在打探着钻空子的机会,而企业不注意保护自己的品牌名称,恰恰就给他们提供了这样的机会。因此,在给品牌命名时,企业有必要考虑品牌名称的保护性,最好采用注册商品名来给产品命名。

(二)日积月累——品牌名称设计的流程

1. 进行前期调查

在设计之前,应该先对目前的市场情况、未来国内市场及国际市场的发展趋势、企业的战略思路、产品的构成成分与功效以及人们使用后的感觉、竞争者的命名等情况进行摸底,并且以消费者的身份去使用这种产品,以获得切身感受,这非常有助于灵感的降临。

2. 选择命名策略

前期调查工作结束后,便要针对品牌的具体情况,选择适合自己的命名策略。一般情况下,功效性的命名适合于具体的产品名;情感性的命名适合于包括多个产品的品牌名;无意义的命名适合产品众多的家族式企业名。人名适合于传统行业,有历史感;地名适合于以产地闻名的品牌;动植物名给人以亲切感;新创名则适用于各类品牌尤其是时尚、科技品牌……当然,在未正式定名之前,也可以对各种策略进行尝试。

3. 召开动脑会议

在确定策略后,可以召开动脑会议,碰撞火花。在动脑会议上,任何怪异的名称都不应受到责难,都应该记下来。一次动脑会议也许得不到一个满意的结果,但可以帮助我们寻找到一些关键的词根,这些词根是命名的大致方向。

4. 名称发散

由一个字联想到 100 个词语,由一个词语发展出无数个新的词语。这个阶段是名称大爆发的阶段,发动公司所有的人,甚至向社会征集,名称越多越好。

5. 法律审查

由法律顾问对所有名称从法律的角度进行审查,去掉不合法的名称,对无法确定而又非常好的名称应先予保留。

6. 语言审查

由文字高手对所有名称进行审核,去除有语言障碍的名称。

7. 内部筛选

在公司内部,对剩下的名称进行投票,筛选出其中较好的 10～20 个名称。

8. 测试

将筛选出的名称,对目标人群进行测试,根据测试结果,选择出比较受欢迎的 2～5 个名称。

9. 确定名称

与客户一起,从最后的几个名称中决定出最终的命名。

(三)实践训练

(1)假设你打算自创一个新的品牌,你如何设计品牌名称?

_____

(2)为什么国风系列元素与品牌名称越来越火?

_____

三、任务实施前准备

(1)知识准备:品牌名称设计程序(见图4-1)。

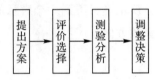

图4-1 品牌名称设计程序

(2)工具准备:笔记本、笔、电脑、网络。

四、任务实施流程

本任务实施流程如表4-1所示。

表4-1 任务一实施流程

序号	作业内容	说明
1	确定调研对象	确定2~3个企业作为调研对象
2	收集资料	分组对这2~3个企业的品牌发展历史、品牌的含义等进行调研并收集资料
3	整理资料	以小组为单位对调研企业的资料进行归纳整理
4	撰写调研报告	在前期调研的基础上,撰写完整的调研报告
5	汇报	分组对企业的品牌名称设计进行汇报

五、知识链接

品牌名称设计方法有以下一些。

1.地域法

地域法，就是指企业产品品牌与地名联系起来，使消费者从对地域的信任进而产生对产品的信任。著名的青岛啤酒就是以地名命名的产品，人们看到青岛两个字，就会联想起这座城市"红瓦、黄墙、绿树、碧海、蓝天"的壮美景色，使消费者在对青岛认同的基础上产生对青岛啤酒的认同。同样，蒙牛就是将内蒙古的简称"蒙"字，作为企业品牌的要素，消费者只要看到"蒙"字，就会联想起风吹草低见牛羊的壮观景象，进而对蒙牛的产品产生信赖。再如，一种叫"宁夏红"的酒，就是以宁夏特产枸杞为原料酿制的滋补酒，其品牌就是以突出产地来证实这种酒的正宗。由此可见，将具有特色的地域名称与企业产品联系起来确定品牌的方法，有助于借助地域积淀，促进消费者对品牌的认同。但有时许多企业都用地域命名企业或产品，也会产生混乱。

2.中外法

中外法，就是运用中文和英文字母或两者结合来为品牌命名的方法。如"TCL"就是单独用英文字母；"雅戈尔"品牌就是用英文"YOUNGER"音译作为品牌；"海信"的英文"Hisense"，在外国人眼中是"high sense"，即"高灵敏、高清晰"的意思，为产品走向世界做了很好的铺垫。同样，外国品牌在翻译成中文时，巧用中文音义与字义，取得了很好的效果，如奔腾（Pentium）、宝马（BMW）、潘婷（PANTEN）、舒肤佳（Safeguard）、苹果（Apple）、家乐福（Carrefour）。还有音译和意译相结合的品牌命名，如可口可乐（Coca-Cola）、百事可乐（pepsi）、可伶可俐（Clean & Clear）等。运用中外法，要巧妙结合，切忌为洋而洋或为中而中，尤其是防止乱用"洋名"，使消费者产生厌倦，甚至产生反作用。

3.企业名称法

企业名称法，就是将企业名称作为产品品牌来命名。如菲利浦电器、三洋电器，以及诸多的汽车品牌、食品品牌等。国外著名品牌一般是采用缩写的形式，像IBM、3M、NEC，采用的是缩略语，即将公司（企业）名称的每一个词的第一个字母组织起来构成一个新词，其特点是简练，但不能说明企业的特征。运用企业名称法来进行产品品牌命名，有利于形成产品品牌、企业品牌相互促进，达到有效提升企业形象的目的。

4.人名法

人名法，就是将名人、明星或企业首创人的名字作为产品品牌，充分利用人名含有的价值促进消费者认同产品。如"李宁"，就是体操王子李宁利用自己的体育明星效应，创造的一个中国体育用品的品牌。"戴尔"电脑，就是以创办人戴尔名字命名的品牌。还有"王致和腐乳""张小泉剪刀""福特汽车""惠普""松下电器"等。用人名来命名品牌，可以提高认知率。

5. 时空法

时空法，即指将与产品相关的历史渊源作为产品品牌命名的要素，使消费者对该产品产生正宗的认同感。1996年6月，凌川酒厂的老厂搬迁时，偶然发掘出穴藏于地下151年的清道光二十五年（公元1845年）的四个木酒海（古时盛酒容器）。经国家文物局、锦州市人民政府组织考古、酿酒专家鉴定，这批穴藏了一个半世纪的贡酒实属"世界罕见，珍奇国宝"。企业于是抓住历史赋予的文化财富，为用这种酒勾兑的新产品酒取名"道光廿五"。"酒是陈的香"，消费者只要看到"道光廿五"，就会产生喝到祖传佳酿的感觉。因此，运用时空法确定品牌，可以借助历史赋予品牌的深厚内涵，迅速获得消费者的青睐。

6. 数字法

数字法，就是用数字来为品牌命名，借用人们对数字的联想效应，突出品牌的特色。"7-ELEVEn"是世界最大的便利店特许商，该公司用"7-ELEVEn"为企业命名的意思是用自己从1946年推出的深受消费者欢迎的早7点到晚11点开店时间的服务特色命名的。另外，采用数字法命名的还有"三星电子""三一重工"等。运用数字法命名，可以使消费者对品牌增强差异化识别效果。

7. 功效法

功效法，就是用产品功效为品牌命名，使消费者能够通过品牌对产品功效产生认同。如"脑轻松"就是一种"健脑益智"的营养口服液的品牌；"飘柔"洗发水，以产品致力于让使用者拥有飘逸柔顺的秀发而命名；"康齿灵""六必治"牙膏，则是用牙膏对牙齿的防治功效来进行品牌命名的。运用功效法命名品牌，可以使消费者看到品牌名称，就联想起产品的功能与效果。

8. 目标法

目标法，就是将品牌与目标客户联系起来，进而使目标客户产生认同感。"太太口服液"是太太药业生产的女性补血口服液，消费者一看到该产品，就知道这是专为已婚妇女设计的营养补品；"好孩子"品牌，一看就是专业生产儿童及母婴产品的。运用目标法来命名品牌，对于获得消费者认同具有强大的作用。

9. 形象法

形象法是指运用动物、植物和自然景观来为品牌命名。如"七匹狼"服装，给人以狂放、勇猛的感受，使人联想起《与狼共舞》的经典情节；"圣象"地板，给人产生大象都难以踏坏的地板形象；等等。运用形象法为品牌命名，借助动植物的形象，可以使人产生联想与亲切的感受，提升认知速度。

10. 价值法

价值法，就是以企业追求的凝练语言来为品牌命名，使消费者看到产品品牌，就能感受到企业的价值观念。如上海"盛大"网络发展有限公司、湖南"远大"科技集团，突出了企业志存高远的价值追求。"兴业"银行，就体现了"兴盛事业"的价值追求。武汉"健民"品牌突出了为民众健康服务的企业追求。北京"同仁堂"突出了"同修仁德,济世养生"的药商追求。因此,运用价值法为品牌命名,对消费者迅速感受企业价值观具有重要的意义。

总之,企业在进行品牌命名时,要结合企业实际情况和市场需求,有创意地为品牌命名,使中国品牌走向世界。

六、总结评价

任务考评表

考评任务	被考评人	考评标准				
		考评内容	分值	自我评价	小组评价	教师评价
品牌名称设计	班级: 姓名:	1.调研准备充分,分工合理	10			
		2.调研记录内容全面,准确性高	20			
		3.调研过程纪律表现良好,注重团队合作	10			
		4.调研报告总结及时、认真,体现出对品牌名称设计的认识,具有合理性	30			
		5.汇报时PPT内容完整、美观,语言表达流畅,着装、仪态合乎要求	30			
		合计				
		综合得分 (自评占10%,组评占30%,师评占60%)				

任务二　品牌标志设计

 课程思政

中国银行的标志

中国银行是五大国有商业银行之一,中国银行标志(见图4-2)于1986年经过中国银行总行批准正式使用。

中国银行标志遍布大街小巷,经典中国红早已深入人心,这得益于其标志体现了浓浓的中国古典风格。图案从整体构成上看,古钱形状代表银行,中字代表中国,外圆表明中国银行是面向全球的国际化大银行。设计者采用了中国古钱与"中"字为基本形,古钱图形是圆形的框线设计,中间方孔,上下加垂直线,成为"中"字形状,寓意天方地圆、经济为本,给人的感觉是简洁、稳重、易识别,寓意深刻,颇具中国风格。简言之,中国银行的标志设计将古钱与"中"字结合,寓意"中国心",同时寓意着中国人外圆内方的求财处世哲学,亦有天方地圆聚财聚气之意。

图4-2 中国银行标志

学生思考

"中国银行"标志的独特之处在哪里?

教师点评

"中国银行"标志看似简单,却蕴含着博大精深的中国传统文化。

一、任务描述

中国银行标志的重要性不仅在于它的设计和形象,更在于它所代表的品牌形象和信誉。中国银行是我国最早成立的国有银行之一,在金融行业拥有非常高的知名度和声誉。它的标志作为中国银行的重要品牌元素,具有代表品牌形象和价值的重要作用。在中国银行的宣传和广告中,标志几乎无处不在。其通过各种形式和途径让更多的人了解中国银行的品牌形象和服务。我们一起了解一下品牌标志设计的特点。

二、课前导学

(一)应知应会——标志的起源

标志的来历,可以追溯到上古时代的"图腾"。那时每个氏族和部落都选用一种认为与自己有特别神秘关系的动物或自然物象作为本氏族或部落的特殊标记(即图腾)。如女娲氏族以蛇为图腾,夏禹的祖先以黄熊为图腾,还有的以太阳、月亮、乌鸦为图腾。最初人们将图腾刻在居住的洞穴和劳动工具上,后来就作为战争和祭祀的标志,成为族旗、族徽。国家产生以后,它又演变成国旗、国徽。

古代人们在生产劳动和社会生活中,为方便联系、标示意义、区别事物的种类特征和归属,不断创造和广泛使用各种类型的标记,如路标、村标、碑碣、印信纹章等。广义上说,这些都是标志。在古埃及的墓穴中曾发现带有标志图案的器皿。在古希腊,标志已广泛使用。在罗马和庞贝以及巴勒斯坦的古代建筑物上都曾发现刻有石匠专用的标志,如新月车轮、葡萄叶以及类似的简单图案。中国自有作坊店铺,就伴有招牌、幌子等标志。在唐代制造的纸张内已有暗纹标志。到宋代,商标的使用已相当普遍。欧洲中世纪士兵所戴的盔甲,头盖上都有辨别归属的隐形标记,贵族家族也都有家族的徽记。

21世纪,公共标志、国际化标志开始在世界普及。随着社会经济、政治、科技、文化的飞跃发展,经过精心设计从而具有高度实用性和艺术性的标志,已被广泛应用于社会一切领域,对人类社会的发展与进步发挥着巨大作用和影响。

(二)日积月累——品牌标志设计流程

1.调研分析

标志不仅是一个图形或文字的组合,而且是依据企业的构成结构、行业类别、经营理念,并充分考虑标志接触的对象和应用环境,为企业制定的标准视觉符号。在设计之前,首先要对企业做全面深入的了解,包括经营战略、市场分析以及企业高层领导者的基本意愿,这些都是标志设计开发的重要依据。对竞争对手的了解也是重要的步骤,标志的识别性就是建立在对竞争环境的充分掌握上。因此,设计标志时首先要进行标志设计调查。

2.要素挖掘

要素挖掘是为设计开发工作做进一步的准备。依据对调查结果的分析,提炼出标志的结构类型、色彩取向,列出标志所要体现的精神和特点,挖掘相关的图形元素,找出标志的设计方向,使设计工作有的放矢,而不是对文字图形的无目的组合。

3.设计开发

有了对企业的全面了解和对设计要素的充分掌握,就可以从不同的角度和方向进行设计开发工作。通过对标志的理解,设计师充分发挥想象,用不同的表现方式,将设计要素融入设计中,标志必须达到含义深刻、特征明显、造型大气、结构稳重、色彩搭配能适合企业,避免流于俗套或大众化。

4.标志修正

提案阶段确定的标志,可能在细节上还不太完善,再经过对标志的标准制图、大小、黑白应用、线条应用等不同表现形式的修正,使标志使用更加规范,同时标志的特点、结构在不同环境下使用时,也不会丧失,达到统一、有序、规范的传播。

标志设计将具体的事物、事件、场景和抽象的精神、理念、方向通过特殊的图形固定下来,使人们在看到标志的同时,自然地产生联想,从而对企业产生认同。标志与企业的经营紧密相关,标志是企业日常经营活动、广告宣传、文化建设、对外交流必不可少的元素。随着企业的成长,其价值也不断增长,曾有人断言:"即使一把火把可口可乐的所有资产烧光,可口可乐凭着其商标,就能重新站起来。"因此,具有长远眼光的企业,十分重视标志设计,同时了解标志的作用。在企业建立初期,好的标志设计无疑是日后无形资产积累的重要载体,如果没有能客观反映企业精神和产业特点、造型科学优美的标志,等企业发展起来,再做变化调整,将对企业造成不必要的浪费和损失。

(三)实践训练

(1)请与大家分享你喜欢的标志及其设计特点。

_____

_____

_____

(2)请在学校选取一个实训室,结合其特点和用途设计标志。

三、任务实施前准备

(1)知识准备:品牌标志的设计手法(见图4-3)。

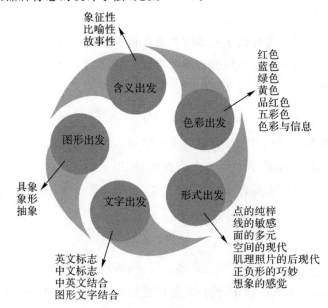

图4-3 品牌标志的设计手法

(2)工具准备:笔记本、笔、电脑、网络。

四、任务实施流程

本任务实施流程如表4-2所示。

表4-2 任务二实施流程

序号	作业内容	说明
1	确定调研对象	确定2~3个企业标志作为研究对象
2	收集资料	分组对这2~3个企业的品牌标志进行解析,收集相关资料
3	整理资料	以小组为单位对品牌标志的内涵进行归纳整理
4	撰写调研报告	在前期调研的基础上,撰写完整的分析报告
5	汇报	分享所研究的企业品牌标志设计内容

五、知识链接

1. 品牌标志设计的原则

一是简洁明了。Apple(苹果)是全球五十大驰名商标之一,其"被咬了一口的苹果"标志非常简单,却让人过目不忘。苹果电脑作为最早进入个人电脑市场的品牌之一,一经面市便大获成功,这与其简洁明了、过目不忘的标志设计密不可分。

二是准确表达。品牌的标志,归根到底是为品牌服务的,标志要让人们感知到这个品牌是干什么的,它能带来什么利益。比如,食品行业的特征是干净、亲切、美味等,房地产行业的特征是温馨、人文、环保等,药品行业的特征是健康、安全等,品牌标志要很好地体现这些特征,才能给人以正确的联想。

三是设计有美感。造型要优美流畅、富有感染力,保持视觉平衡,使标志既具静态之美,又具动态之美。百事可乐的圆球标志,是成功的设计典范,圆球上半部分是红色,下半部分是蓝色,中间是一根白色的飘带,视觉极为舒服顺畅,白色的飘带好像一直在流动着,使人产生一种欲飞欲飘的感觉,这与喝了百事可乐后舒畅、飞扬的感官享受相一致。

四是适用性与扩展性。标志的设计要兼具时代性与持久性。如果不能顺应时代,就难以产生共鸣;如果不能持久,经常变脸,就会给人反复无常的混乱感觉,也浪费了传播费用。

五是讲究策略。首先,字体要体现产品特征,例如,食品品牌字体多为明快流畅的字体,以表现食品带给人的美味与快乐;化妆品品牌字体多为纤细秀丽的字体,以体现女性的秀美;高科技品牌字体多为锐利、庄重的字体,以体现其技术与实力。其次,字体要容易辨认,不能让消费者去猜,否则不利于传播。再次,字体要体现个性,与同类品牌形成区别。在色彩的运用上,要明白不同的色彩会有不同的含义,给人不同的联想,适用于不同的产品,因此,进入不同的国家和地区,有时需要对色彩因地制宜地进行调整。

2. 标志三要素

一是名称。品牌名不仅影响今后商品在市场上流通和传播,还决定商标的整个设计过程和效果。如果商标有一个好的名字,能给图案设计人员更多的有利因素和灵活性,设计者就可能发挥更大的创造性;反之,就会带来一定的困难和局限性,也会影响艺术形象的表现力。因此,确定商标的名称应遵循顺口、动听、好记、好看的原则,要有独创性和时代感,要富有新意和美好的联想。如"永久"牌自行车,象征着"永久耐用"之意,体现了商品的性质和效果。

二是图案。各国名称、国旗、国徽、军旗、勋章,或与其相同或相似者,不能用作商标图案。国际国内规定的一些专用标志,如红十字、民航标志、铁路路徽等,也不能用作商标图案。此外,取动物形象作为商标图案时,应注意不同民族、不同国家对各种动物的喜爱与忌讳。

三是色彩。色彩是形态三个基本要素(形、色、质)之一。标志常用的颜色为三原色(红、黄、蓝),这三种颜色纯度比较高,比较亮丽,更容易吸引人的眼球。色彩是工业设计学科中必须研究的基本课题,色彩研究涉及物理学、生理学、心理学、美学与艺术理论等多门学科。

六、总结评价

任务考评表

考评任务	被考评人	考评标准				
		考评内容	分值	自我评价	小组评价	教师评价
品牌标志设计	班级： 姓名：	1.调研准备充分，分工合理	10			
		2.调研记录内容全面，准确性高	20			
		3.调研过程纪律表现良好，注重团队合作	10			
		4.调研报告总结及时、认真，体现出对品牌标志设计的理解，具有合理性	30			
		5.汇报时PPT内容完整、美观、语言表达流畅，着装、仪态合乎要求	30			
		合计				
		综合得分 （自评占10%，组评占30%，师评占60%）				

任务三　品牌理念设计

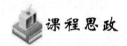

海水稻生态品牌"种福田"秉承拓荒人精神，共筑产业势能

"芒种插秧谷尖满"，6月5日是农历二十四节气中的"芒种"，是割麦插秧的好时节。各界嘉宾相约潍坊、相聚寒亭海水稻三产融合示范区，隆重举行2020年中华拓荒人海水稻插秧节，共话产业融合发展之路，共谋乡村振兴推进之策。

"杂交水稻之父"、中国工程院院士、共和国勋章获得者袁隆平院士指出："海水稻从青岛起航，今年我们在全国总计推广海水稻10万亩，开展盐碱地改造100万亩，力争在全国布局1000万亩的盐碱地改造项目，为带动全国改造一亿亩打下坚实的基础。"

种福田是青岛种福田农业科技有限公司旗下品牌，是袁隆平青岛海水稻团队终端生态品牌，并作为"中华拓荒人计划"官方合作执行品牌，为推动海水稻产业化发展发挥重要积极作用。

袁隆平是杂交水稻研究领域的开创者和带头人，他发明了"三系法"籼型杂交水稻技术，独创了"两系法"杂交水稻技术，创立了杂交水稻学科，培养了一大批杂交水稻专家和技术骨干，建立和完善了一整套杂交水稻理论和应用技术体系。培育耐盐碱水稻，并大面积推广，是袁老主持的一个重要科研课题。推动海水稻产业的形成和发展，将大大提高盐碱地利用率和粮食产量,为打赢种业翻身仗,实现藏粮于地、藏粮于技,保障国家粮食安全提供重要保障。致敬、缅怀袁老,他的"精神财富"指引着大家砥砺前行。

学生思考

"种福田"品牌理念是什么?

教师点评

品牌理念:秉承拓荒人精神,共筑产业势能。

一、任务描述

品牌理念代表了企业和消费者的利益认知、情感归属,是品牌与传统文化以及企业个性形象的总和。"种福田"的核心是文化内涵,其寓意着深刻的价值内涵和情感内涵,凝结着价值观念、人生态度等。该品牌理念成为讲好中国故事的重要组成部分,以袁隆平院士为代表的新时代拓荒人的奋斗精神和创新精神,奠定了品牌知名度基础。我们一起探索"品牌理念设计"的核心。

二、课前导学

(一)应知应会——品牌理念的构成

品牌理念由企业使命、经营思想和行为准则三个方面构成。

(1)企业使命。企业使命是指企业依据什么样的使命开展各种经营活动,是品牌理念最基本的出发点,也是企业行动的原动力。

(2)经营思想。经营思想是指导企业经营活动的观念、态度和思想。经营思想直接影响着企业对外经营姿态和服务姿态。不同的企业经营思想便会产生不同的经营姿态,便会给人以不同的企业形象。

(3)行为准则。行为准则是指企业内部员工在企业经营活动中所必须奉行的一系列行为准则和规则,是对员工的约束和要求。

(二)日积月累——品牌理念的功能

确立和统整品牌理念,对于企业的整体运行和良性运转具有战略性功能与作用。具体而言,品牌理念具有如下主要功能:

(1)导向功能。品牌理念是企业所倡导的价值目标和行为方式,它引导员工的追求。因此,一种强有力的品牌理念,可以长期引导员工为之奋斗。

(2)激励功能。品牌理念既是企业的经营宗旨、经营方针和价值追求,也是企业员工行为的最高目标和原则。因此,品牌理念与员工价值追求上的认同,就构成了员工心理上的极大满足和精神激励,它具有物质激励无法真正达到的持久性和深刻性。

(3)凝聚功能。品牌理念的确定和员工普遍认同,在一个企业必然形成一股强有力的向心力和凝聚力。它是企业内部的一种黏合剂,能以导向的方式融合员工的目标、理想、信念、情操和作风,并造就和激发员工的群体意识。企业及员工的行为目标和价值追求,是员工行为的原动力,因而品牌理念一旦被员工认同、接受,员工自然就对企业产生强烈的归属感,品牌理念就具有强大的向心力和凝聚力。

(4)稳定功能。强有力的品牌理念和精神可以保证一个企业不会因内外环境的某些变化而使企业衰退,从而使一个企业具有持续而稳定的发展能力。保持品牌理念的连续性和稳定性,强化品牌理念的认同感和统整力,是增强企业稳定力和技术发展的关键。

(三)实践训练

(1)列举一些品牌的设计理念。

_____
_____
_____

(2)你还了解哪个老字号品牌,请将其所体现的中国文化和品牌精神与大家分享。

_____
_____
_____

三、任务实施前准备

(1)知识准备:品牌建设的五个环节。

企业的竞争即是品牌的竞争。企业如何给自己出招以完善品牌建设,在激烈的品牌竞争中制胜?这就需要企业制定有效的品牌建设战略,并有效地执行。一般来说,品牌建设应该包括以下五个环节。

第一环节,了解自己。企业在建立品牌之前,必须了解自己企业的竞争对手是谁,能够为消费者提供什么使用价值,自己的品牌属于哪个行业、领域,自己的优势和劣势是什么,也就是企业在进行品牌建设之前必须先对自身进行评估。只有这样,企业才能真正为品牌的定位和品牌战略的实施提供正确的方向。

第二环节,了解市场。这个时候,不仅要从企业的硬件以及软件资源出发,还要充分了解行业特色、商业环境、消费者的认知、传播策略等多方面信息。若单从传播层面去评估是片面和不客观的。这个环节可以让企业认识到创建品牌的重要性,以及让企业知道如何站在消费者的角度上思考问题,通过消费者市场调查,企业可以更好地了解品牌当前所处地位。

第三环节,设计完成品牌的各个部分,包括品牌名称、品牌说明、品牌口号、品牌图案表述及品牌故事。企业品牌的这五个部分是相互独立且密不可分的,但是作为品牌的一个整体,这五大部分是企业必须把握的,也是企业进行品牌建设能否成功的关键。

第四环节,构思传播方式。企业的品牌应该是怎样的,如何让企业的品牌被人们接受,企业又该如何去传播它,在明白一系列关系之后,企业才能将品牌核心利益带给客户,才能通过更加恰当的方式,以图形或图形标志将这些明白无误地告知每一个人。

第五环节,做出品牌承诺。企业的品牌承诺是品牌创建的原则和精神大旗,也就是品牌给消费者许下的保证。企业品牌承诺既包括产品承诺,又高于产品承诺。品牌承诺是站在顾客的角度去考虑问题,更好地定义他们在享受了产品和服务之后需要达到的功用以及情感方面的效应。

(2)工具准备:笔记本、笔、电脑、网络。

四、任务实施流程

本任务实施流程如表4-3所示。

表4-3 任务三实施流程

序号	作业内容	说明
1	确定调研对象	确定2～3个品牌作为调研对象
2	收集资料	分组对这2～3个品牌的发展历史和品牌理念进行调研并收集资料
3	整理资料	以小组为单位对调研品牌的资料进行归纳整理
4	撰写调研报告	在前期调研的基础上,撰写完整的调研报告
5	汇报	分组对企业的品牌理念设计特色进行汇报

五、知识链接

品牌理念是一个品牌的核心精神和方向,是品牌内在的灵魂和力量。品牌理念不仅仅是品牌的使命、愿景和价值观的简单组合,更是品牌在市场中独特的个性和形象的体现。品牌的理念规划是一个非常重要的过程,需要考虑到品牌的使命、愿景、核心价值以及品牌文化等方面。

1. 确定品牌的使命和愿景

品牌的使命是指品牌所要实现的目标,而品牌的愿景则是品牌未来的发展方向和追求的目标。明确品牌的使命和愿景有助于为品牌的理念制定一个明确的方向。

2. 定义品牌的核心价值

品牌的核心价值是品牌所要传达的最重要的信息,它是品牌的灵魂和基础。在制定品牌理念时,需要确定品牌的核心价值,并确保它是品牌的所有行动和决策的基础。

3. 建立品牌文化

品牌文化是品牌的行为方式和价值观,是品牌与消费者之间建立关系的关键。建立品牌文化需要确定品牌的个性和价值观,并确保品牌的所有行动和决策都与品牌文化相符。

4. 制定品牌的口号和标语

品牌的口号和标语是品牌的重要标识,它们可以简洁明了地表达品牌的理念和核心价值,并帮助消费者更好地理解品牌。

5. 确定品牌的定位

品牌的定位是品牌在市场上的位置,它是品牌与竞争对手区分的关键。品牌的定位需要考虑到品牌的目标消费者、产品特点、市场竞争等因素,并确保品牌的理念与定位相符。

总之,规划品牌的理念需要考虑到品牌的核心价值、品牌文化、口号和标语等方面,以确保品牌的所有行动和决策都与品牌的理念相符。

六、总结评价

任务考评表

考评任务	被考评人	考评标准				
	班级:	考评内容	分值	自我评价	小组评价	教师评价
品牌理念设计		1.调研准备充分,分工合理	10			
		2.调研记录内容全面,准确性高	20			
		3.调研过程纪律表现良好,注重团队合作	10			
	姓名:	4.调研报告总结及时、认真,体现出对品牌理念设计的认识,具有合理性	30			
		5.汇报时PPT内容完整、美观,语言表达流畅,着装、仪态合乎要求	30			
		合计				
		综合得分 (自评占10%,组评占30%,师评占60%)				

任务四　品牌包装设计

北京同仁堂的包装设计

北京同仁堂历经百年,历史悠久,文化深厚,在中国医药行业首屈一指,但随着中医药市场发展以及中医药品类的激增,同仁堂竞争模式落后于环境发展要求,企业营收额萎缩。在现在竞争环境与模式双升级的趋势下,同仁堂不断对品牌形象进行升级,以包装设计四大原理——信息能量原理、方位布局原理、色彩配置原理、货架磁石原理,构建一体化包装战略系统。

通过色彩战略、视觉插画形象、设计元素符号,构建三维立体战略包装创意思维金字塔,将同仁堂品牌文化作为文化基因,针对不同产品自身特点选取同仁堂文化与之相匹配的文化锚点,用设计将文化凝练成元素,结合当下养生市场趋势和年轻消费人群需求的视觉色彩风格形成形象视觉符号,实现终端产品零售也能为"复兴同仁堂文化、拥抱年轻人市场"赋能。例如,花茶系列主打"现代健康养生,年轻时尚生活态"包装战略。全新的医药包装设计形象以时尚和轻松为主,打破了传统中药包装厚重传统的感觉,使传统中药年轻化,让年轻消费者更容易接受。以轻松惬意的包装设计把用于调理身体的药品,做成方便快捷的消费品,让消费者形成日常的消费习惯。战略色彩上使用淡雅清新的色彩传递出轻松、健康、自然。

学生思考

"同仁堂"品牌的包装设计理念是什么?

教师点评

战略彩色:轻松、健康、自然。

一、任务描述

同仁堂的包装设计,在战略色彩定位上,运用了跨界融合与对撞的手法,以及经典中式风格的色系传递出同仁堂药材的高品质以及同仁堂传承文化的质量观,整体以饱和度适中的色调传递出轻松、健康、自然。在视觉插画形象方面,对不同产品选用不同插画手法和表现形式。艺术化的创意手法在实用主义的基础上搭建美感的视觉语言让视觉插画形象可以更好地与产品相互连接,使消费者直观地通过识别视觉插画形象内容就能对产品产生认知。我们一起来学习如何做好品牌包装设计。

二、课前导学

(一)应知应会——包装的发展阶段

包装是一个古老而现代的话题,也是人们自始至终在研究和探索的课题。从远古的原始社会、农耕时代,到科学技术十分发达的现代社会,包装随着人类的进化、商品的出现、生产的发展和科学技术的进步而逐渐发展,并不断地发生一次次重大突破。从总体上看,包装大致经历了原始包装、传统包装、近代包装和现代包装四个发展阶段。

1. 原始包装

包装的历史可以追溯到远古时期。早在距今一万年左右的原始社会后期,随着生产技术的提高,生产得到发展,剩余物品须贮存和进行交换,于是原始包装开始出现。从原始人用兽皮包肉,用贝壳装水,用芭蕉叶、竹筒包食物等开始,一种原始的包装形态逐渐形成。

2. 传统包装

约在公元前5000年,人类开始进入青铜时代。4000多年前的中国夏朝,中国人已能冶炼铜器,商周时期青铜冶炼技术进一步发展。春秋战国时期,人们掌握了铸铁炼钢技术和制漆涂漆技术,铁制容器、涂漆木制容器大量出现。在古代埃及,公元前3000年就开始吹制玻璃容

器。因此,用陶瓷、玻璃、木材、金属加工各种包装容器已有千年的历史,其中许多技术经过不断完善发展,一直使用到如今。

3. 近代包装

产业革命推动了近代包装的发展,人造包装材料不断地代替天然包装材料,机制包装产品不断代替手工业包装产品,为现代包装的发展奠定了坚实的基础。从中国传入西方的造纸术和印刷术在这个时期取得很大的进展,长网造纸机和多色石版印刷相继获得成功。随后,机制版纸、机制纸袋和瓦楞纸板陆续问世。自1795年法国首次出现用玻璃瓶封装加热食品后,玻璃瓶罐头、马口铁罐头和冷冻食品包装相继获得专利。机制木箱、机制钢板桶、金属软管压缩式喷雾容器、玻璃纸以及世界上第一台制罐机、轮转式制瓶机、灌瓶机等都是在这个时期发明的。

4. 现代包装

进入20世纪,科技的发展日新月异,新材料、新技术不断出现,聚乙烯、纸、玻璃、铝箔、各种塑料、复合材料等包装材料被广泛应用,无菌包装、防震包装、防盗包装、保险包装、组合包装、复合包装等技术日益成熟,从多方面强化了包装的功能。自20世纪中后期开始,国际贸易飞速发展,包装已为世界各国所重视,大约90%的商品需经过不同程度、不同类型的包装,包装已成为商品生产和流通过程中不可缺少的重要环节。目前,电子技术、激光技术、微波技术广泛应用于包装工业,包装设计实现了计算机辅助设计(CAD),包装生产也实现了机械化与自动化生产。

(二)日积月累——品牌包装设计的系列化表现特点

在日常生活中,消费品的多种多样使人们有了更多的选择。也正因为如此,被选择对象所呈现出来的突出个性面貌就变得极为重要。而对于个性面貌的塑造,包装设计功不可没。包装从字面上可以理解为包裹、安装以及装饰、装潢之意。

我们经常会看到同一种产品的包装设计十分相似,有的是颜色发生了改变,有的是文字、图形的内容、位置有了变化,有的是商标的大小、位置不同了,等等。这些商品包装呈现出整体面貌下的细微变化,它们形成了一个系列,这种包装方式所产生的就是越来越受到企业所青睐的系列化包装。包装设计的系列化最为直接的作用就是加强了消费者对产品、品牌的印象,扩大了产品的销售额和销售影响力。包装设计中的系列化表现是现代包装设计中较为普遍的一种表现方式。它是对同一品牌下的系列产品、整套产品或内容互相有关联的产品用共性的特征来统一设计的一种手段。它采用局部色彩、图形或文字、造型的变化而进行整体统一的设计,能够将多种商品统一起来,形成"家族式"的设计,使消费者一眼便能识别所包装产品的品牌,从而树立起品牌的形象,使商品整体形象感突出,令人印象深刻。这种表现形式已经较为广泛地应用到化妆品、食品等各类包装产品中。

1. 整体性突出,达到较好的陈列效果

某一个品牌在系列产品数量相对较多的情况下,色彩、大小、形态、形象、构图等元素呈现出统一而整体的面貌,就会在商贸中心、超级市场等销售场所进行产品布置,陈列的时候显得整体性突出,从而形成鲜明的特点,产生声势较大的群体效用。在货架上,系列化包装商品占据大面积的展示空间,形成较大的视觉张力,对其他商品产生以多胜少的压倒式的强烈的视觉冲击力。较好的包装设计系列化表现所呈现的整体美、规则美以及强烈的信息传达力,极大地提升了商品的竞争力。

另外,包装设计的整体感与和谐感是十分重要的。如果商品的包装形象在视觉上缺乏整体感、和谐感,产生的视觉效果是缺乏联系、细节零散,也会破坏人们的视觉安定感。这样的视觉形象势必容易为人们所忽视,甚至拒绝接受。包装设计系列化表现能够突出包装的整体性,主要体现在各要素与产品内容的和谐统一。设计的各要素必须相互协调、综合处理。即每一种要素形成统一的审美效果的同时,还要对其他个体形成参照。整体效果不等同于形式技巧,但又必须通过形式技巧来表现出来。一件商品包装设计图形所使用的风格、所采用的技法不一致,或者选用的色彩明度、纯度、色系相差甚远,或者表现字体采用过杂、过多,又或者没有固定的、一致的版面编排等,都会使包装设计秩序混乱,缺乏整体性。包装设计系列化表现出的统一的特点,恰好满足了整体性的要求,使系列化产品在陈列上有着先天的优势。

2.包装设计更符合审美要求

包装设计除了要吸引消费者的注意之外,更要满足人们的审美情趣的心理需要。包装设计的系列化表现的合理性在于它符合形式美学中的构成原理,适应广大消费者的审美观和心理需求。

3.包装设计应具备实用性

包装设计不仅要具备美观性,还要具备实用性,即不仅要具备吸引眼球的功能,还要具备保护产品的功能。例如,食品包装设计应具备防潮、防腐、防氧化等功能,以保护食品的新鲜度和品质。

(三)实践训练

(1)举例说明你喜欢的包装设计上的特点。

(2)请选择一款商品分析它的包装设计理念。

三、任务实施前准备

(1)知识准备:包装设计方法。

包装设计方法多样,常运用变形、挤压、叠置、重组、附加、装饰等特定的处理手法来体现其文化内涵,其具体的形象特征在包装的风格、样式、图形、色彩、文字、材质等各方面都能反映出来。

包装设计风格各异,设计形式多样,从原始纯朴的民俗民族包装到先锋前卫的现代创意包装,从风格俭朴的传统包装到风格华丽甚至豪华过度的包装,等等。即便是同样的白酒酒瓶包装式样,也能设计成粗犷雄健或细腻柔美的两极化风格。各式包装都可以有大小、长短、宽窄的不同设计,以便于人们从中自由选择,从而导致了包装流行倾向的不确定、不明晰。

在包装的外形上,传统的包装方式和观念也受到了挑战和冲击。只看白酒包装,单从外观造型看,就有或全包,或透明,或半遮半掩,或繁复,或简约,或粗放,或狭长,或层层叠叠,或参差无序……充满了强烈的个性化和多元化。

包装结构由综合、清晰转向分解、模糊。解构了以传统立体构筑法设计成的鲜明结构,将平面造型与立体造型相结合,来重构包装各部分的结构,使之具有自由、松散、模糊、突变、运动等反常规的结构设计特征,从而形成一种全新的视觉效果。

包装色彩(含图形、字体的组合与变化)上存在低纯度的自然柔和色与高纯度的艳丽刺激色的重叠并行。有的通过异想天开的互斥色彩来显示包装生动活泼的趣味性和戏剧性。此外,还通过在材料上运用层叠、组合、透明、肌理等设计处理,使色彩产生明暗有序渐变和无序变幻,为包装增添无限意趣。

包装材料上也呈现出了明显的多样性、丰富性特征。这集中体现在材料的原料种类、形态结构、质地肌理和相互之间的组合对比上。有些设计师还创造性地运用变形、镂空、组合等处理手法来丰富材料的外观,赋予材料新的形象,强调材质设计的审美价值。

(2)工具准备:笔记本、笔、电脑、网络。

四、任务实施流程

本任务实施流程如表 4-4 所示。

表 4-4 任务四实施流程

序号	作业内容	说明
1	确定调研对象	确定 2~3 个品牌商品作为研究对象
2	收集资料	分组对这 2~3 个品牌包装的构成元素等进行调研并收集资料
3	整理资料	以小组为单位对包装优缺点进行归纳整理
4	撰写调研报告	在前期调研的基础上,撰写完整的分析报告
5	汇报	分组对企业的品牌包装特点或理念进行分享

五、知识链接

1.品牌包装设计的理念

1)安全理念

确保商品和消费者的安全是包装设计基本的出发点。在品牌包装设计中,需根据商品的属性考虑储存、运输、展览、销售、携带和使用的安全保护措施,且不同商品可能需要不同的包装材料。

2)推广理念

促进商品销售是品牌包装设计中重要的功能概念之一。过去人们在购买商品时主要依靠推销员的促销和介绍,但现在网上购物已成为人们购买商品的普遍方式,商品包装在消费者购物过程中自然充当无声的广告或无声的推销员,如果品牌包装设计能吸引大多数消费者的注意力,充分激发他们的购买欲望,那么包装设计就真正体现了促销的概念。

3)生产理念

在保证品牌包装设计美观的同时,要考虑设计能否实现准确、快速、批量生产,是否有利于工人快速准确地加工、成型、装货和封口;在商品包装设计中,要根据商品的属性、使用价值和消费群体选择合适的包装材料,力求形式和内容的统一,充分考虑节约生产和加工时间,加快商品流通。

4)创新理念

品牌包装的创新设计理念既能有效地带动消费,又能展示制造商的信息,提高制造商的影响力。因此,必须强化品牌包装设计的创新理念,充分发挥包装的功能。新颖的包装也可以塑造商品和企业形象。

2.包装设计的基本程序

(1)包装设计的立项与调研;

(2)包装与生产工艺方式的总体策划定位;

(3)销售包装设计的创新点定位与设计创意构思;

(4)包装材料的选择与设计;

(5)包装造型设计;

(6)包装结构设计;

(7)包装视觉传达设计;

(8)商品包装附加物设计;

(9)包装的防护技术应用处理;

(10)编制设计说明书。

六、总结评价

任务考评表

考评任务	被考评人	考评标准					
		考评内容	分值	自我评价	小组评价	教师评价
品牌包装设计	班级： 姓名：	1.调研准备充分,分工合理	10			
		2.调研记录内容全面,准确性高	20			
		3.调研过程纪律表现良好,注重团队合作	10			
		4.调研报告总结及时、认真,体现出对品牌包装设计的认识,具有合理性	30			
		5.汇报时PPT内容完整、美观,语言表达流畅,着装、仪态合乎要求	30			
		合计				
		综合得分 （自评占10%,组评占30%,师评占60%）				

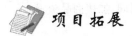

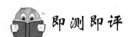

项目五 品牌形象

任务一 品牌的个性

课程思政

中国品牌的个性——七匹狼男装

七匹狼是福建晋江的服装品牌,创建于1990年。1993年,集团全面导入CIS(企业形象识别系统)并成功运作。基于此,通过主题消费群的准确创建以及男性精神的精确把握,七匹狼的品牌性格规划是"狼的智慧——无止境的生命哲学",代表着团队挑战、个性、执着、忍耐、时尚、成熟、朋友、忠诚、锲而不舍、善于交流、正视失败。以此七匹狼擎起男士族群的精神旗帜,以勇猛精进、顽强拼搏、笑看沧桑的男士精神感召成功和正在走向成功的男性,拥抱光荣,完成自我,成就自我,展现自我。刻画品牌性格,规划品牌地位,提升品牌个性,使七匹狼能对品牌进行全面的梳理与整合,提出"just for man"的理念,公司提供的是至情至酷的男士用品,而公司品牌则是一个纯粹的男性品牌,将七匹狼涉及服装、香烟、酒类等产业蕴涵在"男性文化"之中,重新打造个性鲜明的"男士精神"品牌,最终取得中国男性群体时尚消费生活的代言人地位。

学生思考

为什么七匹狼能够取得中国男性群体时尚消费生活的代言人地位?

教师点评

这就是品牌个性的力量!

一、任务描述

七匹狼的品牌是多维度建立起来的,它的每个产品都有自己独特的品牌主张,但都服从于"男性"的大概念,而不同的性格传递给消费者统一的信息是:男人与男人的关系是你生活的舞台。同时,目标消费者需要一个能够代表他们并表达出他们没有说出的心事的人或事件,品牌传播就必须在高度整合的基础上,创造一种全新独特的符号。如何来确立品牌的符号?首先我们需要了解一下品牌的个性。

二、课前导学

(一)应知应会——品牌个性的定义

尽管品牌个性这个名词很早就有学者提出,但是一直以来,品牌个性理论的研究进展比较缓慢。自 20 世纪 80 年代,施吉(Sirgy)提出任何品牌或产品都应该具有个性,以及珍妮弗·阿克(Jennifer Aaker)运用心理学中的大五人格模型对品牌个性维度进行探索性研究以来,国内外众多学者开始涉足品牌个性的研究,品牌个性已经成为营销学、心理学研究领域的焦点之一。

1. 品牌形象论

20 世纪 80 年代以前,大部分学者认为品牌个性就是品牌形象,并将品牌形象定义为"购买者人格的象征",甚至一部分学者直接将品牌个性与品牌形象统称为"品牌性格"。品牌形象论过分强调了品牌个性与品牌形象的一致性,而没有加以区别,它主要存在于品牌个性理论研究的初期,并已经逐渐被学者们所否定。

2. 品牌形象维度论

大部分学者比较赞同"品牌个性是品牌形象(品牌表现、品牌印象、公司形象)的一个重要构成维度,而非唯一构成维度"的观点。然而由于视角的不同,品牌形象维度论者对品牌个性的定义也存在一些分歧。

有些学者从消费者视角进行定义。例如,巴特拉(Batra)、莱曼(Lehmann)和辛格(Singh)将品牌个性定义为消费者所感知到的品牌所表现出来的个性特征;凯勒(Keller)认为品牌个性体现的是消费者对某一品牌的感觉,与产品特性相比,它能够提供象征及自我表达的功能;皮塔(Pitta)则提出品牌个性可能源自创意广告,是消费者对生产者及使用情境所做的推论;海斯(Hayes)也认为作为品牌形象重要构成维度的品牌个性,是指人们对品牌所联想到的人类特征。

还有部分学者则从企业视角进行定义。例如,Sirgy 认为品牌个性是品牌所具有的个性特征,可以用一些形容个性特征的词来描述,如友善的、摩登的、传统的、年轻的;古德伊尔(Goodyear)将品牌个性定义为品牌所创造的自然和生活的特质;Blackston 则认为品牌个性是指品牌所具有的人的特质。Aaker 和 Fournier 总结归纳认为品牌个性是指品牌所具有的一组人类特征。这里的人类特征既包括个性特征,例如可靠的、时尚的、成功的,又包括其他人口统计特征,例如性别、年龄、社会地位。阿祖莱(Azoulay)和卡普费雷尔(Kapferer)在批判 Aaker 等人定义的同时,提出了一个更窄、更精确的定义,指出品牌个性是一套适用于品牌且与品牌密切相关的个性特征。其中 Aaker 等人的定义被广大学者所认可、推崇。

此外,还有个别学者综合认为品牌个性可以从两个角度来理解:一是品牌被呈现出来的方式,如产品本身、包装、名称、销售渠道等;二是品牌最终是如何被消费者理解的。

综上可以看出,学术界比较赞同品牌形象维度论关于品牌个性的定义。虽然定义的视角还存在一些分歧,但从现有的研究文献来看,在大部分品牌个性研究的过程中,学者们更多地偏重于基于消费者视角的品牌个性定义,即品牌个性是消费者所感知的品牌所体现出来的一套个性特征。

(二)日积月累

1.品牌个性维度构成

对品牌个性维度的研究,直接关系到如何将品牌个性理论应用于品牌管理的实践之中。在维度概念出现于品牌个性研究中之前,品牌个性的测量一直处于比较混乱、无系统的状态。营销人员或者根据产品的具体特点、具体品牌设计进行品牌个性描述,或者直接把心理学研究中的个性词表用于品牌个性测量。20世纪90年代,品牌研究学者开始以品牌个性概念本身及其与个性之间的关系为切入点,借鉴人格理论进行品牌个性维度的研究。基于不同人格理论的借鉴,品牌个性维度研究主要集中于两个方面:其一是基于人格类型论的品牌个性维度,其二是基于人格特质论的品牌个性维度。前者多采用演绎法,后者多采用归纳法。

1)基于人格类型论的品牌个性维度

基于人格类型论的品牌个性维度研究,处于品牌个性维度研究的非主流地位,它的方法主要是用人的一个或少数几个特质来描述品牌个性,如内向、外向,比较注重抽象、分类以及品牌个性在文化上的普适性。它的主要研究成果是把精神分析学家的理论运用于品牌个性维度研究之中,其中最著名的是弗洛伊德人格和阿德勒人格的运用。

品牌个性维度研究初期,部分学者将弗洛伊德人格运用到品牌个性维度研究之中,将品牌个性划分为 expression(神气)与 repression(压抑)两个维度。其中 expression 体现了品牌消费中所获得的乐趣和快感,具有这种维度的品牌可以满足人们情感方面的需求。而 repression 维度则体现了品牌能够满足人们对产品基本功能或功效的需求,并能解除人们的忧虑或压抑。此理论还指出大多数品牌的品牌个性位于这两个维度之间。

还有部分学者认为弗洛伊德的理论比较适合解释男性的人格心理,对于在消费品领域出现的大量女性化品牌,弗洛伊德人格理论不完全适用。这些学者运用阿德勒人格理论提出品牌个性包括 assertiveness(独断)与 conformism(顺从)两个维度,其中 assertiveness 突出了个人化色彩,例如专家、个性化;而 conformism 则更多地表现为群体性导向,例如分享、关怀。

在此基础上,埃朗(Heylen)、道森(Dawson)和桑普森(Sampson)综合弗洛伊德维度与阿德勒维度,构建了一个新的品牌个性二维模型(简称 Heylen 模型)。该模型指出任何品牌的品牌个性都可能位于这二维图中的某个位置。Heylen 模型就是国际上非常流行的"阴阳二重性"品牌个性理论的雏形。后来,荣格人格维度也被运用于品牌个性维度研究之中,其理论中的阿尼玛和阿尼姆斯概念可以帮助解释男性消费者消费女性化品牌,以及女性消费者消费男性化品牌的现象。

可以看出,基于人格类型论的品牌个性维度研究已经在开始借鉴"阴""阳"理论,但由于此类研究只是从潜意识认识人格的角度去理解品牌个性,而未能从人格的原型去阐述品牌个性,其操作性不强。而且,国外学者对"阴""阳"理论理解的差异,以及国外"阴""阳"原型理论的不完整,导致国外基于人格类型论的品牌个性维度研究受到了很大的制约,只有很少的学者进行了深入研究。

2)基于人格特质论的品牌个性维度

基于人格特质论的品牌个性维度研究以归纳法为方法基础。归纳法是随着统计技术的发展并在心理学中广泛运用而发展起来的,著名的大五人格模型就属于该方法体系。大五人格模型将人格划分为 extraversion(外倾性)、neuroticism(神经质性或情绪稳定性)、openness(开放性)、agreeableness(随和性)、conscientiousness(尽责性)五个方面,如表5-1所示。大五人格模型是基于人格特质论的品牌个性维度研究的最根本理论源泉。

表5-1 大五人格模型

人格	特点	高分典型描述
开放性	幻想对务实、变化对守旧、自主对顺从	刨根问底、兴趣广泛、不拘一格、开拓创新
尽责性	有序对无序、细心对粗心、自律对放纵	有条有理、勤奋自律、准时细心、锲而不舍
外倾性	外向对内向、娱乐对严肃、激情对含蓄	喜好社交、活跃健谈、乐观好玩、重情重义
随和性	热情对无情、信赖对怀疑、宽容对报复	诚实信任、乐于助人、宽宏大量、个性直率
情绪稳定性	烦恼对平静、紧张对放松、忧郁对陶醉	焦虑压抑、自我冲动、脆弱紧张、忧郁悲伤

1997年,Aaker首先借鉴人格特质论中的大五人格模型,采用归纳法对品牌个性维度进行研究。研究发现美国文化背景下的品牌个性体系包括五大维度、15个次级维度和42个品牌个性特征。五大维度分别为"sincerity(真诚)、excitement(刺激)、competence(胜任)、sophistication(教养)和ruggedness(强壮)"。在此基础上,Aaker和她的同事还对美国、日本、西班牙三种文化背景下的品牌个性维度进行比较研究。结果表明,sincerity、excitement、sophistication这三个品牌个性维度是上述三种文化背景下的品牌个性所共有的,而peaceful(平和)是日本文化背景下的品牌个性所特有的,passive(激情)是西班牙文化背景下的品牌个性所特有的,ruggedness是美国文化所特有的,competence则是日本文化和美国文化所共有的,而西班牙文化中没有。通过比较研究,Aaker等人提出了不同文化背景下的品牌个性维度具有差异的论断。虽然一些学者对Aaker的研究结果存在种种置疑,但Aaker的研究为学者们提供了一个新的研究思路,是品牌个性理论研究的一个重大突破,其方法得到了广大学者的推崇。

在Aaker等人研究的基础上,国外众多学者对不同国家文化背景下的品牌个性维度进行了探讨。以韩国文化为研究背景,宋(Sung)和廷卡姆(Tinkham)指出与美国消费者相比,韩国的消费者在感知品牌时更可能把重点放在儒家主义和儒家资本主义价值观上,因而韩国文化背景下的品牌个性维度包括两个特别的维度"被动喜爱"和"支配地位"。通过对"麦当劳"等国际品牌的实证研究,测出韩国品牌个性构成维度分别为 passive likeableness(被动喜爱)、ascendancy(支配地位)、trendiness(赶潮流的)、competence、sophistication、traditionalism(传统)、ruggedness、western(崇尚西方)。而另一些韩国学者李(Lee)和李(Rhee)则认为不同产品品类的品牌个性存在差异,并以韩国男子服装为例,指出韩国男子服饰的品牌个性应该包括 demographics trait(人口统计学特征)、lifestyle(生活方式)、value(价值)、appearance(外观)等维度。

史密斯(Smith)、布赖恩(Brian)和汉斯(Hans)以澳大利亚文化为研究背景,以会员制运动组织为研究对象,针对运动组织品牌进行品牌个性维度研究,研究结果表明,澳大利亚文化背景下的品牌个性包括六个维度,分别为 competence、sincerity、sophistication、ruggedness、innovation(革新)和 excitement(刺激)。

博什尼亚克(Bosnjak)、博赫曼(Bochmann)和胡夫施密特(Hufschmidt)研究得出德国文化背景下的品牌个性包括四个维度,分别为 conscientiousness(认真)、emotion(情感)、superficiality(肤浅)和 drive(动力)。动力又细分为 excitement 和 boredom(厌烦)两个构面。与其他研究不同的是,该研究引入了负面品牌个性。

托马斯(Thomas)和谢卡尔(Sekar)则以印度文化为研究背景,以印度"最值得信赖品牌"高露洁为研究对象,对 Aaker 的品牌个性维度进行检验,研究表明,印度文化环境下 Aaker 品牌个性维度中的"sophistication"和"ruggedness"信度很低,这进一步验证了不同文化背景下品牌个性维度构成具有差异的说法。

2. 中国本土化品牌个性维度划分

国内学者基于我国特殊的文化背景以及不同的产品背景,也对品牌个性维度进行了深入研究。其中,学者黄胜兵和卢泰宏通过实证研究开发了中国的品牌个性维度量表,并从中国传统文化角度阐释了中国的品牌个性维度为"仁、智、勇、乐、雅";迪纳市场研究院的李金晖和包启挺将中国家电品牌个性维度概括为"信、礼、专、勇、天、雅";北京工商大学的刘勇将卷烟品牌的个性维度概括为追求卓越、悠然自得、成功、豪迈、祥和、醇和芳香、清新天然、神秘的异域风情、友情、尊贵和真实可信。陈可等指出对于数码相机来说,品牌个性可以划分为真挚胜任、坚固、精致和刺激四个维度。黄胜兵和卢泰宏的品牌个性维度划分被广泛认同。其中,"仁"是同 Aaker 等人研究的美国文化背景下的品牌个性维度中的"sincerity"相对应的品牌个性维度,形容人们具有的优良品行和高洁品质,比如务实、诚实、正直等;"智"是同"competence"相对应的维度,形容人们聪慧、沉稳、可靠和成功等品质;"勇"与"ruggedness"较为相关,形容强壮、坚韧、勇敢等形象特征;"乐"比较具有中国特色,除包含了"excitement"的含义以外,还具有表达积极、自信、乐观、时尚的含义;"雅"同"sophistication"相对应,涵盖了有品位、有教养等词汇,用来形容儒雅的言行风范和个性。

(三)实践训练

(1)你认为自己是什么类型人格?

(2)举例说明某一品牌的品牌个性。

三、任务实施前准备

(1)知识准备:大五人格模型(见图 5-1)。

图 5-1 大五人格模型

(2)工具准备:笔记本、笔、电脑、网络。

四、任务实施流程

本任务实施流程如表 5-2 所示。

表 5-2 任务一实施流程

序号	作业内容	说明
1	确定调研对象	确定 3~5 家品牌作为调研对象
2	收集资料	分组对这 3~5 家品牌的基本情况、品牌形象、品牌个性和代言人等进行调研并收集资料
3	整理资料	以小组为单位对调研品牌的资料进行归纳整理
4	撰写调研报告	在前期调研的基础上,撰写完整的调研报告
5	汇报	分组进行汇报

五、知识链接

品牌个性作为品牌的核心价值,是构成品牌核心价值的重要组成部分。因此,塑造品牌个性就成为企业品牌管理人员的重要任务。品牌个性的形成是长期有意识培育的结果,它的形成大部分来自情感方面,少部分来自逻辑思维。因为品牌个性反映的是消费者对品牌的感觉,或者品牌带给消费者的感觉。品牌个性可以来自与品牌有关的所有方面,以下是品牌个性来源的重要方面。

1. 产品自身的实现

产品是品牌的物质载体,可以向消费者提供功能利益、情感利益和自我表现利益,是形成品牌个性的主导力量。华为的5G产品以极快的速度推陈出新,该公司的创新品质形成了华为最重要的品牌个性,造就了华为巨大的品牌价值。

2. 品牌的使用者

由于一群具有类似背景的消费者经常使用某一品牌,久而久之,这群使用者共有的个性就被黏附在该品牌上,从而形成该品牌稳定的个性。小米手机目前在国内具有较高的影响力。由于小米手机始终坚持低利润原则,高配置低价位策略获得了很多消费者的好评,但是随着智能手机市场竞争不断加剧,为了提高产品的销量,一些企业也开始模仿小米的销售策略,甚至采用了饥饿营销方式,线上线下同时提供货源,导致小米的优势不再突出。

3. 象征符号

象征符号对品牌个性有很强的影响力和驱动力。除了标志和其他识别符号外,象征物也很重要。在对品牌形象的个性塑造中,选择能代表品牌个性的象征物往往很重要。象征物运用得当,可以赋予品牌以生命,让消费者与之对话,进行情感交流,进而成为忠实的朋友。象征物通常有人物、动物、植物与卡通四类。比如,张裕葡萄酒板块战略品牌龙谕就是其中的一员,从名字上就不难看出它的抱负:"龙"是中华民族的文化标志及精神符号,"谕"则有昭告世界的意思,"龙谕"品牌,正代表了张裕比肩世界顶级葡萄酒的信心与决心。象征符号只有长期不断地坚持运用,才能深刻体现品牌个性。

4. 广告

广告有助于塑造品牌形象,显示品牌个性,不同的广告主题、创新和风格会产生不同的广告效果。龙谕的广告语"品过世界,更爱中国"更凸显出文化的厚重感。无论是中国悠久的品酒传统,还是张裕一百多年的文化积累,都使得龙谕的品牌积淀格外厚重。龙谕借助张裕的全球化布局,实现全球顶级资源的配置,又有洞察本土消费者的优势,完全具备与国际顶级名酒叫板的实力与资本。

5. 总裁特质

具有独特个性的企业领导人会把自己的个性转移到品牌上,作为社会公众人物的领导人更是如此,这是形成品牌个性的一个重要来源。海尔集团的张瑞敏诚恳、儒雅、睿智的个性无疑影响着人们对海尔品牌的看法。万达集团的王健林、字节跳动的张一鸣等都是如此。

香奈尔是具有影响力和反叛精神的时装设计师。但香奈尔超越了服装的思想,超越了时尚的概念,她对服装核心功能的准确把握使她的服装设计风格得以延续。服装怎么穿比穿什么更重要。她证明了一个事实:奢华和高雅的极致是简洁。追溯香奈尔品牌的发展历程,其实就是追溯品牌设计师香奈尔的一生,因为香奈尔品牌的前60年从未与香奈尔本人传奇式的人生相分离过。她的言行举止,她的社会地位,她的时尚风格,吸引了法国乃至全世界最核心人群的注意,她的整个生命历程其实就是香奈尔品牌最直接、最持久、最有效的广告。香奈尔本人就是香奈尔品牌,香奈尔品牌也就是香奈尔本人,而香奈尔品牌和香奈尔本人都融入香奈尔式的生活方式和风格中。

六、总结评价

任务考评表

考评任务	被考评人	考评标准					
		考评内容	分值	自我评价	小组评价	教师评价
品牌的个性	班级: 姓名:	1. 调研准备充分,分工合理	10			
		2. 调研记录内容全面,准确性高	20			
		3. 调研过程纪律表现良好,注重团队合作	10			
		4. 调研报告总结及时、认真,体现出对品牌个性的认识,具有合理性	30			
		5. 汇报时PPT内容完整、美观,语言表达流畅,着装、仪态合乎要求	30			
		合计					
		综合得分 (自评占10%,组评占30%,师评占60%)					

任务二 品牌的文化

 课程思政

品牌文化建设——以三只松鼠为例

三只松鼠取得现有的行业领先地位,自然离不开其独具特色的企业文化。企业文化是一个品牌进步和发展的最大助推器。为了保持持续的竞争力,三只松鼠在企业文化建设花了很大精力。

基于"把顾客当主人"的核心价值观，三只松鼠所做的一切都是为了让主人开心。在三只松鼠内部有一个红本文件，被称为"松鼠宪法"，任何员工入职都要学习并牢记，其中最为核心的一条是"不准让主人不爽"，从上到下必须无条件执行，所有的业绩考核都跟这一条挂钩。正是有了对"松鼠宪法"的坚持，用户体验才能做得如此之好，诞生了开箱神器"鼠小器"、湿纸巾、密封夹、萌版卡套等超预期体验，让用户在得到产品的同时，也能感受到品牌的情感和文化，给用户带来更多的信任感和愉悦感。正是这贯穿着"把顾客当主人"的极致体验与服务，才使得三只松鼠快速成长。

在"松鼠宪法"中还有一条"共同承诺，共享价值"，这一条就是为了与员工重建信任关系。三只松鼠认为，只有员工信任企业，双方建立平等关系，员工才会发自内心地服务好主人，主人也才会成为品牌的推销者。三只松鼠对员工的尊重与关爱体现在点点滴滴中，三只松鼠有一个规矩，每个新人都要起一个花名，以"鼠"或"松鼠"开头，比如章燎原在企业内部的名字为"松鼠老爹"，郭广宇的花名是"松鼠小疯"，对顾客则一律称呼为"主人"，这种松鼠"家"文化给员工带来的代入感，增强了员工的归属感，拉近了员工与企业之间、员工与员工之间的距离；当然，努力的员工也会得到物质奖励，例如作为年终奖的高档手机、汽车等。此外，三只松鼠还对员工工作给予充分信任和放权，并积极解决员工关注的突出问题，提高员工的工作积极性。超越顾客期望为三只松鼠赢得了名声，而让为顾客创造极致体验的员工得到应有的尊重与关爱才是三只松鼠的安身立命之道。

学生思考

为什么三只松鼠能成为行业的独角兽？

教师点评

这就是品牌文化的力量！

一、任务描述

三只松鼠倡导"一个核心、四点、四化"。所谓"一个核心"，即始终围绕"让品牌和消费者更近"这个中心部署战略，例如利用松鼠的形象和多个接触点与消费者近距离沟通。"四点"则分别是品牌、速度、服务和品质。品牌，即如何树立一个令人放心的品牌，提升品牌形象；速度，即如何更快提高坚果从树枝到消费者客厅的速度，提高消费者从购买到收货的速度，追求速度就是在追求产品的新鲜和优秀的消费者体验；服务，即如何做到个性化，基于大数据的收集和挖掘，充分了解消费者，从而做到更个性化的服务；品质，即如何让坚果更好吃。"四化"则是品牌动漫化、数据信息平台化、仓储物流智能化和视频信息可追溯化。为什么要做这一系列的事情？我们需要学习如何来构建品牌的文化。

二、课前导学

（一）应知应会——品牌文化的定义

品牌文化的核心是文化内涵，具体而言是其蕴涵的深刻的价值内涵和情感内涵，也就是品牌所凝练的价值观念、生活态度、审美情趣、个性修养、时尚品位、情感诉求等精神象征。品牌文化通过创造产品的物质效用与品牌精神高度统一的完美境界，能超越时空的限制带给消费者更多的高层次的满足、心灵的慰藉和精神的寄托，在消费者心灵深处形成潜在的文化认同和情感眷恋。在消费者心目中，他们所钟情的品牌作为一种商品的标志，除了代表商品的质量、性能及独特的市场定位以外，更代表他们自己的价值观、个性、品位、格调、生活方式和消费模式；他们所购买的产品不只是一个简单的物品，而是一种与众不同的体验和特定的表现自我、实现自我价值的道具；他们购买某种商品的行为不是单纯的购买行为，而是对品牌所能够带来的文化价值的心理利益的追逐和个人情感的释放。因此，他们对自己喜爱的品牌形成强烈的信赖感和依赖感，融合许多美好联想和隽永记忆。他们对品牌的选择和忠诚不是建立在直接的产品利益上，而是建立在品牌深刻的文化内涵和精神内涵上，维系他们与品牌长期联系的是独特的品牌形象和情感因素。这样的顾客很难发生"品牌转换"，毫无疑问他们是企业高质量、高创利的忠诚顾客，是企业财富的不竭源泉。

品牌就像一面高高飘扬的旗帜，品牌文化代表着一种价值观、一种品位、一种格调、一种时尚、一种生活方式，它的独特魅力就在于它不仅仅提供给顾客某种效用，而且帮助顾客去寻找心灵的归属，放飞人生的梦想，实现他们的追求。优秀的品牌文化是民族文化精神的高度提炼和人类美好价值观念的共同升华，凝结着时代文明发展的精髓，渗透着对亲情、友情、爱情和真情的深情赞颂，倡导健康向上、奋发有为的人生信条。优秀的品牌文化可以生生不息，经久不衰，引领时代的消费潮流，改变亿万人的生活方式，甚至塑造几代人的价值观。优秀的品牌文化可以以其独特的个性和风采，超越民族，超越国界，超越意识，使品牌深入人心，吸引全世界人共同向往、共同消费。

优秀的品牌文化可以赋予品牌强大的生命力和非凡的扩张能力，充分利用品牌的美誉度和知名度进行品牌延伸，进一步提高品牌的号召力和竞争力。最为重要的是，优秀的品牌文化还可以使消费者对其产品的消费成为一种文化的自觉，成为生活中不可或缺的内容。如美国人到异国他乡，一看到麦当劳就会不由自主地想去吃，最主要的原因并不是麦当劳的巨无霸特别适合他们的口味，而是内心潜在的一种文化认同的外在流露，认为麦当劳是美国文化的象征，看到麦当劳就倍感亲切，从而潜意识地产生消费欲望。正如劳伦斯·维森特（Laurence Vincent）在阐述传奇品牌的成功经验时指出的，这些品牌"蕴含的社会、文化价值和存在的价值构成了消费者纽带的基础"。

（二）日积月累

1.品牌文化的特征和作用

1）品牌文化的特征

品牌的文化蕴涵越丰富，与人们的思想、情感越密切，它就越具有魅力。那么品牌文化有哪些特征呢？品牌文化主要有如下三个显著特征：

(1)品牌文化是由消费者需求决定的。品牌文化虽由企业组织实施，但由消费者需求决定;同时,品牌文化随着消费者需求的变化而不断地变化,因而品牌文化也要与时俱进,不断创新,这样品牌文化才有更大的生命力。

(2)品牌文化可以实现多方面的认同。企业文化由企业内部单个认同,一般通过"价值观—凝聚力—生产力"的单一模式发挥作用;品牌文化则着眼于构建过程中的多方面关系的协调,通过"文化共鸣—认同品牌—认购产品"的多边模式,即通过"文化力"拉动"销售力",促进"产品力",实现企业持续性发展。

(3)品牌文化是有价值的。如果把企业文化比作是树的根的话,那么品牌文化就是果。企业文化追求的是内部效应,而品牌文化更多追求的是外部效应。品牌文化是品牌价值的集中体现,也是品牌的无形资产。品牌价值的累积是通过品牌文化来实现的,同时,品牌价值也是很脆弱的,一旦得不到消费者的认同,很容易产生羊群效应,造成品牌资产的严重流失。

2)品牌文化的作用

(1)通过品牌文化来加强品牌力,不仅能更好地实现企业促销的商业目的,还能有效承载企业的社会功能。塑造品牌文化,其行为根本上是受商业动机支配的:通过品牌文化来强化品牌力,从而谋求更多的商业利润。另外,社会营销观念认为企业在满足消费者需求、取得企业利润的同时,也需要考虑到社会的长期整体利益。这要求企业在宣传自己产品功效品质的同时,也要弘扬优秀的文化,倡导正确的价值观,促进社会的进步。

(2)品牌文化满足了目标消费者物质之外的文化需求。行为科学的代表人物梅奥和罗特利斯伯格提出"社会人"的概念,认为人除了追求物质之外,还有社会各方面的需求。品牌文化的建立,能让消费者在享用商品所带来的物质利益之外,还能有一种文化上的满足。

(3)品牌文化的塑造有助于培养品牌忠诚群体,是重要的品牌壁垒。在竞争激烈的今天,不同品牌的同类产品之间的差异缩小,要让消费者在众多的品牌中从心理上能鲜明地识别一个品牌,有效的方法是让品牌具有独特的文化。这可以称为品牌的文化差异战略。这种文化差异一旦让目标消费者接受,对提高品牌力是十分有利的。因为对一种文化的认同,消费者是不会轻易加以改变的。这个时候,品牌文化就成了对抗竞争品牌和阻止新品牌进入的重要手段。这种竞争壁垒,存在时间长,不易被突破。

2. 品牌文化与企业文化的异同

品牌文化与企业文化都是文化的一种表现形式,都是一种亚文化。我们可以从相同和不同两个方面来进行深入阐释。

首先,品牌文化与企业文化有相通的地方。企业文化是一个企业的价值观、信念和行为方式的体现,决定了这个企业的制度和行为。企业给消费者的心理感受和心理认同,就是品牌文化或者叫品牌内涵,它是联系消费者心理需求与企业的平台,是品牌建设的最高阶段,目的是使消费者在消费企业产品和服务时,能够产生一种心理和情感上的归属感,并形成品牌忠诚度。

其次,企业文化与品牌文化的内涵必须一致。比如,可口可乐公司具有动感激情、富有个性的品牌文化,那么可口可乐公司的企业文化也必然不能脱离激情、创新,很难想象一批守旧沉稳的人能够领导可口可乐公司。红塔集团原来的品牌口号是"天外有天,红塔集团",后来改为了"山高人为峰",这与企业文化的内涵是非常一致的,而且更凸显出了人文气息。

通过分析我们发现,企业文化与品牌文化都不能脱离企业的产品和经营,都要服务于企业的发展,因此,其核心含义应该是一致的或者是相通的,但是企业文化与品牌文化在概念、作用和建设方法方面又有明显不同。

(1)企业文化与品牌文化的核心含义不同。企业文化是企业形成的共同遵守的价值观、信念和行为方式的总和,重点是企业价值观、企业理念和行为方式的塑造,是企业生产与发展的指导思想。品牌文化则以品牌个性、精神的塑造和推广为核心,使品牌具备文化特征和人文内涵,重点是通过各种策略和活动使消费者认同品牌所体现的精神,然后形成一个忠诚的品牌消费群体。

(2)企业文化与品牌文化的作用不同。企业文化是对内的,主要是为了明确企业的生存与发展指导原则,并形成一套以价值观、理念为核心的制度和规范体系,以此提升企业管理水平。一个优秀的企业文化,不仅对企业管理有帮助,也具有了品牌效应。品牌文化是"品牌"与"文化"的有机融合。品牌文化的作用是为了打造企业的品牌,体现出营销管理方面的职能。从某种意义上来说,品牌文化本身就是打造品牌的一种方式。

(3)企业文化与品牌文化的建设方法不同。企业文化与品牌文化虽然都有文化的要素,但是建设方法差别很大。首先,负责的部门不同。在企业里,负责企业文化建设和负责品牌建设的部门往往是两个部门。其次,品牌文化的塑造像是恋爱,而企业文化的塑造像是婚姻。谈恋爱的时候,人们希望尽量多地展示自己优秀的一面,尽量吸引对方的注意。但是企业文化的塑造,更像是一场婚姻,用佛家的一句话来形容非常恰当,叫作"如人饮水、冷暖自知"。每个员工对企业文化都有自己的理解,员工对于企业文化的感受主要还是靠他在实际工作中的体验,一些小事就形成了他对企业文化的看法,比如说人际关系、公司氛围、奖惩措施、尊重与发展、创新与活力等。

(三)实践训练

(1)你认同哪一个品牌的品牌文化?为什么?

_____
_____
_____

(2)举例说明某一品牌的品牌文化。

_____
_____
_____
_____

三、任务实施前准备

(1)知识准备:知名品牌文化。

(2)工具准备:笔记本、笔、电脑、网络。

四、任务实施流程

本任务实施流程如表5-3所示。

表5-3 任务二实施流程

序号	作业内容	说明
1	确定调研对象	确定3~5家品牌作为调研对象
2	收集资料	分组对这3~5家品牌的品牌文化进行调研并收集资料
3	整理资料	以小组为单位对调研品牌的资料进行归纳整理
4	撰写调研报告	在前期调研的基础上,撰写完整的调研报告
5	汇报	分组对品牌的文化进行汇报

五、知识链接

为品牌塑造的文化是否合适,一般有两个标准衡量。一是这种文化要适合产品特征。产品都有自己的特性,如在什么样的场景下使用,产品能给消费者带来什么利益等。品牌文化要与产品特性相匹配,才能让消费者觉得自然、可接受。有的时候,品牌经营者采用的是品牌延伸策略,即一个品牌下有许多品种的产品,这时就要抓住产品的共性。

1. 品牌文化与时尚文化

某些产品十分适合在品牌文化中引入时尚的内容,如服饰、运动产品等。时尚指的是一个时期内相当多的人对特定的趣味、语言、思想及行为等各种模式的随从或追求。如何倡导一种品牌时尚,简言之,就是要分析消费者的现时心态,并通过商品将消费者的情绪释放出来,激励大众参与。倡导品牌时尚一个重要的途径是利用名人、权威的效应。由于名人和权威是大众注意和模仿的焦点,因此有利于迅速提高大众对品牌的信心。当然选用名人来做广告需要谨慎和恰如其分,一般要考虑到名人、权威与品牌之间的联系。

另外,还要努力将时尚过渡到人们稳定的生活方式的一部分。由于时尚是一个特定时期内的社会文化现象,随着时间推移,时尚的内容将发生改变,因此在借助和创造时尚的同时,也应考虑到时尚的消退。一个有效的措施是在时尚达到高潮时,就有意识地转换营销策略,引导消费者将这种时尚转化为日常生活的一部分。以雀巢咖啡为例,从其进入中国掀起喝咖啡的时尚,到今天,喝咖啡已成了众多人的生活习惯。

2. 品牌文化与民族传统文化

品牌文化是与民族传统文化紧紧联系在一起的。将优秀的民族传统文化融入品牌文化,

更易让大众产生共鸣。品牌文化可展示我国的民族传统文化,如注重家庭观念,讲究尊师孝亲、尊老爱幼,强调礼义道德、中庸仁爱,追求圆满完美,崇尚含蓄、温和和秩序等。

在品牌文化中继承民族传统文化既要符合民族的审美情趣,也要考虑到民族的接受心理,同时要重实质。如果过分追求缺乏内涵的形式只会适得其反。一般而言,一种品牌文化想被绝大多数目标消费者现时认同或追求,应尽可能与目标消费者生活相接近,乃至就是生活的某一部分。

六、总结评价

任务考评表

考评任务	被考评人	考评标准				
	班级:	考评内容	分值	自我评价	小组评价	教师评价
品牌的文化		1.调研准备充分,分工合理	10			
		2.调研记录内容全面,准确性高	20			
	姓名:	3.调研过程纪律表现良好,注重团队合作	10			
		4.调研报告总结及时、认真,体现出对品牌文化的认识,具有合理性	30			
		5.汇报时PPT内容完整、美观,语言表达流畅,着装、仪态合乎要求	30			
		合计				
		综合得分 (自评占10%,组评占30%,师评占60%)				

任务三　品牌识别系统

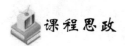

锦江酒店品牌识别系统案例分析

锦江国际集团,是中国规模最大的综合性旅游企业集团之一,拥有酒店、旅游、客运三大主业和地产、实业、金融等相关产业及基础产业。锦江酒店是锦江国际集团的主要核心产业之一,是我国酒店业品牌化集团化发展的先驱。"锦江"品牌在酒店行业中历史悠久,文化积淀深厚,容易被消费者认知和信任。锦江酒店积极推进品牌形象物化方面的建设,制订了系统的CIS发展战略,即确立理念识别(MI)、行为识别(BI)和视觉识别(VI),统一公司的商标、标志、各类物品的设计和包装。品牌识别的主标志以"锦江"汉语拼音的首字母"JJ"和中国宫殿的飞檐为主要构成元素,该标志以便于国际化人士所识别的字母JJ表达锦江酒店服务全球市场的理念和国际化战略发展方向；同时，依照中国传统，宫殿为尊贵的居所，喻示品牌旗下的酒店以符合国际标准的中国的待客之道，给予客人以嘉宾之礼遇。

学生思考

为什么"锦江"能成为国内外知名品牌？

教师点评

这是品牌识别系统的功劳！

一、任务描述

在酒店管理模式上，锦江酒店积极探索以国宾接待服务的水准服务于普通宾客的思路，在总结所属酒店几十年经营管理的基础上，结合国家规定的饭店星级标准要求，并借鉴国内外同行的专长编辑而成《锦江集团饭店管理模式》，以确保锦江下属酒店服务的高水准和质量的稳定性，初步形成了一整套与国际接轨、适合于中国国情、具有锦江特色的酒店专业化管理规范。企业如何对外塑造品牌的形象？企业需要制定属于自己的品牌识别系统。

二、课前导学

（一）应知应会

1. CIS 的定义

"CIS"是英文 corporate identity system 的缩写，意即"企业形象识别系统"，又被人称为企业形象设计系统。它将企业经营活动以及运作此经营活动的企业经营理念或经营哲学等企业文化，运用视觉沟通技术，以视觉化、规范化、系统化的形式，通过传播媒介传达给企业的相关者，包括企业员工、社会大众、政府机关等团体和个人，以塑造良好的企业形象，使他们对企业产生一致的认同和价值感，以赢取社会大众及消费群的肯定，从而达成产品销售的目的，为企业带来更好的经营绩效。

CI（企业形象识别）是一种意识，也是一种文化，是针对企业的经营状况和所处的市场竞争环境，为使企业在竞争中脱颖而出制定的实施策略。它将企业的经营理念与精神文化运用整体系统传达给企业内部与社会大众，并使其对企业产生一致的认同感。

CI 一般分为三个方面，即企业的理念识别（mind identity，MI）、行为识别（behavior identity，BI）和视觉识别（visual identity，VI）。企业理念是指企业在长期生产经营过程中所形成的企业共同认可和遵守的价值准则和文化观念，以及由企业价值准则和文化观念决定的企业经营方向、经营思想和经营战略目标。企业行为是企业理念的行为表现，包括在理念指导下的企业员工对内和对外的各种行为，以及企业的各种生产经营行为。企业视觉是企业理念的视觉化，通过企业形象广告、标志、商标、品牌、产品包装、企业内部环境布局和厂容厂貌等向大众表现、传达企业理念。

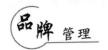

2.品牌识别系统概述

品牌视觉识别系统是指企业或组织为了在市场中树立独特的形象,提升品牌认知度和影响力,而设计和构建的一套视觉元素和规范。

品牌识别系统包括品牌理念识别、品牌行为识别和品牌视觉识别。品牌理念识别是最核心的品牌识别,它影响、制约并统率其他的品牌识别子系统,最终在顾客的心中形成鲜明的品牌形象;品牌行为识别是企业有关品牌的行为总和,它提供了实际层面的品牌价值;品牌视觉识别是品牌的外在形象,它提供传播层面的品牌信息,效果最明显、最直接。品牌理念识别意味着寻找何种品牌价值,品牌行为识别意味着如何形成品牌价值,品牌视觉识别意味着如何向顾客传递已有的品牌价值。

品牌识别在企业品牌建设工作中至关重要,再好的品牌定位和价值主张,如果无法被消费者清晰地识别出来,就会失去了品牌的价值。

品牌识别从产品层面(如品类、产品属性、质量/价值、使用场景、使用者联想、原产地等)、企业层面(如组织的特性、国别等)、人格化感知(如品牌个性、品牌与消费者社会关系等)以及识别符号(如视觉表达、品牌故事等)四个维度,定义出能够让消费者识别品牌并能够区别于竞争者品牌的要素,这些要素与品牌核心价值主张共同构成丰满的品牌识别系统。

(二)日积月累

1.品牌识别棱柱

在卡普费雷尔的《战略品牌管理》一书中,品牌识别是重要的内容。他在建立战略品牌管理的逻辑体系时,是由品牌识别开始的。在卡普费雷尔的理论中,品牌识别并不是那些设计性的识别元素,而是帮助确定产品的来源、产品的意义和方向,在时间和空间上定义产品的身份。他创造性地提出了品牌识别棱柱(brand prism),从六个方面对品牌进行识别,包括品牌个性、品牌形象、品牌文化、产品、消费者和关系。

2.阿克的品牌识别模型

美国品牌专家戴维·阿克认为品牌识别是品牌营销者希望创造和保持的,能引起人们对品牌美好印象的联想物,这些联想暗示着企业对消费者的某种承诺。他在1996年提出品牌识别模型,主要包括由内而外三层结构:核心层的品牌精髓、中间层的品牌核心识别以及外层的品牌延伸识别。

品牌识别系统的建设分为三个步骤:第一步,进行品牌的战略分析,包括顾客分析、竞争者分析和自我分析;第二步,设计品牌识别系统;第三步,实施品牌识别系统,包括形象化地诠释品牌识别,进行品牌定位并积极向目标受众传播品牌识别和它的价值取向,开展品牌创建的一系列具体活动,进行效果追踪和评价。

（三）实践训练

(1)你认为自己展示给大家的形象是什么？

_____

_____

_____

(2)请设计自己的品牌形象识别系统。

_____

_____

_____

_____

三、任务实施前准备

(1)知识准备：品牌识别系统（见图5-2）。

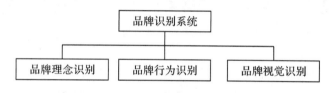

图5-2　品牌识别系统

(2)工具准备：笔记本、笔、电脑、网络。

四、任务实施流程

本任务实施流程如表5-4所示。

表5-4　任务三实施流程

序号	作业内容	说明
1	确定设计对象	创定一个品牌作为设计对象
2	收集资料	在网络上搜集各类品牌的品牌识别系统加以研究
3	整理资料	以小组为单位对所创作的品牌进行信息整理
4	撰写报告	在前期创作的基础上，撰写完整的品牌识别系统报告
5	汇报	分组进行汇报

五、知识链接

哈佛商学院名誉教授斯蒂芬·格雷瑟和瑞典隆德大学经济管理系副教授马茨·欧德打造了品牌识别的核心方法——企业品牌身份矩阵,如图5-3所示。矩阵分为三层:底层为内部指向性要素,最高层为外部指向性要素,中间是既包含外部又包含内部的要素。

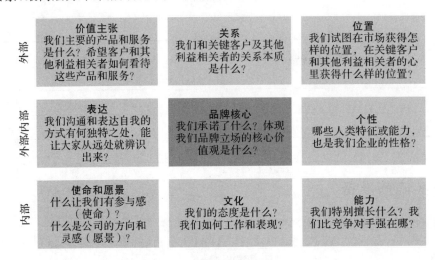

图5-3　企业品牌身份矩阵

(1)内部要素。构成企业品牌形象基础的,是企业的使命和愿景(激励员工并提高参与度)、文化(体现员工职业道德及工作态度),以及具备的专长(独特能力)。这些根植于企业的价值观和日常运营中。以强生公司为例,该公司遵循的信条铭刻在企业总部入口的石雕上,时刻提醒员工,公司最重要的价值是(应该是)什么,它描述了强生将患者(以及他们的看护者)需求置于首位的精神,以合理收费提供高质量服务,满足其需求,并为员工提供基于尊严、安全和公平的工作环境。

(2)外部要素。位于矩阵顶层的要素,是企业希望客户和其他外部利益相关者对自己的认知:价值主张、外部关系和定位。例如耐克公司,希望大家把它看作帮助客户实现最优秀的自己的公司,这一目标塑造了公司的产品和服务,企业营销的品牌口号也体现了这点——"Just Do it"(只管去做)。

(3)联系内外部的要素。这些要素包括了企业的个性、独特的沟通方式及"品牌核心"——品牌代表什么,以及对顾客承诺背后的长期价值观。矩阵中心是品牌核心,即企业身份的本质。奥迪用"Vorsprung durch technik"(突破科技 启迪未来)概括自己的品牌核心。

回答完全部九个要素的问题后,检查一下答案是否能统合为一个整体,彼此补充强化。将所有答案沿着矩阵的对角线、垂直和水平轴排列起来,看一下是否清晰一致,三个轴线都穿过中心的品牌核心。如果企业身份标识清晰,各轴线的要素将会协调一致。各轴线上的联系越强,矩阵越"稳定"。品牌矩阵的打造需要全面深入的理解,需要不断调整和迭代。

六、总结评价

任务考评表

考评任务	被考评人	考评标准					
		考评内容	分值	自我评价	小组评价	教师评价
品牌识别系统	班级： 姓名：	1.设计准备充分,分工合理	10			
		2.设计记录内容全面,准确性高	20			
		3.设计过程纪律表现良好,注重团队合作	10			
		4.设计报告总结及时、认真,体现出对品牌识别系统的认识,具有合理性	30			
		5.汇报时PPT内容完整、美观,语言表达流畅,着装、仪态合乎要求	30			
		合计				
		综合得分 （自评占10％,组评占30％,师评占60％)				

项目拓展

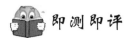
即测即评

项目六 品牌传播

任务一 品牌传播的内涵

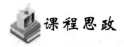
课程思政

洽洽，时间的种子

近年来，人们对健康饮食的认识越来越深刻，"新鲜"成为休闲食品领域的一大热词。尤其是在每日坚果领域，坚果新鲜意味着更健康和更美味，因此很多企业都将"新鲜"作为自己的战略方向，坚果专家洽洽更是将坚果新鲜做到了极致。为助力坚果健康，为消费者带来更好的体验和服务，触达目标人群并与消费者深入沟通，洽洽携手中国国家地理联合拍摄了纪录片《洽洽，时间的种子》，通过对洽洽广西百色坚果种植基地的探索，向全世界展现出一包高品质每日坚果的诞生历程。

洽洽和中国国家地理合作纪录片以中国国家地理为品牌背书，添加自然地理元素，带给消费者与一般广告不一样的视觉体验。中国国家地理的镜头不仅记录下了洽洽在世界各地自有种植基地的水土风光，更记录下了洽洽对于新鲜美味的追求和卓越。在坚果生产加工方面，洽洽在全球建立起十大自有工厂，将产业链的每一个环节都掌握在自己手中。在此基础上，洽洽还进一步实现技术创新，自主研发充氮保鲜技术、坚果贮藏与加工技术等一系列关键保鲜技术，形成了完善的保鲜技术体系，攻克了坚果新鲜的最大挑战。具体到全产业链内部，为了对每一个环节进行高质量的自主管控，洽洽设立了涵盖原料甄选、原料运输、原料储存、生产制造、加工工艺、包装保鲜六个方面的新鲜标准，并针对原料新鲜度、贮存时间、建工环境、烘烤曲线、包装材料阻隔性能、产品出厂新鲜度等设立16道监控关卡和237项检验检测，全方位保障坚果新鲜。

在传播推广过程中，洽洽品牌依靠自然流量进行纪录片的传播，达成千万级流量传播，观众好评如潮。

学生思考

洽洽如何通过纪录片达到品牌传播的目的？

教师点评

纪录片作为媒介,在与消费者沟通的过程中,有效提升了洽洽品牌形象,提升了消费者共鸣感。

一、任务描述

洽洽不断拓展新渠道、新场景,持续创新推广方式。它与中国国家地理携手打造的溯源纪录片《洽洽,时间的种子》完美表达了洽洽 20 年只为一把好坚果的品牌理念。如何运用品牌传播来进行品牌的宣传推广?首先,我们需要了解品牌传播的内涵。

二、课前导学

(一)应知应会

1.品牌传播的定义

品牌传播是指企业告知消费者品牌信息、劝说购买品牌以及维持品牌记忆的各种直接及间接的方法。

品牌传播是企业的核心战略,也是超越营销的不二法则。品牌传播的最终目的就是要发挥创意的力量,利用各种有效发声点在市场上形成品牌声浪,产生话语权。传播是品牌力塑造的主要途径。

2.品牌传播的方式

1)广告传播

广告作为一种主要的品牌传播手段,是指品牌所有者以付费方式,委托广告经营部门通过传播媒介,以策划为主体,以创意为中心,对目标受众所进行的以品牌名称、品牌标志、品牌定位、品牌个性等为主要内容的宣传活动。

对品牌而言,广告是最重要的传播方式,有人甚至认为品牌=产品+广告,由此可见广告对于品牌传播的重要性。人们了解一个品牌,绝大多数是通过广告获得的,广告也是提高品牌知名度、信任度、忠诚度,塑造品牌形象和个性的强有力的工具,由此可见广告可以称得上是品牌传播的重心所在。

鉴于广告对于品牌传播的重要性,企业在做广告时一定要把握以下几项内容:

(1)要先寻找一个有潜力的市场,进行市场研究,了解消费者的需求心理和消费习惯,再运用广告宣传和美化产品,从而吸引消费者,最后找到一个合适消费者的产品卖点进行推广。

(2)要把握住时机。企业要根据不同的市场时期,对广告的制作和发布采取不同的策略。

(3)一定要连续进行。广告有滞后性,如果一个广告播放一段时间后效果不明显就不播了,这是很不明智的选择,这样会使之前的广告投入全部打水漂。因此,广告投放一定要持续,千万不能随意停下来,否则就会引起很多臆测,从而给企业和品牌带来不利影响。

(4)一定要注意广告媒介的选择和资源投入的比例,因为在广告传播活动中,媒介的传播价值往往是不均等的。

2)公关传播

公关是公共关系的简称,是企业形象、品牌、文化、技术等传播的一种有效解决方案,包含投资者关系、员工传播、事件管理以及其他非付费传播等内容。作为品牌传播的一种手段,公关能利用第三方的认证,为品牌提供有利信息,从而引导消费者。

公关可为企业解决以下问题:一是塑造品牌知名度,巧妙运用新闻点,塑造组织的形象。二是树立美誉度和信任感,帮助企业在公众心目中取得心理上的认同,这点是其他传播方式无法做到的。三是通过体验营销的方式,让难以衡量的公关效果具体化,普及一种消费文化或推行一种购买思想哲学。四是提升品牌的"赢"销力,促进品牌资产增值。五是通过危机公关或标准营销,化解组织和营销压力。

3)销售促进传播

销售促进传播是指通过鼓励对产品和服务进行尝试或促进销售等活动而进行品牌传播的一种方式,其主要工具有赠券、赠品、抽奖等。

尽管销售促进传播有着很长的历史,但是长期以来,它并没有被人们所重视,直到近几十年,许多品牌才开始采用这种手段进行品牌传播。

销售促进传播主要用来吸引品牌转换者。它在短期内能产生较好的销售反应,但很少有长久的效益和好处,尤其对品牌形象而言,大量使用销售推广会降低品牌忠诚度,增加顾客对价格的敏感,淡化品牌的质量概念,促使企业偏重短期行为和效益。不过对小品牌来说,销售促进传播会带来很大好处,因为它负担不起与市场领导者相匹配的大笔广告费,通过销售方面的刺激,可以吸引消费者使用该品牌。

4)人际传播

人际传播是人与人之间直接沟通,主要是通过企业人员的讲解咨询、示范操作、服务等,使公众了解和认识企业,并形成对企业的印象和评价,这种评价将直接影响企业形象。

人际传播是形成品牌美誉度的重要途径。在品牌传播的方式中,人际传播最易为消费者接受。不过,人际传播要想取得一个好的效果,就必须提高企业人员的素质,只有这样才能发挥其积极作用。

品牌传播与传播方式的选择及设计密切相关,如果传播方式选择不当、设计不合理,就不可能收到好的传播效果。因此,企业在进行品牌传播时一定要把传播方式的选择和设计放在重要的位置上。

(二)日积月累

(1)品牌传播主体,即品牌信息传播的发出者,他们可能是企业主、企业员工、媒体,也可能是社会团体或者消费者本身。在传播学领域中,对传播者的研究即"控制研究"是整个传播过程研究的重要组成部分。它在品牌传播策划研究范畴中,同样也是一个重要的研究内容。对品牌传播主体的研究,实际上就是研究赢效因素,争取品牌传播效益最大化。

(2)品牌传播客体,就是品牌信息所到达的人群,专指接触品牌信息的那部分人。品牌传播受众不等于品牌目标消费者,因为并非所有的品牌目标消费者都恰好接触了该种传播媒介,接受了这一品牌信息;而接触这种媒介、这种信息的人,只有一部分是该品牌的目标消费者。因此,在品牌传播过程中,如何使媒介受众和品牌的消费者实现最大可能的重合,是关键的一环。选择目标消费者接触多、受其影响深的媒介,也是品牌传播成功执行的重要因素。

(3)品牌传播渠道,不仅有我们常见的传播新闻信息的传统媒体,如广播、电视、报纸、杂志等,也有很多特定的具有广告效果的载体,如户外广告牌、传单、车体等,还有现在被广泛使用的新媒体包,甚至还可能使用口碑传播的手段。品牌传播渠道的多样化和复杂化,为品牌传播策划带来了更大的挑战,需要更多的智慧去整合。研究品牌传播渠道,实际上就是整合各个媒介要素,让品牌信息尽可能准确地到达品牌的目标受众,实现传播效果。

(4)品牌传播环境,不仅指品牌传播的外在地理环境和物理环境,也包括品牌消费者内在心理环境;不仅指现时品牌传播者编码、传播的多种情况和条件,也包括品牌信息的受传者接受信息的环境状况。这些条件性的约束对品牌传播效果影响也很大,因此在品牌传播策划中不得不权衡环境的重要性。

(5)品牌传播内容,就是品牌的核心价值,它需要借助创意性的表达方式,完整准确地传递品牌核心信息。品牌传播内容研究,就是探讨品牌的核心信息,即品牌或者产品与生俱来的信息。这样的信息和传播技巧的配合,能够成为说服消费者的一把利器。在品牌传播策划中,品牌信息的创意表达一直成为大家关注的焦点,因为它最能体现策划人的聪明与才智,它需要对竞争对手、品牌功能、品牌文化、消费者以及传播媒介充分了解后,经智慧的加工提炼而成。

(6)品牌传播技巧,就是品牌信息的处理技巧,是品牌信息传播的润滑剂。同样的信息,可以用不同的方式表达,而所取得的效果将是不同的。其中,品牌传播技巧起着非常重要的作用,品牌传播技巧既有前人经验的积累,也有品牌传播策划人自己经验的体悟。

(7)品牌传播效果,顾名思义就是品牌传播执行后所获得的影响和效果,可以分为传播效果和营销效果两类。传播效果就是通过传播,品牌在知名度、美誉度等传播方面所获得的效果;营销效果,是品牌传播执行后,在营销层面上给品牌带来的作用,主要就是指品牌产品的销量上升、市场占有率提高。对于任何一个品牌传播,这两个效果都同时存在。

(8)品牌传播反馈,实际上是为了更好地维护和优化品牌传播系统,以期在下次的传播中获得更好的效果。品牌传播要想调整到最佳状态,一个不可忽略的环节就是反馈,通过反馈,品牌的管理者可以根据品牌传播存在的问题,有目的地进行调整,直至达到最佳的状态。

以上八个方面是品牌传播策划着重考虑的,每个方面都必须进行精细的策划,然后进行系统性的整合,最后才能获得最佳的传播效果。

(三)实践训练

(1)什么是品牌传播?

(2)举例说明某一品牌的品牌传播途径。

三、任务实施前准备

(1)知识准备:品牌传播内涵(见图6-1)。

图6-1 品牌传播内涵示意图

(2)工具准备:笔记本、笔、电脑、网络。

四、任务实施流程

本任务实施流程如表6-1所示。

表 6-1 任务一实施流程

序号	作业内容	说明
1	确定调研对象	调研某一品牌的品牌传播内涵
2	收集资料	分组对这一品牌的基本情况、传播方式、传播内容等进行调研并收集资料
3	整理资料	以小组为单位对调研品牌的资料进行归纳整理
4	撰写调研报告	在前期调研的基础上，撰写完整的调研报告
5	汇报	分组进行汇报

五、知识链接

品牌传播是确立品牌意义、目的和形象的信息传递过程，同样包括了信息传播的所有参与因素（内容、传者、渠道、受者）和类似流程。不过品牌传播与一般的新闻传播、广告传播等存在不同之处，有着自己独有的特点。

1. 传播元素的复杂性

品牌传播内容通常体现为品牌传播元素及其组合后的符号意义。有形和无形的品牌传播元素构成了品牌传播的主要信息。在理解品牌的内涵时我们就已经发现，品牌本身具有相当的复杂性。品牌是一个企业或社会组织的产品（组织）形象、声誉及其符号的总和，是公众对意义、符号的编码与感知的结果。

品牌由两大部分构成，即品牌的有形部分和无形部分。有形部分主要包括品名、标志、标准色、标志音、代言人、标志物、标志包装、产品、员工等，无形部分主要是指品牌所表达或隐含的"潜藏在产品品质背后的、以商誉为中心的、独一无二的企业文化、价值观、历史等"。这两部分事实上也构成了品牌传播的核心内容。

品牌的有形部分和无形部分在组合形成品牌含义、参与品牌传播的过程中，会体现出无限的组合可能和延展性，由此也就决定了品牌传播信息的复杂性。

2. 传播手段的多样性

品牌传播手段是基于品牌传播类型的一种概念界定，主要是基于品牌传播的信息编码特点、信息载体运用形式、运作流程与组织形式等差异而做出的类型划分。各种传播手段之间应具有明显差异和相对的独立性，比如广告、公关，它们既有类似甚至交叉之处，又有着显著区别，可以自成一体。

传播手段的多样性主要体现为：并非只有广告和公关才是品牌传播的手段，事实上能够用来协助品牌传播的手段非常丰富。按照整合营销传播的理论，营销即传播，所有来自品牌的信息都会被受众看成品牌刻意传播的结果。换言之，在品牌传播中，一个企业或一个品牌的一言一行、一举一动都能够向受众传达信息。任何一个品牌接触点都是一个品牌传播渠道，都可能意味着一种新的品牌传播途径和手段。

3. 传播媒介的整合性

所有能用来承载和传递品牌信息的介质都可以被视为品牌传播媒介。新媒介的诞生与传统媒介的新生，正在共同打造一个传播媒介多元化的新格局。品牌传播媒介的整合要求与传播媒介的多元化密切相关。在"大传播"观念中，所有能够释放品牌信息的品牌接触点都可能成为一个载体，比如促销员、产品包装、购物袋等。在网络中，接触点更是具有无限的拓展空间和可能。由互联网所带来的新媒体的丰富性，至今尚未为人们完全认识。如此，品牌传播在新旧媒介的选择中，就有了多元性的前提。品牌传播首先要整合与顾客及利益相关者的一切接触点的传播平台。

4. 传播对象的受众性

首先，从正常传播流程看，品牌的信息接收者不都是"目标消费者"，而是所有品牌信息接触者。品牌传播的受众是指"所有与品牌（消费）经历、品牌广告或社会公关活动等相关的任何个体或是群体"。目标受众是指任何可能使用或感受品牌的特定群体或消费者。这里的"使用或感受"可能是接触品牌的标志和各类广告，或是完整的品牌消费等。

其次，从品牌传播的影响意图看，品牌传播的对象应是受众而不仅仅是消费者。虽然在一定程度上，消费者与受众是一致的，但不同的强调点却体现了不同的实践观念：将品牌传播的对象表述为消费者，强调的是消费者对产品的消费，体现的是在营销上获利的功利观念；而将品牌传播的对象表述为受众，强调的是受众对品牌的认可与接受，体现的是传播上的信息分享与平等沟通观念。

最后，从品牌传播对象的定位看，应以利益相关者来锁定和划分具体受众。品牌传播对象具有显著的多元性，既包括目标消费者，也包括大量的利益相关者。这些利益相关者通常也会成为品牌传播的目标受众。

5. 传播过程的系统性

在社会系统中，品牌既是一种经济现象，又是一种社会、文化和心理现象；在微观营销体系中，品牌几乎覆盖营销要素的所有环节，因此它具有明显的系统性特点。

系统性是品牌最为基本的属性。不承认品牌的系统属性，将导致无法科学理解品牌现象中的多元化特征，更无法正确全面地建构起品牌的理论体系。对品牌的感受、认知、体验是一个全方位的把握过程，并贯穿于品牌传播的各个环节中。消费者品牌印象的建立是一个不断累积、交叉递进、循环往复、互动制约的过程。

作为一个复杂的系统，无论从消费者认知的角度来看，还是从企业创建的角度来看，品牌传播都是一个动态与发展的过程。这种动态传播与发展的目的，是在品牌—消费者—品牌所有者三者的互动性交流和沟通中，逐渐建立一种品牌与顾客之间的不可动摇的长期精神联系，即品牌关系。这也是品牌营销传播的本质所在。

由于品牌传播追求的不仅是近期传播效果的最佳化，还包括长远的品牌效应，因此品牌传播总是在品牌拥有者与受众的互动关系中，遵循系统性原则进行操作。其基本程序为：审视品牌传播主体—了解并研究目标受众—进行品牌市场定位—确立品牌表征—附加品牌文化—确定品牌传播信息—选择并组合传播媒介—实施一体化传播—品牌传播效果测定与价值评估—品牌传播控制与调整……该程序构成了一个品牌传播的系统工程,并周而往复,使品牌不断增加活力,在系统性的传播与更新中走向强大。

六、总结评价

任务考评表

考评任务	被考评人	考评标准				
	班级:	考评内容	分值	自我评价	小组评价	教师评价
品牌传播的内涵	姓名:	1.材料准备充分,分工合理	10			
		2.记录内容全面,准确性高	20			
		3.准备过程纪律表现良好,注重团队合作	10			
		4.报告总结及时、认真,体现出对品牌传播内涵的认识,具有合理性	30			
		5.汇报时PPT内容完整、美观,语言表达流畅,着装、仪态合乎要求	30			
		合计				
		综合得分 (自评占10%,组评占30%,师评占60%)				

任务二 品牌传播的媒介

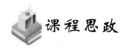
课程思政

新媒体品牌传播——伊利话题营销传播

伊利在2021年初携手明星李现及奥运健将苏炳添录制短视频,提出"朝气向前"的品牌宣言。与此同时,在抖音上,伊利联动各种类型的意见领袖发布内容,引导大众展现自己;在微信公众号上,伊利与真实故事计划等对标年轻人群的头部自媒体进行内容共创;在微博上,开展"2021朝气向前"话题,在短时间内获得了阅读数3.3亿,讨论107万。这些让伊利和"朝气向前"概念深度捆绑,践行朝气、年轻、正能量的品牌路线,让伊利能够更好地融入年轻群体。

作为北京2022年冬奥会和冬残奥会官方唯一乳制品合作伙伴,伊利借助这一优势录制短视频,深挖奥运精神与民众对体育、竞技高涨的热情,在社交媒体上联动明星和大V,获取更多曝光。伊利在春节期间,还在北京、张家口等地打造线下快闪店,让用户可以体验

冰壶挑战、VR（虚拟现实）滑雪，通过沉浸式新奇体验引发民众热情。伊利品牌营销在年轻消费群体的基础上向全民辐射，通过线上线下联动，引发民众自主参与，提升话题热度，打造热点事件营销。

学生思考

为什么伊利的宣传可以获得成功？

教师点评

这就是新媒体传播对品牌宣传的影响力！

一、任务描述

伊利品牌的话题营销获得成功依托于多元化的新媒体背景。在新媒体背景下，多元化品牌营销方式的影响力和功能已经远远超过传统传播平台的影响力和功能，传统媒体与网络媒体必然是合作与竞争并存的局面。在新媒体时代背景下，媒体结构发生了巨大的变化，整合、多维、立体的传播方式将是时代发展的必然趋势。

二、课前导学

（一）应知应会

1. 品牌传播媒介的概念和特点

传播媒介就是指介于传播者与受传者之间的用以负载、传递、延伸和扩大特定符号的物质实体。品牌传播媒介就是向消费者传递品牌符号的载体，它和所有的传播媒介一样具有实体性、中介性、负载性、还原性和扩张性等特点。

1) **实体性**

品牌是通过媒介进行传播的，而媒介给人的感觉是可见、可触、可感的，是具体真实的有形的物质存在。比如，推广品牌的介质中的书刊、报纸、收音机、电视机等都是用于传播的实体。

在品牌的口碑传播中，传播依然是通过实体进行的。比如，人体及人体的口、眼、耳都是传播的实体，口是发送信息的媒介，耳是接收信息的媒介，眼既可发送信息，也可接受信息。

2) **中介性**

品牌传播媒介的中介性特点体现在它居于品牌传播者与受传者之间，相当于一座桥梁，可以使品牌的传受双方通过它交流信息、发生关系。

3) **负载性**

负载符号，既是品牌传播媒介的特点，也是品牌传播媒介存在的前提和必须完成的使命。品牌传播媒介不仅需要负载品牌符号，而且反过来，符号也负载了品牌信息或内容。

4) **还原性**

品牌传播媒介在将传播者编制的品牌符码传递给受传者之后，特别是在大众传播中，传播媒介若不能客观原本地负载符号,而在中途发生变异,不仅会因不合其还原性特点而改变形态,而且会造成巨大的传播混乱。

5)扩张性

品牌传播媒介还可以通过媒介的议程设置功能,对品牌传播的声音进行扩张与放大。

2.品牌传播媒介的分类

1)按表现形式分类

按表现形式进行分类,品牌传播媒介可分为印刷媒介、电子媒介等。印刷媒介包括报纸、杂志、说明书等,电子媒介包括电视、广播、电话、互联网等。

2)按功能分类

按功能进行分类,品牌传播媒介可分为视觉媒介、听觉媒介和视听两用媒介。视觉媒介包括报纸、杂志、海报、传单、招贴、日历、户外广告、橱窗布置、实物和交通等媒介形式,听觉媒介包括无线电广播、有线广播、宣传车、录音和电话等媒介形式,视听两用媒介主要包括电视、电影、戏剧、小品及其他表演形式。

3)按影响范围分类

按品牌传播媒介影响范围的大小进行分类,它可分为国际性传播媒介、全国性传播媒介和地方性传播媒介。

4)按接受类型分类

按品牌传播媒介所接触的视听读者的不同,它可分为大众化媒介和专业性媒介。大众媒介包括报纸、杂志、广播、电视、互联网等,专业性媒介包括专业报纸和杂志、专业性说明书等。

5)按时间分类

按媒介传播信息的长短,它可分为瞬时性媒介、短期性媒介和长期性媒介。瞬时性媒介如广播、电视、幻灯片、电影等,短期性媒介如海报、橱窗、广告牌、报纸等,长期性媒介如产品说明书、产品包装、厂牌、商标等。

6)按可统计程度分类

按对品牌信息发布数量和广告收费标准的统计程度来划分,它可分为计量媒介和非计量媒介。计量媒介如报纸、杂志、广播、电视等,非计量媒介如路牌、橱窗等。

7)按传播内容分类

按传播内容来分类,它可分为综合性媒介和单一性媒介。综合性媒介指能够同时传播多种广告信息内容的媒介,如报纸、杂志、广播、电视等。单一性媒介是指只能传播某一种或某一方面的广告信息内容的媒介,如包装、橱窗、霓虹灯等。

3.如何认识品牌传播媒介

从品牌传播的角度说,媒介作为传播载体的重要性不必多言。但是,对于媒介,并不是所

有品牌传播的实施者都能完全认识并理解。近些年,随着传播技术的发展,也随着经济社会文化形态的变化,媒介正在发生着深刻的变化。各类媒介以及由其构成的品牌传播的媒介环境,已经今非昔比。媒介的载体功能、传播价值、效果体现,都具有了明显的新趋势。

就现状而言,有两个重要的概念,可以帮助我们很好地理解媒介及媒介环境。这两个概念就是"数字化"与"媒介化"。前者是一个媒介系统的概念,在这个概念中技术因素的影响占主要的位置;后者则是一个社会系统的概念,媒介、社会与人,在这个概念里实现着一体化。这两个概念,实际上代表着当今时代重要的媒介特征。

1)关于数字化

数字化是基于传播技术的创新所带来的一个概念,作为对新媒介形态的一种表述,包含着许多与以往不同的变化。

首先,数字化已深刻地改变了媒介的结构与生态。数字技术所带来的传播方式的变化,使得不同媒介之间的分界线变得模糊不清,"多媒介""巨媒介""融合媒介"等新的创意与实践不断出现。通过各类媒介综合的数字化平台,多次传播成为可能。新的传播链条中包括与以往不同的四个角色,即内容的提供者、内容的再加工与再传播者、传播平台的提供者和终端用户。而且,数字化还导致媒介结构的多元化,传播信源结构、媒介组织结构、作为信息载体的功能等都变得更加多元和丰富。

数字化也深刻地改变着传受二者的关系。在技术的层面上,个性化的传播需求通过有效的个性化制作与传播得以实现。"分众化"的趋势更加明显。对于受众来说,一方面他们接受信息的目的更加自我,除了信息之外,不同的受众还希望获得不同的价值与观念;另一方面,他们对于接收渠道即媒介的选择,自主性更强,"差异性受众的选择行为"使得媒介产品的销售真正成为卖方市场。更为重要的是,受众已不再是"单向度"的信息或价值的接收者,而可以参与媒介产品的制作。因此,"互动与反馈"便成为媒介运行的常态。

2)关于媒介化

媒介化,是从媒介的视角,对于媒介与社会、媒介与人的关系的一种表述。从这里,我们会看到一些重要的特征。

(1)泛媒介。今天,就算是媒介研究专家,也很难一下子说出究竟有多少种媒介存在。从传统的报纸、广播、电视三大媒介,到第四、第五、第六媒介,媒介增长速度之快,让专家们也无法跟上其创新的步伐。一些新的媒介已走入人们的生活,对于这类媒介的研究还鲜有成果。所以,就有了这样的问题:今天的媒介是什么?明天的媒介又是什么?后天的媒介又将是什么?

(2)公众性被无限放大。微博、抖音等传播媒介使得一个营销性或新闻性事件能够在极短的时间内,传播至巨量的群体。在新的媒介环境下,信息的公众性、价值的公众性都可以被无限放大。

(3)"被媒介化"。置身于当今的媒介环境,不管是组织机构还是个人,谁都无法逃避媒介的聚焦。而且,这种聚焦并不需要像以往的"狗仔队"那般辛苦才能完成,有时轻松易得。技术的力量让每一个人、每一个时刻都存在于某种媒介之中。媒介已经让每一个人防不胜防,忽视媒介,就无法生存。

(4)从工具到依赖。媒介曾有过"工具"之说,但是现在,对许多人来说,媒介已不仅仅只是一种工具,而是一种依赖了。先看网络媒体。如果没有了网络,你能做什么?很多人会回答:感觉缺失了很多,工作会受影响,生活也会受影响。人们在网络上交流信息、情感和观点,在网络上交友、征婚和购物,网络已成为生活的必需品。还有手机,曾有一个小规模的调查,话题是"今天你忘带手机,你有什么反应?"很多人的回答是"不安,怕误事"。如果你的手机放在办公桌上,一上午没有响,你一定会怀疑自己的手机是否出了问题,因为你可能已经无法接受手机一上午不响的状况了。对媒介的依赖,将媒介的价值推到了超过任何一个时期的高度。

(二)日积月累——品牌传播的传统媒介

1. 报纸

报纸一般以散页的形式发行,定期、连续地向公众传递新闻、评论等信息,同时传播知识、提供娱乐和消费等生活服务信息。报纸是最早用来向公众传播广告信息的载体,现在仍然是经常被运用的广告媒体之一。

报纸的优势主要如下:

①覆盖面较广,读者遍及社会各阶层,而且读者群也较为稳定。

②时效性强(尤其是日报),传递迅速。报纸具有随时间的发展更新信息的顺时性,这有利于读者把握信息的发展。

③权威性。报纸是一种纯平面视觉传播媒体,以文字传播为主,相对电波视听媒体更偏向理性。报纸不仅只报道新闻,更重要的是要发挥评述以及论说的功能,担当引导社会舆论的角色,这更进一步强化了它的理性色彩。

④印象深刻,便于查阅。由于报纸广告是诉诸视觉的,且报纸可供保存,对于公告、启示、声明等广告,通过报纸媒介刊出等于取得了法律的认可。同时看报纸常常是一种自觉的行为,自觉才容易印象深刻,阅读的时间又不受限制,报纸广告可供详尽诉求,以充分说明商品的优点特色。

⑤非强制性。读者具有信息接收的主动性,即读者有选择阅读内容、阅读时间、阅读地点和阅读速度的主动性。而电波媒体由于其线性传播的特点,使得其传播内容稍纵即逝和不可逆转,对受众有很强的约束力,属于一种强制力很强的媒体。读者可以根据阅读习惯来阅读报纸,根据自己的需要和兴趣来选择不同的报纸、版面和内容,根据自己的知识能力对报纸的信息进行读解。

它的缺点主要如下:

①报纸的有效时间短,很少有人会去翻阅两三天前的报纸,而且反复阅读的可能性很小,随着新闻变旧闻,广告也随着成了明日黄花。

②内容庞杂。在一张报纸甚至一个版面内各种内容都有,广告极易受其他内容和其他广告的影响。同时,广告效果容易被广告篇幅大小所左右。由此导致了报纸的干扰度很大,报纸靠广告收入来维持,刊载不同广告主的广告才可能生存。报纸又是以多条信息在同一版面并置形式编排,如果管理不当、专业不精,广告版面往往显得杂乱无章,过量与杂乱的信息会削弱任何单个广告的效果。

③印刷质量不够精美。那些需要表现外观美丽豪华,体现商品质感的广告诉求,在报纸上不能得到充分表现。

2. 电视

电视是把声音、图像(包括文字符号)同时传送和接收的,将视听结合起来的传播工具,是一种具有多功能的大众传播媒介。

它的优势如下:

①真实直观,表现力和感染力强。电视将视觉和听觉同时作用于它的受众,"图文并茂""声、色、形、动兼备",使其因生动、形象、活泼而独具说服力和生动性。特别是现场直播的节目,让人有身临其境的感觉,这是其他传统媒介无法做到的。电视能把一个产品全方位、直观真实地表现出来,还可以真实反映实物具体操作过程,以指导消费者使用,极易使消费者了解商品的复杂结构,使之一目了然。

②电视是一种覆盖率高、速度快、适应性强的广告媒介。电视节目受众几乎包括所有阶层,而且它的传播范围有大有小,传播速度快,可重复播放,适应性强。同时特定的频道和栏目又有特定的受众,针对性强。

它的缺点主要如下:

①稍纵即逝。由于电视借助动态视觉画面传达信息,而且电视广告播出时间十分短暂,因此不能传递较多、较复杂的信息,较难进行理性诉求。电视广告属于时间性媒介,声音和画面稍纵即逝,观众对广告信息接收较不充分。

②费用昂贵。电视广告的制作过程复杂,制作和播出费用高。因为电视广告稍纵即逝的特性,一般电视广告需反复多次播映,必然增加费用。

3. 杂志

杂志指的是一种以间隔一周以上时间、定期发行的具有小册子形式的出版物。

它的优势主要如下:

①宣传针对性强。杂志是一种对象明确、针对性很强的广告媒介。不同杂志侧重于不同的内容,杂志通常以专业性见长,如化工类、医学类、生活类等,因而目标对象相对明确,针对固定的对象有的放矢、集中诉求,即使如《小说月报》这种看似没有明确对象的杂志,一般也有较为固定的读者群。该群体具有一定的稳定性,成员之间有一定的认同感。

②较高的重复率和传阅率。杂志的有效期长于报纸及电视。杂志的周期一般以月刊居多,杂志的特性具有资料性和永久保存性,有效时间相对较长,而且反复阅读率高,无形之中延

长了广告的生命力。

③较强的表现力。与报纸相比,杂志在印刷和装订上都更精美,纸张的质量也比较高;杂志中的广告一般独占版面、设计讲究、印刷精美,给读者的印象深刻。

它的缺点如下:

①内容庞杂,辨识度不高。与报纸一样,杂志往往页码多、内容庞杂。

②周期太长,灵活性较差。由于杂志的刊期较长,设计印刷较为复杂,截稿期与刊登的时间有时相距甚远,一些新产品及时间性强的广告一般不宜刊登。如遇市场变化、突发事件需要变更广告内容,会显得非常困难。

③制作成本相对较高。彩印、制版、加色等费用较贵,加上杂志的发行量一般比不上报纸,因而总成本比报纸广告高得多。

4. 广播

广播是通过无线电波或金属导线向大众传播信息、提供服务和娱乐的大众传播媒介。在电视没有发展普及之前,广播是倍受人们欢迎的。电视的兴起,将大批广播广告客户拉走。曾经有人担忧地说"广播广告注定要消失",然而,从多年的发展趋势上看,广播广告的影响力仍然很大,它的独特魅力使它有其他媒体无可比拟之处。

(1)传播及时。广播能够及时地把信息传送给听众,一方面是信息转换较简便,只要把声音变成电波,播发出去就可以了;另一方面是接收信息较方便,无论在什么地方,只要一台半导体收音机,就可以接收到广播电台发出的信息。所以,广播几乎不受截稿时间的限制,可以随时播出刚刚发生或正在发生的新闻信息。

(2)覆盖面广。听众可以不受时间、场所和位置等的影响、限制,行动自如地收听广告。有的广播电台一天24小时连续播音,一个电台可以安排好几套节目,重要节目可以重播。它既可以播送新闻,又能为文化生活等多方面提供服务。广播听众不受限制,只要有语言感知和理解能力,不用考虑年龄、文化程度等因素,因此,广播拥有广泛的听众。

(3)声情并茂。就人的生理特征而言,听觉最容易被调动、激发。广播通过播音员抑扬顿挫、声情并茂的播音能够感染听众的情绪。对于一些现场直播、录音报道,听众可以直接"听"到来自空中的信息,可以在"声"的愉悦中产生共鸣,在"情"的氛围中被同化,从而得到较强的传播效果。

(4)制作方便。广播节目的制作不需要较多的道具、设备,节目形式可以根据需要随时做调整,灵活性较大,或用变换语调的方式,或用对话混播的办法,或配以音乐,或穿插现场实况,或在"黄金时间"反复重播,等等。这些对于广告节目的制作和播出,都是非常有利的。

广播广告是依附于广播媒介而"开花结果"的一种经营和宣传,其优势主要有:广播广告的交流感与意境性,广播广告的流动感与兼作性,广播广告覆盖的无限性与广播广告受众的全面性,广播广告的低投入与高回报。

(三)实践训练

(1)什么是品牌传播媒介?

_____
_____
_____

(2)举例说明某品牌宣传所使用的传播媒介。

_____
_____
_____
_____

三、任务实施前准备

(1)知识准备:品牌传播媒介种类。

(2)工具准备:笔记本、笔、电脑、网络。

四、任务实施流程

本任务实施流程如表6-2所示。

表6-2 任务二实施流程

序号	作业内容	说明
1	确定调研对象	调研某企业品牌传播的方式
2	收集资料	分组对该企业品牌的基本情况、品牌形象、代言人和传播媒介等进行调研并收集资料
3	整理资料	以小组为单位对调研品牌的资料进行归纳整理
4	撰写调研报告	在前期调研的基础上,撰写完整的调研报告
5	汇报	分组进行汇报

五、知识链接

(一)寻找合适的传播媒介

在众多的媒介中选择适合自己品牌的传播渠道,不是一个简单的战术问题,而应当视为一个战略性课题。一个品牌,有着自己的品牌系统;在媒介生态圈里,媒介自身也构成着系统。有效的传播策略,一定是品牌系统与媒介系统的有效对接,目的是实现品牌价值的最大化。

在品牌推广过程中,企业该选择什么样的媒介?

1. 调查媒介偏好

在当今的媒介世界里,可供选择的传媒形式很多,媒介策划者面临的最大挑战在于决定哪一种特定的传媒形式不仅可以很好地接触目标受众,而且对潜在的客户也有说服效果。在进行品牌推广前,企业有必要对当地所有的媒介进行全面的调查,例如,品牌所想要说服的对象经常在哪里出现,喜欢阅读哪些平面媒体,经常参加哪些活动,经常会关心哪些话题等。

2. 选择适当的媒介

品牌传播策划者必须通过思考分析,确定其目标受众所偏好的媒介之后,才能挑选能够实现品牌营销、广告和媒介宣传目标的最佳类型和媒介载体。

影响媒介选择的主要因素如下。

1) 广告预算

因为广告预算是有限的,所以应在较短的时间内做强度更大的广告。那么决定广告预算问题的关键是什么呢?以地区为单位的消费者的购买力。购买力是有差别的,对于差别的掌握,是依照媒介与它的受众的分布关系加以运作的。比如上海地区的个人平均购买力,就比贵州的个人平均购买力强,因而在购买力强的地区,广告预算的投入就相应要多。另外还要考虑的一个因素是销售网络是否畅通。

2) 目标对象

一般说来,目标对象指的是商品的需求群体。此外还有一种理解是商品的目标市场的人群构成。无论是哪一种目标对象,总体看来,他们是一个群体,其中依照性别、年龄、职业、收入、信仰、地域等又可以分为许多类型。媒介形式的选择一定要适应对象的特点,否则事倍功半,甚至功败垂成。另外,媒介还应契合公众的心理。

3) 媒体特性

这里重点介绍如何依据特性来选择媒体。

(1) 感性诉求和理性诉求。广告确定了以理性诉求为主还是以感性诉求为主就基本上已经确定了选择什么样的媒体。自古以来,报纸、杂志等印刷媒体是偏向理性的,广告主可以在印刷媒体上放入复杂的、详细的、大量的信息。因此,印刷媒体比电波媒体或户外媒体更容易传递信息。而广播电视等电波媒体是偏向感性的。电视用动感的视觉形象来调动人们的触觉,甚至味觉,是通过声音画面色彩和所有这些构成的感觉来对受众形成影响的。

(2) 权威性与影响力。权威性是衡量媒体本身带给广告的影响力大小的指标。媒体的权威性为广告带来的影响举足轻重,不可忽视。媒体的权威性与影响力,难以从数量上进行分析,只能做定性研究。同时权威性也是相对的,对某一类广告来说,某媒体的权威性高,但对另一类广告来说,这一媒体的权威性可能并不高。因为不同的媒体都有自身的特性和影响力,广告受众自身是有一定的衡量标准的。

(3) 覆盖面与触及率。覆盖面是指广告媒体在传播信息时主要到达并发挥影响的地域范围。在选择广告媒体时,首先应考虑的就是这个媒体的覆盖区域有多大和在什么位置。触及率体现的是一则广告推出一段时间后,接收到的人数占覆盖区域内总人数的百分比。触及率这一指标有两个特点:一是初级人数不可重复计算,某人虽多次接受同一广告,但也只能算是一个接触者;二是触及率是对覆盖面中的所有人而言的,因而这一指标也不代表所有受众群体。触及率是选择广告媒体的重要指标。

(4)接触频率。广告媒体接触频率指接触过该广告的人平均接触的次数,这一指标的意义在于了解在多次发布广告后,接触者对广告印象的加深程度。计算方法:如第一次触及率为25%,第二次为30%,其中重复触及率为5%,那么30/25的结果为1.2次,这就是二次广告的接触频率。一般来说,二次或多次广告中,重叠多则纯有效范围小,重叠小则纯有效范围大。在制订媒体计划和选择时,必须按照广告目的的要求,弄清究竟是重视广告的有效范围,还是重视广告频率,然后再做出决策。

(5)连续性。广告媒体的连续性是指同一则广告多次在一个媒体上推出产生的效果的相互联系和影响。连续指标也可以运用于在不同媒体上推出同一则广告,或同一媒体不同时期的广告活动之间的联系和影响。广告的媒体不同,对连续推出广告的效果影响是不同的。例如一般杂志是月刊,如果为配合某项时效性强的营销计划而在杂志上刊出连续性广告,这显然是不合适的,但是如果是配合长期销售计划或针对性较强的产品,杂志广告的连续性是比较好的。因此,在研究连续性指标时,应对广告活动做综合分析,才能做出正确的判断。

(6)针对性。广告媒体针对性是表征媒体的主要受众群体的构成情况的指标。媒体的覆盖面和其受众的多少并不是广告主所考虑的唯一指标,一个媒体的受众可能很多,但如果其中只有一部分是广告主的目标消费者,这个媒体对特定的广告主来说,也不是理想的媒体。针对性指标通常包括两项内容:一项是媒体受众的组成情况;另一项是媒体受众的消费水平与购买力情况。

(7)成本效益。广告媒体的成本效益是指衡量采用某一媒体可以得到的利益同所投入的经费之间关系的指标,是对媒体经济效益的度量。广告主在做广告前不仅要考虑"广告能够向市场上百分之几的人传播几次",同时还必须考虑平均每人用多少成本。成本效益不能单纯看媒体费用的绝对值大小,而是要看支出的费用、覆盖面与视听者数量之间的比例关系。策划人员按照比例成本原则选择媒体,最常用的方法是"千人成本法",也称CPM法,即媒体平均每接触1000人所花费的广告费,其计算公式是:广告费/接触人数×1000。

(二)整合是最好的手段

品牌传播的媒介战略,一定是以整合传播为价值取向的战略。在这个战略中,要按照特定方向对传播活动进行分析、规划、组织、实施和检测。"整合"的规划,需要符合企业整体的战略和品牌的战略;"整合"的实施,则需要调动企业内部与外部的传播工具,分析和了解不同工具的作用、任务及相互关系,同时,实现传播过程的品牌价值统一。"整合"的实施,更包括发挥协同作用,从而更有效果、更有效率地利用传播预算。"整合"的最终结果,是实现品牌的高度对象化和价值最大化。

1. 广告媒体组合的原则

一般而言，广告媒体的组合要遵循以下原则。

1) 互补性原则

进行媒体组合的目的在于通过不同媒体间的优化互补，实现媒体运用的"加乘效应"。互补性具体表现在以下方面。

(1) 点面效应互补。这种方法是以两种媒体覆盖面的大小为互补条件的组合方法，以提高信息的重复暴露度。当选定某一媒体做一个或数个目标市场覆盖时，还可以选择一种或多种局部区域覆盖的媒体与之组合，以使信息传达全面、完整。

(2) 媒体传播特性的互补。每一种媒体都有其不同的个性和诉求特点，利用这个不同的个性，进行互补组合，可以使信息传达全面、完整。

(3) 时效差异互补。这种方法是以媒体时效长短结合的组合方法，扩大信息与消费者的接触时空，提高信息扩散度。

(4) 时间交替互补组合。这种方法是利用在时间上的交替形式实行媒体组合。当个别主要媒体得到最佳到达率后，另一种较便宜的媒体与之交替作用，提高重复暴露率，使信息送达主要媒体未达到的受众。

2) 有效性原则

有效性原则，即所选择的广告媒体及其组合，能有效地显示企业产品的优势，能有效地传递企业的各种有关信息，不失真，少干扰，有说服力和感染力，同时能以适当的覆盖面和影响力有效地建立企业及其产品的良好形象。

3) 可行性原则

可行性原则，即选择广告媒体还应当充分考虑各种现实可能性。如自身是否具有经营的经济实力，能否获得期望的发布时间；目标受众能否接触你所选择的媒体，理解这些媒体所传递的信息；当地的政治、法律、文化、自然、交通等条件能否保证所选的媒体有效地传播企业的广告信息。

4) 目的性原则

目的性原则，即在选择广告媒体时，应当遵循企业的经营目标，适应企业的市场目标，并充分考虑广告所要达到的具体目标，选择那些最有利于实现目标的广告媒体。

2. 广告媒体组合的方法

首先是准确选择并确定几种媒体。这里包含两层意思：一是从广告内容出发，看哪些媒体能反映出广告的最佳内容；二是从广告费用出发，在有限的资金情况下，看哪些媒体能最佳地反映出广告的内容。

其次是确定媒体使用的重点。其重点可以是一种，也可以是两种或更多种。面向一般消费者的商品，在一般情况下，应当以大众传播媒介为主，如电视、报纸、广播、杂志等，而户外广

告、交通广告、POP 广告、直邮广告则是辅助性的媒介。特殊的商品,应当根据商品的特点来选择媒介。

最后是科学合理地进行组合。这是媒体组合成功的关键。要根据媒体的特点和媒体的重点,确定广告投放的时间,确定投放时间的长短;另外,还要确定是同步出击还是层层递进,抑或是交叉进行。

采用媒体组合策略还应注意在使用媒体组合策略之前,应当对媒体组合的使用有一个通盘和整体的认识。这是广告活动的基础,也是广告获得成功的最基本的保证。另外,由于各个地区风土人情不同、生活习惯不同,广告媒体的组合和诉求点不一定非得统一,也就是说,媒体组合应当从不同地区的实际出发。

总之,媒体选择时,应综合考虑各种因素,总原则是广告效益的最大化。

六、总结评价

任务考评表

考评任务	被考评人	考评标准				
品牌传播的媒介	班级: 姓名:	考评内容	分值	自我评价	小组评价	教师评价
		1.调研准备充分,分工合理	10			
		2.调研记录内容全面,准确性高	20			
		3.调研过程纪律表现良好,注重团队合作	10			
		4.调研报告总结及时、认真,体现出对品牌传播媒介的认识,具有合理性	30			
		5.汇报时 PPT 内容完整、美观,语言表达流畅,着装、仪态合乎要求	30			
		合计				
		综合得分 (自评占 10%,组评占 30%,师评占 60%)				

任务三 品牌传播的新模式

蜜雪冰城甜蜜蜜

2021 年 6 月,蜜雪冰城改编自美国民谣《哦,苏珊娜》的魔性洗脑动画 MV(音乐短片)主题曲,因简单的旋律、朗朗上口的文案,在不少人的朋友圈成功刷屏。MV 以品牌的 IP 形象

"雪王"为主角,向大众演绎了蜜雪品牌、蜜雪员工以及蜜雪用户的"爱恨情仇",在向用户传递幸福分享甜蜜的品牌理念之余,凸显出了欢快和谐的氛围。这支MV堪称2021年上半年的流量收割机,一经发布就呈现了爆款的趋势,仅在B站获得超过1900万的播放量、36万的分享、23万的收藏以及80万的点赞。

可以说蜜雪冰城这支MV成功俘获了年轻人的心,以蜜雪冰城这首MV为创作灵感的二次创作内容比比皆是,在抖音、快手、微博等社交平台上不同语言、风格、文案的鬼畜内容都获得了不俗的流量。品牌用户之间的内容共创,为蜜雪冰城带来了超高的讨论热度,实现了营销裂变,并增强了用户与品牌之间的黏度。

学生思考

蜜雪冰城这首主题曲为什么能够成为爆款?

教师点评

蜜雪冰城在主题曲传播中,将短视频平台作为主要的传播媒介,通过B站、抖音、快手等平台与年轻人深度链接,从而大获成功。

一、任务描述

在注意力稀缺的年代,蜜雪冰城凭借一首魔改的MV成功刷屏一整年,并帮助品牌引爆了流量,让品牌通过传播放大了杠杆效应,带来了意料之外又在情理之中的营销效果。加上其产品的亲民价格,帮助蜜雪冰城树立了"高性价比"的品牌形象与自来水的流量。下面我们将了解品牌传播的新模式。

二、课前导学

(一)应知应会

1. 场景化营销

1) 场景化的概念

什么叫场景化?场景化是一个影响消费者心智的行为,唤起的是消费者的一种感受。场景化不会有统一的标准,完全来自自己对消费者的理解,即是否符合消费者的即时需求。比如便利店在鲜食方面的重点强化,就是朝向场景化的方向切入的,如早餐、午餐、下午茶、加班、出行等场景。

2) 视频场景的激发性

一般而言,场景可以分成原生场景、网生场景和融合场景三类。原生场景基于实体资源,比如在餐厅就餐、在学校上课都是原生场景;网生场景则基于网络的虚拟环境,像VR、直播等都是网生场景;融合场景就是实现线上线下对接。当然,三个场景之间是相互影响的。

(1)原生场景,唾手可得的消费激发。

原生场景的延伸与突破主要基于传统企业,这些企业在基础模式之上,通过增加一些突破和增值服务,形成自己的标签,在提升场景力的同时触发消费。

①服务场景形成差异。在竞争激烈的白酒市场异军突起的江小白,不仅仅是文案打动人,它还将人们喝白酒惯常的商务应酬场景转换成朋友聚会、小酌怡情等与年轻人生活更贴近的场景,从而在市场定位中形成差异优势。而星巴克则从始至终秉持着"第三空间"的理念,不管技术如何发展,外界如何变化,介乎于工作和家庭间的中转站这个设定已经钉在了人们的心中。

②强调节令场景。针对中国人春节拜年送礼等各种需求,百草味推出了"年的味道"系列产品,并且针对春节这个细分场景又进行产品细化,比如百草味"外婆的灶台""全家年夜饭""小伙伴的鞭炮"等。百草味率行业之先,开创性地在休闲零食行业发起了吃货节,创造与行业消费群体始终相关的节日,以互动增强消费者对场景的黏性。

③视觉模拟场景。三只松鼠制作了《三只松鼠》动画,直接用品牌打造娱乐产品,加强与消费者互动。百草味则参与联合打造音乐节,让零食与娱乐在场景中深度结合,打造了集合吃、唱、玩一体的消费场景。

(2)融合场景,满足消费者的多重需求。

2018年五一假期,美团打车启动与吃饭、看电影的场景协同,打通"出行+消费"场景,用户完成一笔打车订单,即可获得吃喝玩乐大礼包,内含餐饮、电影、外卖三重优惠。数据显示,五一假期美团打车与吃喝玩乐等消费目的地相关的出行订单增幅显著,上海市场同比节前达到97%,在实现场景协同的同时,也一定程度上完成了满足消费者多重需求的"一体化"解决方案。

在互联网时代,场景既包括物理空间意义上的消费场所,也包括网络世界中构建的消费场所。1.0时代是线下店(线下铺位)为主、粗放型的消费阶段,消费者对场的需求还处于基础需求阶段。但随着消费升级,尤其是新零售到来后,消费者对"场"的需求更多进入"物联网"概念阶段,这一时期,既要有消费的实体——产品,同时也要在产品交易空间内赋予更多可追踪的内容。从前端讲,包括向消费者提供产品的可追踪信息和故事;从后端讲,还要有AI(人工智能)、VR等新技术手段支撑的赋能消费体验。

3)场景化营销的关键

做好场景化营销的关键还是对消费者心理状态的把握,企业需要清楚地知晓自己的产品、服务所满足的消费者需求是什么,这种需求背后的心理动机是什么,而消费者的这种心理动机又是在何种心理状态下产生的。在此基础上,企业可以利用现实的场景或自己制造的场景对消费者进行刺激,让消费者进入某种心理状态,从而启动消费者的行为链条。也就是说,场景化营销的实质是针对消费者的心理状态进行的,而不是针对具体的场景。场景只不过是刺激消费者的一种手段,可以是一篇文章、一个H5、一个事件或一个现实场景。比如,社交媒体上面有大量的活跃话题,每个话题都可以算是个场景。像"一场说走就走的旅行""世界太大了,我想去看看"等,大量的话题沉淀了用户的生活。

具体而言,可以通过以下四步来实施场景化营销。

第一步:心理洞察。明确自己的产品、服务满足的消费者需求是什么,这种需求是由何种心理动机所产生的,而要产生这种心理动机需要消费者具有怎样的心理状态。心理洞察是场景化营销实施的起点,也是核心所在。

第二步:场景设置。在消费者心理洞察的基础之上,进行场景的设置或选择,通过场景将消费者带入营销所需要的心理状态中。而场景设置的重点是场景中的互动设置,通过互动才能让消费者真正进入该场景当中,并给予消费者及时的心理反馈,才能更有效地对消费者的心理进行刺激。

第三步:心理强度。消费者进入某种心理状态并激发某种需求动机,需要足够的心理强度。这种强度可以通过互动设置的节奏来把控。比如,有些心理状态通过一篇500字的短文就能激发,而有些心理状态则需要1500字的长篇才能激发到足够的强度。

第四步:行为引导。在成功地将消费者带入某种心理状态后,即可启动消费者的行为链条,而此时我们需要进行消费者行为的引导来实现营销目标,同时还要考虑到达成某种心理状态到实现消费者购买行为之间的心理"保温",避免因不必要的意外、失误和干预而错失消费者购买行为的最佳时机。

2. 短视频营销

短视频营销是指在短视频平台上发布有关企业产品和服务的宣传视频,通过有趣、创新的形式向目标用户展示企业的产品和服务,从而挖掘潜在客户、提高品牌知名度和销售额。

1) 短视频营销的核心规则

(1)找到一个能引爆用户群的"社交话题"。短视频营销其实也是基于社交营销的内容营销,核心是互动型的社交营销模式。很多企业号脱颖而出的重要一步就是打造爆款,这几乎是要发起一场短视频营销战役的重要前提。而爆款的基础就是要找到一个能够引爆用户群的"社交话题"——搜集一个目标受众切实关心的问题,然后借助短视频的丰富表达力给予解答,并为品牌推广内容获得大量种草。

(2)品牌传递"场景故事"。内容营销时代无疑拼的是讲故事的能力,品牌如何讲一个富有感染力的故事?简言之就是卖情怀,虽然又俗又烂,但的确是一条铁律,而且并不容易。按专业的说法,就是把品牌化为一个元素或一种价值主张,去呈现出一个富有感染力、触动目标公众的故事。这样做可以很好地吸引用户的注意力,打动他们,并激发他们分享的愿望,品牌也就获得了持续传播的可能性。

(3)利用"红人资源"搭建情感纽带。在短视频营销的传播方式上,网红资源是无法忽视的。《2019短视频内容营销趋势白皮书》显示,2018年底,各短视频平台KOL(关键意见领袖)规模已经超过20万个,而且大多数是有些才艺、乐于分享的普通人。他们通过抖音、

快手这样的平台,通过短视频这种交互式的、自下而上的传播模式,这种更符合年轻人的认知模式,在年轻人圈子中形成了一种信任传递,这对构建品牌所希望形成的情感纽带的目标无疑是个捷径。

2)短视频营销的基本思路

《2019短视频内容营销趋势白皮书》总结出了所谓"三级火箭论",也就是为企业号的运营提供了一个以3个月为周期的解决方案。

第一级,第1个3个月,主要是通过打造爆款来完成初期用户的积累和沉淀。抖音营销内容的三要素就是故事化、可互动、易模仿。

第二级,第2个3个月,主要从用户池中筛选出有价值的种子用户,确定企业号运营的标签内容方向,挖掘内容增长点,强化品牌人设。

第三级,第3个3个月,再将成熟的内容运营方法论延伸到多账号集、多平台内容运营中,最终让不同账号内的核心用户相互转移,进一步完成用户的扩展和新增。

(二)日积月累——企业如何打造引爆品牌的超级传播模式

在移动互联网时代,自媒体已成为不可或缺的传播途径。企业逐步了解到自媒体的重要性,并通过构建自媒体矩阵与消费者直接沟通,塑造品牌形象,推广自身的产品和服务。

1. 构建多元化内容矩阵

为了构建成功的自媒体矩阵,企业必须视各大社交媒体为载体,发布多样化且适应度强的动态信息。从文字到图片乃至视频的多样化展示,都将有助于吸引各类目标消费者。以微博传递产品资讯、微信展现前沿产业观点、抖音揭示生产流程等形式来运营,达成内容互补与互相推动的矩阵框架。

2. 深度挖掘用户需求

在经营自媒体矩阵中,企业应深度洞察用户需求以明确受众兴趣与关注焦点。企业可借助数据分析手法,获得用户反馈及行为信息,精确锁定目标用户群,针对用户需求提供有针对性的内容。深刻理解用户需求,企业方能在自媒体领域获得更佳的传播收效。

3. 建立品牌口碑

企业可依托自身的自媒体矩阵进行广泛的品牌口碑传播,通过产出高质内容、积极参与社会交往及回复用户关注等手段,提高品牌认知度与美誉度。值得强调的是,优良品牌口碑有助于引发更多潜在顾客的关注与信任,从而驱动销售。

4. 实现精准营销

企业借助自媒体矩阵,能更有效地实现精准营销。例如,企业可透过深入的数据分析与细致的用户画像描绘,针对各大平台定制化投放产品资讯及营销活动,从而提升转化率、回报率。

此外,还可部署行之有效的 A/B 测试流程并实施全过程的数据监控,以便随时调整营销计划,让效益得到最佳发挥。

5. 建立合作生态圈

除自主运营自媒体矩阵之外,企业也可与优秀自媒体 KOL 广泛建立战略伙伴关系,使品牌声誉扩展至更多受众。

6. 风险防范与危机处理

运营自媒体矩阵,企业必须重视风险控制与危机管理体系构建。迅速响应负面舆论,有效处理投诉,避免违法行为,皆是维护公司信誉与品牌形象之要务。为此,企业要制订详尽的危机公关计划并进行精心的模拟演练。

7. 不断创新与优化

网络及社交环境的变迁驱动企业自媒体矩阵需持续创新与优化其策略,根据市场回应及数据解析,对战略方向做出相应调整;在内容呈现、传播途径及交互方式上开展创新尝试。

(三)实践训练

(1)什么是品牌传播的新模式?

_____
_____
_____
_____

(2)举例说明某新品牌的传播模式。

_____
_____
_____
_____
_____

三、任务实施前准备

(1)知识准备:品牌传播新模式。

(2)工具准备:笔记本、笔、电脑、网络。

四、任务实施流程

本任务实施流程如表 6-3 所示。

表 6-3　任务三实施流程

序号	作业内容	说明
1	确定调研对象	调研某一品牌的传播新模式
2	收集资料	分组对这一品牌的传播新模式进行调研并收集资料
3	整理资料	以小组为单位对调研品牌的资料进行归纳整理
4	撰写调研报告	在前期调研的基础上,撰写完整的调研报告
5	汇报	分组进行汇报

五、知识链接

(一)新媒体的概念

何谓新媒体,业界并没有一个定论。有些人把数字电视、移动电视、手机媒体、IPTV(互联网电视)、博客、播客、微博等也列入新媒体。那么,到底什么是新媒体?

清华大学新闻与传播学院熊澄宇教授认为,新媒体是"在计算机信息处理技术基础之上出现和影响的媒体形态"。

美国《连线》杂志对新媒体的定义是"所有人对所有人的传播"。

也有专家提出:"只有媒体构成的基本要素有别于传统媒体,才能称得上是新媒体。否则,最多也就是在原来的基础上的变形或改进提高。""目前的新媒体应该定义为在电信网络基础上出现的媒体形态——包括使用有线和无线通道的方式。"还有学者把新媒体定义为"互动式数字化复合媒体"。

新媒体是利用数字技术、网络技术,通过互联网、宽带局域网、无线通信网、卫星等渠道,以及计算机、手机、数字电视机等终端,向用户提供信息和娱乐服务的传播形态。新媒体是相对于报刊、广播、电视等传统媒体发展起来的新的媒体形态,包括网络媒体、手机媒体、数字媒体等。

"新媒体"一词从 20 世纪 60 年代沿用至今,涵盖了各种不断变化的传播技术和媒介形式,因此,它是一个相对的、不断更新的概念。

(二)新媒体传播的特点

新媒体是一种不断发展但尚未成熟的媒体形态。新媒体传播是基于大众传播多年发展的基础上,依托数字技术不断创新逐渐形成的一种新的传播方式。它并不是大众传播在数字传播平台上的简单延伸,同时也不是目前在现阶段所看到的网络呈现出的各种传播特征。网络传播不等于新媒体传播。新媒体是对大众传播的超越,是人类所进入的一个新的传播阶段。那么,这种新媒体的传播到底具有什么特点?

1.复合型的传播

从传播形态上看,新的传播技术导致的最大变化,就是能够在新的平台上把传统大众媒体的各种类型综合起来。在现有的大众媒体环境中,媒体按照传播形态可以划分为电视、报纸、杂志、广播等。而在新的媒体环境中,网络和数字技术所能提供的可能性是,在主要的传播载体中,比如网络、数字电视、手机等,所有的媒体都既能进行文字的传播,又能进行视频和声音的传播,并且还能把文字、视频、声音存储下来,供受众在自己方便的时间浏览。新媒体是多种传播形式复合的媒体。

2.全员性的传播

新媒体所带来的第二个变化,就是所有的人都可以成为传播的主体。从传播的接受者的角度,当然大众传播的领域极大地扩大了,但从传播者的角度,传播的主导权还是控制在文化和传媒精英的手中。虽然在传播的过程中,传播的内容越来越多地考虑受众的需求,但这种传播还需要通过把关人的审核。大众传播是传播者和接受者之间一种博弈的结果,而受众在其中始终处于被控制的被动位置。也就是说,大众传播归根到底是一种对大众的传播。新媒体提供的一种可能是,任何网络的使用者都可以在网络平台上发布信息、言论等各种内容并进行交流。

由于网络平台对所有的网民都是开放的,其中一些网民所发布的内容由于其价值会得到广泛传播,并逐渐形成稳定的读者群。这就意味着,由于技术和社会的原因,大众传播时代文化与传播精英对传播主体的把控被彻底打破了。

3.无边界的传播

从传播范围来看,新媒体传播的特点是无边界的传播。随着新媒体传播技术的发展,除非人为的限制,在新媒体的平台上所发布的每个内容理论上都可以面对全球所有的网络使用者。在新媒体的平台上,全球确实正逐渐成为一个传播的整体。

4.综合性的传播

从传播形式上,很多人强调新媒体传播的互动性。实际上,新媒体传播方式的突出特点是高度的综合性。人们所强调的新媒体的互动性,是同传统的大众媒体相比较而言。在新媒体的平台上,人类的各种传播形态都可以得到实现。在某种意义上新媒体传播是对人类真实的传播生活的还原。现实传播中的互动性的人际传播、单向性的大众传播以及介于二者之间的组织传播,在新媒体传播中都可以得到体现。新媒体传播实际上融合了过去所有传播形式的特点,但同时,它也是对人际传播和大众传播的摈弃。新媒体当然还是一种媒介,但这种媒介成功地把自己虚拟化了,所以在新媒体中人仿佛可以无屏障地同他人和现实世界直接交流。

5.多元化的传播

从内容上看,新媒体多元化传播的第一个方面是传播内容的丰富。由于个人可以成为传播的主体,新媒体的内容所涉及的人类生活的广度、对各类问题所讨论的深度以及形式的多样性都是前所未有的。实际上,新媒体涉及了和全面展现了人类现有的所有文化形态。新媒体多元化传播的第二个方面,是新媒体为平民文化或草根文化提供了释放的空间。可以说,在新媒体的传播中,平民或草根的声音第一次全方位地得以呈现。这种文化不仅与精英文化相对抗,甚至在某些时候对精英文化形成压制。这种文化的博弈使得新媒体的传播内容具有高度的多元性,而在通过传播不断扩散的过程中,这种现象正在彻底改变整个文化的特质,并在冲突和交融中酝酿产生一种数字时代的全新文化。

六、总结评价

任务考评表

考评任务	被考评人	考评标准				
	班级:	考评内容	分值	自我评价	小组评价	教师评价
品牌传播的新模式	姓名:	1.调研准备充分,分工合理	10			
		2.调研记录内容全面,准确性高	20			
		3.调研过程纪律表现良好,注重团队合作	10			
		4.调研报告总结及时、认真,体现出对品牌传播新模式的认识,具有合理性	30			
		5.汇报时PPT内容完整、美观,语言表达流畅,着装、仪态合乎要求	30			
		合计				
		综合得分 (自评占10%,组评占30%,师评占60%)				

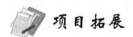

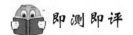

项目七 品牌延伸

任务一 品牌延伸的内涵

课程思政

小米强势逆袭:洞察品牌延伸背后的秘密

  黑色T恤,蓝色牛仔裤,火红色,光芒万丈的银幕背景,产品发布人每一次数据公布后引来的阵阵惊呼。这次,这些似曾相识的场景并不是出现在美国,而是在北京的小米手机产品发布会上。小米手机在国内智能手机市场上掀起了一轮又一轮扩大炒作的社会话题,其产品在线上销售曾创造了3个小时卖完10万台的惊人纪录。雷军在2010年4月正式创立小米科技有限责任公司(简称小米公司),小米公司专注于自主研发智能手机,定位于高性能发烧手机。小米公司在手机领域取得巨大成功之后,不断地扩充产品,丰富产品线,又推出小米电视、小米路由器、小米盒子等一系列产品,立志于布局智能家居生态系统。不仅这样,小米公司还将品牌延伸到生活消费用品、文化娱乐、汽车交通等领域。毫无疑问,小米的品牌延伸获得了一定的成功,市场影响力得到增强,品牌认知度得到提高,而且在媒体的不断催化下,品牌获得了受众的认可。小米在消费者的心智中,已经从一个"手机"逐渐演化成了"高性价比"的代表。

学生思考

  小米公司为何要进行品牌延伸?

教师点评

  品牌延伸可以扩大原品牌的市场影响力和品牌内涵,品牌延伸的根本是品牌质量,小米公司在产品上的精工细作、一丝不苟,是品牌长盛不衰的重要支柱。

一、任务描述

  近几年,似乎一谈到商业相关的话题,人们都很难离开对"小米模式"的探讨。小米公司创造了属于自己的商业奇迹,只用了9年的时间就成为世界500强。无数营销人广泛传播小米追求的品牌延伸:"平板""电视""路由器""智能家居"……小米公司成为借力互联网进行产品

延伸和品牌塑造的典型。那么品牌延伸具体是什么？它能给企业带来什么好处？

二、课前导学

（一）应知应会——品牌延伸的含义

品牌延伸（brand extensions）是指利用现有品牌名进入新的产品类别，推出新产品的做法。品牌延伸策略能够让企业把原有的品牌用到新产品上，以此来降低新产品的营销成本并尽快促成新产品推广成功，因而它成为企业推出新产品的主要手段。

艾·里斯和劳拉·里斯在《品牌的起源》一书中指出：商业发展的动力是分化，真正的品牌是某一品类的代表，消费者以品类来思考，以品牌来表达。企业创建品牌的正道是发展品类，以多品牌驾驭多品类，最终形成品牌大树。

品牌延伸的目的通常是提高市场占有率，减少风险和成本，拓展新市场，并抓住新的商机。品牌延伸并非只是简单借用表面上已经存在的品牌名称，而是对整个品牌资产的策略性使用。品牌延伸后品牌麾下有多种产品，就形成了综合品牌战略（也叫"一牌多品战略""统一家族品牌战略"，或形象地比喻为"伞状品牌战略"）。

品牌延伸需要深入挖掘品牌内涵，并采取适当的策略以确保品牌延伸的顺利实施。品牌内涵是由品牌所传递出的价值、文化、使命和个性等要素构成的。了解品牌内涵可以帮助企业确定品牌延伸的范围和方向，以确保新产品或服务能符合原有品牌的理念和定位。

品牌价值体现品牌在市场上的影响力和消费者对品牌的认知和维护程度。品牌延伸需要与原有品牌联系，可以通过巩固原有品牌的美誉度来支持新产品或服务。

品牌忠诚度是指消费者对品牌的忠诚度和满意程度。在品牌延伸中，获得品牌忠诚者的支持将有助于开拓新市场，提高品牌知名度和竞争力。

（二）日积月累——品牌延伸的意义

品牌延伸是企业推出新产品、快速占有并扩大市场的有力手段，是企业对品牌无形资产的充分发掘和战略性运用，因而成为众多企业的现实选择。

（1）品牌延伸可以加快新产品的定位，保证企业新产品投资决策迅速、准确。尤其是开发与本品牌原产品关联性和互补性极强的新产品时，它的消费市场与原产品完全一致，对它的需求量则与原产品等比例增减，因此它不需要长期的市场论证和调研，原产品逐年销售增长幅度就是最实际、最准确和最科学的佐证。由于新产品与原产品的关联性和互补性，它的市场需求量也是一目了然的，因此它的投资规模大小和年产量多少是十分容易预测的，这样就可以加速决策。

（2）品牌延伸有助于减少新产品的市场风险。新产品推向市场首先必须获得消费者的认知、认同、接受和信任，这一过程就是新产品品牌化。而开发和创立一个新品牌需要巨额费用，不仅新产品的设计、测试、鉴别、注册、包装设计等需要较大投资，而且新产品和包装的保护更需要较大投资。此外，还必须有持续的广告宣传和系列的促销活动。这种产品品牌化的活动旷日持久且耗资巨大,它往往是直接生产成本的数倍、数十倍。通过品牌延伸,新产品一问世就已经品牌化,甚至获得了知名品牌赋予的勃勃生机,这可以大大缩短被消费者认知、认同、接受、信任的过程,有效地防范新产品的市场风险,并且可以节省开支,有效地降低新产品的成本费用。

(3)品牌延伸有助于降低新产品的市场导入费用。在市场经济高度发达的今天,消费者对商标的选择体现在"认牌购物"上。这是因为很多商品带有容器和包装,商品质量不是肉眼可以看透的,品牌延伸使得消费者对品牌原产品的高度信任感有意或无意地传递到延伸的新产品上,促进消费者与延伸的新产品之间建立起信任关系,大大缩短了市场接受时间,降低了广告宣传费用。

(4)品牌延伸有助于强化品牌效应,增加品牌这一无形资产的经济价值。品牌原产品起初都是单一产品,品牌延伸效应可以使品牌从单一产品向多个领域辐射,就会使部分消费者认知、接受、信任本品牌的效应,强化品牌自身的美誉度、知名度,这样品牌这一无形资产也就不断增值。

(5)品牌延伸能够增强核心品牌的形象,提高整体品牌组合的投资效益,即整体的营销投资达到理想经济规模时,核心品牌也因此而获益。

总之,品牌延伸策略可以使新产品借助成功品牌的市场信誉在节省促销费用的情况下顺利地进入并占领市场。

(三)实践训练

(1)品牌延伸可以为企业带来哪些益处?
_____
_____
_____
_____

(2)选择一家已成功进行品牌延伸的企业进行介绍。
_____
_____
_____
_____

三、任务实施前准备

(1)知识准备:基于品牌内涵的品牌延伸(见图7-1)。
(2)工具准备:笔记本、笔、电脑、网络。

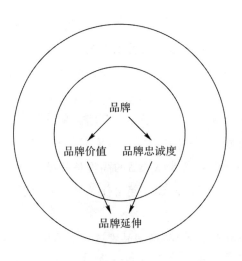

图7-1 基于品牌内涵的品牌延伸

四、任务实施流程

本任务实施流程如表7-1所示。

表7-1 任务一实施流程

序号	作业内容	说明
1	确定调研对象	确定2~3家企业作为调研对象
2	收集资料	分组对这2~3家企业的品牌发展、品牌延伸基本情况、产品线和产品项目等进行调研并收集资料
3	整理资料	以小组为单位对调研企业的资料进行归纳整理
4	撰写调研报告	在前期调研的基础上,撰写完整的调研报告
5	汇报	分组进行汇报

五、知识链接

品牌延伸的关键因素主要如下。

1. 核心品牌因素

核心品牌指已建立市场地位的、作为品牌延伸出发点的原有品牌,对品牌延伸产生相当重要的影响。

(1)相似度,即核心品牌代表的产品或服务与延伸对象之间相似的程度。这是指消费者头脑中原品牌产品与新产品认同的相关联程度。原产品与延伸产品关联性越高,消费者对延伸产品评价(认知与情感)越高;反之则越低。一般来说,相关程度越大,则延伸效果越好。相似度可以从三个方面衡量:①受众相似度。这是指原品牌与延伸产品的使用者是否接近。显然在品牌延伸中,将原品牌延伸到原有忠诚消费群及其所消费的产品中去比较容易成功。"鳄鱼"品牌,从衣服延伸到鞋子、皮具,都是针对有一定消费能力的休闲的白领阶层的。②技术相似度。"雀巢"咖啡是核心品牌,如果要把"雀巢"的品牌发展到技术差异较大的药品类就特别勉强。③类型相似度。如果从电脑软件延伸到保健品,这种延伸对消费者来说使用属性上跨度太大,企业在其服务支持系统上也很难找到共同点,最终不仅延伸不成功,反而导致消费者对核心品牌的原有定位模糊起来。

(2)强势度,即品牌力的强弱和势能的大小。强势度对品牌延伸的影响可以从品牌感知度、定位度、知名度三个方面衡量。①品牌感知度,是指消费者对品牌的"感知质量"。它是消费者对品牌所传达的信息与同类产品相比的优势综合体验,决定着品牌的效应价值比。消费者品牌感知特别是体验到原品牌质量越高,他们对延伸产品的接受程度也越高;反之,则越低。提高品牌感知度主要通过产品广告、公关活动、服务等方式实现,同时消费者参与和体验也是提升感知度的重要方面。②品牌定位度,是指品牌的独特档次与个性特色,它是依据企业自身优势和消费者评价对其品牌风格、市场和发展战略进行的选择与确定。定位度具有个性化、独特化、专门化的特点。③品牌知名度,是指品牌在消费者中的知晓与熟悉程度。由于品牌知名度在一定程度上反映了消费者对品牌已有的经验认知程度,因此从消费者心理学角度来看,它对消费者的初期购买决策有着重大影响。

2.消费者因素

品牌延伸的成败最终取决于消费者对其的态度和评价。从可操作的角度来看,消费者因素可分解为以下因子:①品牌认知度,指消费者对核心品牌在品质上的整体了解程度。它是品牌差异化定位、定价和品牌延伸的基础。②品牌联想度,指消费者从核心品牌引发相关联想的广度和深度。③品牌忠诚度,指消费者在购买决策过程中,多次表现出来的对某个品牌有倾向性的行为过程。消费者对核心品牌的了解和认识越深,建立起的品牌联想越丰富,对品牌越忠诚,延伸品牌就越容易被接受。

3.市场因素

品牌延伸是否成功在很大程度上取决于市场的容量、市场竞争程度、产品生命周期的阶段等市场因素。一般来讲,市场容量大,只要企业有实力,就有机会把一个品牌做大做强,因此宜用多品牌;而市场容量小,采用独立品牌即使做成功了,也是没有效益的,因此宜用单品牌即品牌延伸。研究还表明,在产品生命周期的萌芽导入期运用品牌延伸的效果会好于明显成熟期。市场的竞争状况是影响品牌延伸效果的另一市场因素,如果市场竞争不激烈,延伸就容易成功;反之,就容易失败。

4.营销因素

企业在品牌延伸时,有无其他营销组合因素的配合,例如相应的广告投入、价格和销售网点的状况,都会对延伸的成败产生影响。因为品牌延伸进入一个新的领域,如果新产品所在的行业内存在大品牌,那么仅仅依靠原有品牌的知名度和核心价值的包容力是远远不够的,企业必须采取有效的营销策略和强有力的营销手段,在以下方面有所突破:①进行产品和概念创新;②迅速提高延伸产品的知名度;③提高终端铺货率。

六、总结评价

任务考评表

考评任务	被考评人	考评标准		自我评价	小组评价	教师评价
品牌延伸的内涵	班级： 姓名：	考评内容	分值			
		1.调研准备充分，分工合理	10			
		2.调研记录内容全面，准确性高	20			
		3.调研过程纪律表现良好，注重团队合作	10			
		4.调研报告总结及时、认真，体现出对品牌延伸的认识，具有合理性	30			
		5.汇报时PPT内容完整、美观，语言表达流畅，着装、仪态合乎要求	30			
		合计				
		综合得分 （自评占10%，组评占30%，师评占60%）				

任务二　品牌延伸的策略

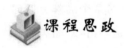

大众汽车做高档车遭遇挫折

2003年11月，大众汽车公司禁不住高档车市场的利益诱惑，隆重推出大众版的豪华轿车——辉腾。辉腾确实卓尔不凡，动力强劲，外观流畅，内饰优雅，有8缸、12缸两个型号，车速可达300公里/时。即使与同级别的宝马7系、奔驰S级相比，辉腾也毫不逊色，《福布斯》甚至称其为"伟大的车"。然而就是这样一款"伟大的车"，上市两年仅售出3715辆，最终不得不挥泪撤出美国市场。大众在大型高级豪华轿车方向上的远征已成为过去式，2016年3月15日，最后一辆辉腾下线。其实，大众汽车公司宣布辉腾停产不足为奇，这款车自2003年上线，就没有赚过钱。为什么辉腾不被消费者接受？原来在辉腾车身的前盖和后箱上都嵌有大众的标志，大众品牌在消费者心中"平民车、中低档"的形象已经根深蒂固，把辉腾和大众捆在一起，只能让消费者怀疑辉腾高贵基因的纯正性。辉腾作为大众进军高端的典型失败案例，被写进无数新闻报道甚至是商学院案例中。

学生思考

大众汽车公司推出的辉腾轿车为何遭遇失败？

教师点评

品牌延伸不与该品牌定位一致,会动摇人们心目中对该品牌的思维和情感定式,随着这种状况的持续,自然会给公众传达不利于该品牌的混乱信息,严重时会危及该品牌的市场地位。

一、任务描述

大众汽车(德语:Volks Wagen)是一家总部位于德国沃尔夫斯堡的汽车制造公司,也是世界四大汽车生产商之一的大众集团的核心企业。2019年位居《财富》世界500强第9位。volks在德语中意思为"国民",wagen在德语中意思为"汽车",全名的意思即"国民汽车",故又常简称为"VW"。大众辉腾定位于高端豪华车。尽管价格高昂,技术先进,但辉腾未能达到预期的销量,导致辉腾在2016年停产。究其原因主要是售价与品牌定位不符,大众汽车品牌历来与生产实用且价格合理的汽车有关,高昂的价格使得辉腾对潜在买家的吸引力降低。企业所拥有的品牌资产不同,企业的营销环境不同,企业所采取的品牌战略和发展思路也有差异,这决定了品牌延伸策略的选择也具有差异。那么品牌延伸策略有哪些?企业怎样更好地运用品牌延伸策略?

二、课前导学

(一)应知应会

1.品牌延伸策略的含义

品牌延伸策略是指企业在不同的活动和商业领域拓展品牌的业务,尝试在其他领域推出新产品或服务,把现有成功的品牌用于新产品或修正过的产品上的一种策略。此外,品牌延伸策略还包括产品线的延伸(line extension),即把现有的品牌名称使用到相同类别的新产品上,推陈出新,从而推出新款式、新口味、新色彩、新配方、新包装的产品。

2.品牌延伸策略的类别

1)冠名与副品牌延伸策略

冠名是指新产品直接使用原有品牌(或主品牌)的名称及标志,或者间接或部分使用原品牌名称,相当于延伸产品与原有产品使用统一的品牌。品牌延伸有直接冠名、间接冠名和副品牌式延伸三种策略。

新产品直接冠以原品牌名称,这是最常见的品牌延伸方式,这种策略需要确保新产品或服务与原有品牌的业务领域或理念相关,应用的条件是原品牌的内涵主成分与新产品的特性及消费者对新产品的评价标准吻合程度较高。如消费者对电器产品的评价标准基本都是产品的质量以及企业的技术、服务、声誉等,所以世界范围内很多电器生产企业的产品共用一个品牌。例如,海尔从冰箱到冰柜、空调、洗衣机、彩电等都是直接冠以海尔的名称。有的品牌延伸甚至是跨行业的。其他如食品业、服装业的不少企业的产品群,由于符合以上条件,也采用统一品牌,如瑞士的雀巢有雀巢咖啡、雀巢奶粉、雀巢麦片等。这种延伸方式下,新产品导入市场的速度和被消费者认可的速度通常是最快的,也容易形成品牌声势,但容易出现株连效应或品牌稀释。

间接冠名的方式也比较常见,如麦当劳产品品牌延伸时使用的麦乐鸡、麦香鱼等,都用了来自原品牌的一个"麦"字。这种方式大大拓展了品牌延伸的幅度和空间,对原品牌和产品的负面影响较小,但原品牌对于新产品的市场支持力度也相对较弱。

副品牌延伸就是在原有品牌后面再加上一个副品牌。副品牌式的品牌延伸策略是近年来比较流行的品牌延伸方式。原有品牌涵盖了企业的系列产品,用副品牌来突出产品的个性特点,形成产品的差别化,满足不同消费者的需求。副品牌策略的最大优点是既利用了原有品牌的影响,又能突出新产品的差异特性。副品牌延伸实质上是一种发展式的延伸方式,缓冲了定位理论和品牌延伸理论的一些矛盾。例如,以设计师乔治·阿玛尼名字命名的美国服装品牌阿玛尼就有 A|X(Armani Exchange)、Emporio Armani 等。在产品更新换代很快的今天,副品牌策略给企业的品牌延伸提供了更大的变动余地。

2)品牌组合延伸策略

品牌组合是指品牌经营者提供给顾客的一组品牌,包括所有的品牌线和品牌名目。企业的品牌组合具有一定的宽度、长度、深度和相关度。品牌线是指密切相关的一组品牌,它们以类似的方式发挥功能,售给同类顾客群,通过同一类型的渠道销售出去,或者售价在一定幅度内变化。例如,雅芳公司的品牌组合包含三条主要的品牌线:化妆品品牌、珠宝首饰品牌、日常用品品牌。每条品牌线下包括许多独立的品牌,如化妆品品牌可以细分为口红品牌、胭脂品牌、水粉品牌等。

品牌组合的宽度是指公司有多少条不同的品牌线。品牌组合的长度是指品牌组合中品牌的数目。品牌线的平均长度就是总长度除以品牌线数。品牌组合的深度是指品牌线中每一品牌产品有多少个品种。品牌组合的相关度是指各条品牌线在最终用途、生产条件、销售渠道或其他方面的关联程度。

上述四种品牌组合的概念给品牌经营者提供了进行品牌延伸的大方向。品牌经营者可以从四个方面进行品牌延伸:①增加新的品牌线,以扩大品牌组合的宽度;②延长现有的品牌线,以成为拥有更完整品牌线的企业;③为每一品牌增加更多的品种,以增加其品牌组合的深度;④使品牌线有较强或较弱的相关度。

3)产品线延伸策略

按照延伸方向的不同,品牌延伸可以分为水平品牌延伸和垂直品牌延伸。

水平品牌延伸即原产品与新产品处于同一档次。这种延伸风险最小,可以满足消费者现有消费水平的多种选择,也是最容易成功实施的品牌延伸方式。原产品的影响很容易泛化到新产品上去,品牌形象和个性定位容易统一,产品的信息、传播容易整合。但在延伸前要特别关注市场空间的大小,如玉兰油深质滋润晚霜延伸到玉兰油保湿美白晚霜。

垂直品牌延伸即原产品与新产品处于不同的档次。垂直品牌延伸又可以分为高档品牌向下延伸、低档品牌向上延伸或中档品牌向高档和低档两个方向的双向延伸三种方式。①向下延伸。许多企业的品牌最初定位于目标市场的高端,随后为了反击对手,向下扩展以占据整个目标市场,将品牌线向下延伸,在市场的低端增加新产品,填补自身中低档产品的空缺,吸引更多的消费者,提高市场占有率。②向上延伸。定位于市场低端的经营者经营了一段时间之后,受到高端市场高利润的吸引,或者为了给消费者更完整的品牌选择,可能会以新产品进入高端市场,这样可以获得较高的销售增长率和边际贡献率,逐渐提升企业产品的形象。例如,日本的本田、丰田车以价格低、质量好著称,进入美国市场时,都采取向上延伸的品牌延伸策略,分别开发了新品牌讴歌(Acura)与雷克萨斯(LEXUS)占据高端市场。③双向延伸。双向延伸适用于那些原来定位于中端的品牌,品牌经营者可以向高端和低端两个方向发展,使品牌线更完整。综观以上三种品牌垂直延伸的策略方式可知,品牌的垂直延伸比水平延伸难得多。因为对于同一品牌,在一个产品类别内同时生产高档、中档和低档产品是很困难的,容易破坏品牌的整体形象和定位。企业应根据所处的行业特点及其他实际环境条件,具体分析和应用垂直品牌延伸战略。

(二)日积月累——品牌延伸的模型

成功企业都希望通过品牌延伸来充分挖掘品牌资源,发挥企业的潜在优势,提升企业的竞争能力,实现规模扩张。品牌能否顺利延伸到新的产品领域,主要取决于品牌的认知度与产品相关度,这是决定品牌延伸成功的两个核心要素,主要表现在延伸能力和延伸范围上。

1. 品牌延伸能力模型

要确保延伸成功,就要把握原有品牌与延伸品牌的关联程度,使延伸产品与原有品牌产品的内核在逻辑上是合理的,并且具有较高的相似度。卡普费雷尔提出了一个"品牌种类与品牌延伸的能力"模型(见图7-2)。

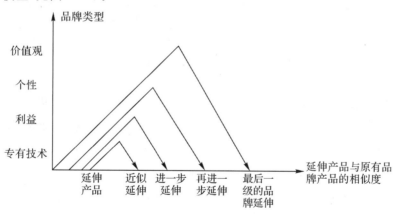

图7-2 品牌延伸能力模型

该模型的纵轴是品牌类型,横轴是延伸产品与原有品牌产品的相似度。品牌类型是指原有品牌具有显著特征的一个方面,包括专有技术(know-how)、利益(benefit)、个性(personality)和价值观(values)。产品相似度是指延伸产品与原产品之间的相关性。

由模型来看,根据品牌类型的不同,延伸产品与原有品牌产品的相似性也不同。专有技术是原有品牌产品所具备的技术性特征,所延伸的产品与原有品牌产品应在技术上具有较强的相似性或相近性。例如,海尔的制冷技术使其从冰箱品牌很自然地延伸出新的产品类别——冰柜、空调。品牌利益是品牌带给消费者的产品利益,据此所延伸的产品与原产品相距稍远。例如,立白洗涤用品的利益是"不伤手",这使其能顺利地从立白洗衣粉延伸到立白洗洁精。个性是品牌的拟人化特点,据此所延伸的产品可以离原产品较远。例如,万宝路的个性是豪迈、粗犷,因而能从香烟延伸到牛仔裤。价值观是品牌所持有的理念,所延伸的产品可以与原产品在技术上不相干,只需要保持理念和核心价值一致,如海尔的核心价值观是对顾客的真诚,核心价值是"真诚到永远"。海尔品牌产品包括冰箱、彩电、洗衣机、空调、橱柜等,都时刻践行着对客户真诚的价值观。

2. 品牌延伸的边界模型

由品牌延伸的定义可知,延伸的基本前提是核心品牌具有知名度和美誉度,延伸的目的是借助其知名度和美誉度的光环产生晕轮效应。所以,品牌向何处延伸取决于消费者对核心品牌已有的认知。品牌延伸的另一个影响因素是延伸产品与原有品牌产品之间的关联性,主要表现为支持原有品牌产品的要素与支持新产品的要素的契合度或转移程度。对原有品牌的认知是品牌延伸的优势基础,与原有品牌的关联性是品牌延伸的指导原则。将二者结合起来,可以构建一个品牌延伸的边界模型(见图7-3)。

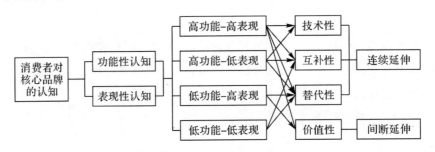

图7-3 品牌延伸边界模型

品牌延伸的成败取决于延伸产品是否脱离了原有品牌所规定的延伸边界。根据消费者对品牌的二重性认知,品牌认知可分为四类,即高功能-高表现型、高功能-低表现型、低功能-高表现型和低功能-低表现型。延伸产品与原有品牌产品间的联系又可以分为与产品特征有关的技术性、互补性、替代性以及与产品特征无关的价值性四种情况。其中,技术性是指核心技术和品牌资源的可转移性或迁移性,如丰田轿车根据消费者越野活动的需求,开发了SUV(运动型多功能车),根据全家旅游的需求开发了MPV(多用途汽车);互补性是指延伸产品与原有品牌产品之间的配套补充,如华为手机、耳机、鸿蒙操作系统;替代性是指延伸产品与原有品牌产品可以满足消费者的同一需求,它们之间可以相互替代,如茶饮料与矿泉水、香皂与沐浴液等;价值性是指品牌概念、表现、内涵等核心价值的一致性。依据相似性原则,根据各类品牌资源优势的不同可确定品牌延伸的边界,按照延伸范围由大到小,价值性延伸边界最大,其次是技术性和互补性,最后是替代性。

(1)高功能-高表现型品牌。此类品牌既可连续延伸又可间断延伸,即可以适用于技术、互补、替代性的连续延伸,同时可以凭借这种无形的价值资源进行间断延伸。也就是说,这类品牌向功能性和表现性产品延伸均可成功。例如,比亚迪汽车可以向私家游艇延伸(技术性、价值性),可以向专用轿车配件延伸(互补性),可以推出另一型号的汽车(替代性)。

(2)高功能-低表现型品牌。此类品牌应连续延伸,不宜间断延伸。此类品牌的优势在于具有先进的技术工艺,能提供很高的使用价值,这种优势正是其延伸的资本。由于其功能属性突出,可依据技术性、互补性和替代性等与产品有关的相似性进行连续延伸。例如,松下可以很成功地延伸到各类家电产品,却无法进入高档手表或名贵香水等表现性产品。

(3)低功能-高表现型品牌。此类品牌应间断延伸,不宜连续延伸(除替代性延伸外)。此类品牌具有很好的象征意义和价值感,能很好地满足消费者的心理需要,例如,高档洋酒本身并无太大功能性,但其名贵的特征会满足一些虚荣心较强人的心理需要,所以更适合向名贵家居装饰品珍藏品延伸,也可以延伸到高档酒具,以及其他口感的高档洋酒。

(4)低功能-低表现型品牌。此类品牌相比之下更适合连续延伸。这类品牌无论功能性还是表现性都无法给消费者很大的满足,从理论上讲延伸困难很大,应采用互补性和替代性延伸。例如,一种普通食盐品牌可以延伸到碘盐(替代性),也可延伸到味精、酱油等其他调味品(互补性)。

(三)实践训练

(1)品牌延伸的策略有哪些?

_____
_____
_____
_____

(2)举例说明进行品牌延伸需要考虑的因素。

_____
_____
_____
_____
_____

三、任务实施前准备

(1)知识准备:品牌延伸的策略(见图7-4)。

(2)工具准备:笔记本、笔、电脑、网络。

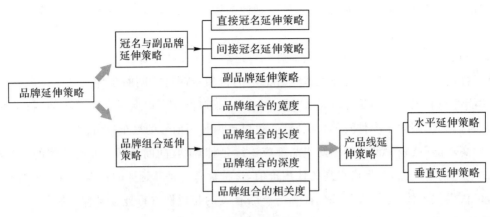

图 7-4 品牌延伸的策略

四、任务实施流程

本任务实施流程如表 7-2 所示。

表 7-2 任务二实施流程

序号	作业内容	说明
1	确定调研对象	确定 1 家企业作为调研对象
2	收集资料	分组对该企业的品牌资源、品牌延伸策略等进行调研并收集资料
3	整理资料	以小组为单位对调研企业的资料进行归纳整理
4	撰写调研报告	在前期调研的基础上，撰写完整的调研报告
5	汇报	分组进行汇报

五、知识链接

品牌延伸是许多成功品牌常做的事情，虽然貌似很轻松，但是操作不好，结果会很糟糕。品牌延伸有成功的案例，也有失败的案例。那些成功的品牌延伸遵循了正确的方式；而那些失败的品牌延伸，则往往是进入了品牌延伸误区造成的结果。

（一）品牌延伸的正确方式

1. 高期望产品使用新品牌运作

对于企业在市场占有率、知名度、美誉度方面寄予了很高期望的产品，不应采取延伸品牌策略，必须使用新的名称；而期望值低的产品则可以使用原有品牌。

2. 预算大就做新品牌

如果新品牌无须太多投入，可以考虑做更多新品牌。品牌传播预算大的产品不必使用原有名称,预算小的产品则可以考虑借助原有品牌的知名度。从大量中小企业实际经营状况来看,多一个品牌,多一个市场。很多行业的新品牌其实无须投入太多,在增加品牌之后,会更充分地利用或调动市场资源,比如增加更多的代理商或终端经销商,从而获得产品销售量的增长。

3. 明星类产品不适合随意进行品牌延伸

属于明星类和市场占有率很高的产品,品牌不能随意进行延伸。而一般的和衰退中的产品品牌则可以延伸到有发展前景的产品上,以提高其市场占有率,使之成为明星类产品。比如,很多已经被认为是大品牌的产品,如果随意延伸,势必破坏大品牌的消费认知,破坏已经形成的品牌影响力。那些众所周知的大牌企业,如汽车品牌,如果突然延伸到木材或家装品牌,是很难令人接受的。

4. 品牌+单个同类型新产品,也可做品牌延伸

企业原有品牌与单个同类型新产品的名称相结合,也是品牌延伸的一种好办法。

5. 并非同一范畴的产品,不适合做品牌延伸

比如某公司是生产药品的,延伸到保健品是合适的,因为都是为消费者的身体健康服务的;但是如果某公司生产的是灭蚊产品,同一品牌突然间又开始生产食品,那消费者就会很难接受,因为一个是有毒的灭蚊产品,一个则是要保证安全食用的入口产品,两者是冲突的。

(二)品牌延伸中的误区

品牌延伸进程中要防止进入误区,注意拒绝如下诱惑。

1. 坐享其成的诱惑——满足于目前状态

无论是什么,都装在同一个品牌篮子里,那么这个篮子迟早会不堪重负。

2. 市场占有率的诱惑——随意延伸品牌

单纯为了市场占有率而随意延伸品牌,会令品牌的含金量大幅缩水。品牌含金量一旦缩水,再想恢复就会变得非常艰难。

3. 规模经济的诱惑——盲目兼并扩大规模

有些品牌延伸,是为了快速扩大规模。但是如果企业没有消化能力,缺乏对规模化的适应能力,缺少相关人才储备,那么就算在短期内有了规模,也照样会萎缩下去。

4. 歧路插入的诱惑——非同范畴随意延伸品牌

八竿子打不着的产品,居然用同一个品牌;相互冲突的产品,居然用同一个品牌。品牌延伸一般只适合性质、价格和目标市场都大致相似的产品。

六、总结评价

任务考评表

考评任务	被考评人	考评标准				
		考评内容	分值	自我评价	小组评价	教师评价
品牌延伸的策略	班级： 姓名：	1.调研准备充分，分工合理	10			
		2.调研记录内容全面，准确性高	20			
		3.调研过程纪律表现良好，注重团队合作	10			
		4.调研报告总结及时、认真，体现出对品牌延伸策略的认识，具有合理性	30			
		5.汇报时PPT内容完整、美观，语言表达流畅，着装、仪态合乎要求	30			
		合计				
		综合得分 （自评占10%，组评占30%，师评占60%）				

任务三　品牌延伸的风险

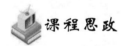

腾讯品牌延伸策略

腾讯是中国目前影响力较大的互联网公司。腾讯在发展中紧紧围绕目标用户，通过一系列的产品打造，不断夯实品牌基础，强化自身的品牌效应，使腾讯品牌的无形资产不断提升，同时通过产品的拓展，使品牌外延不断得到延伸，反过来进一步强化了核心品牌的形象，成为国内互联网企业的标杆。在这一系列成功延伸的背后，是腾讯紧紧围绕"一切以用户价值为依归"的理念，密切关注用户需求，精准进行产品定位及开发，不断满足用户需求的结果。同时相关性也是腾讯品牌延伸成功的关键，腾讯开发的一系列产品无一不是从满足使用者娱乐休闲生活所需出发而进行的延伸开发。腾讯发展的每一步都深深地影响着数以亿计的网民。

学生思考

腾讯品牌延伸成功的原因是什么？

教师点评

腾讯在追求极致用户体验，不断优化产品和服务，快速跟进市场需求等适应品牌发展方面的努力，造就了品牌价值的不断增值，成为中国互联网领导品牌。它的价值并不仅仅是其所创

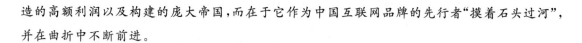

造的高额利润以及构建的庞大帝国,而在于它作为中国互联网品牌的先行者"摸着石头过河",并在曲折中不断前进。

一、任务描述

品牌延伸可以帮助企业切入新的市场,拓展产品线,并最大限度地利用现有品牌的价值,可以较快地让消费者接纳新产品,并增加母产品的品牌价值。然而,品牌延伸也是一把双刃剑,可能造成消费者认知混乱、品牌资产稀释等负面影响。从品牌延伸提出和实践以来,正反两方面的经验都很多,甚至有人说它是充满诱惑的陷阱,延伸一旦失败,后果极具破坏性。品牌延伸的过程中会遇到什么风险呢?下面将介绍品牌延伸的一些主要风险,以及如何最大限度地利用品牌延伸的潜力。

二、课前导学

(一)应知应会

品牌延伸的风险主要有以下方面。

1. 削弱主品牌形象

当某一类产品在市场上取得领导地位后,这一品牌就成为强势品牌,它在消费者心目中就有了特殊的形象定位,甚至成为该类产品的代名词。这一强势品牌进行延伸后,由于近因效应(即最近的印象对人们认知的影响具有较为深刻的作用)的存在,就有可能对强势品牌的形象起到巩固或减弱的作用。创建一个品牌需要一个长期的过程,也需要付出艰苦的努力才能准确地在消费者头脑中树立品牌形象。不适合这种品牌形象的延伸,会削弱原有品牌形象,特别是当代表高品质、高品位的高端品牌向下延伸时,尽管销量会有所增长,但长此以往,会将其高品质形象一点点销蚀殆尽,损害已有的品牌形象。

2. 淡化原有品牌的内涵

消费者对品牌产品的性能、形象认知明确、记忆深刻,如果原有品牌延伸的广度和深度过大,就会淡化品牌的核心概念,混淆消费者的记忆,毁损原有品牌在消费者心目中的形象。消费者会怀疑原有品牌产品的使用经验,失去品牌忠诚的目标。当然,有的企业为了使其品牌上升为理念型而非产品型,以期将来能扩展到更多行业而有意淡化,但是如果原有品牌能在新行业成功,可以弥补损失;如果不成功,则会降低原有品牌的价值。

3. 有悖消费心理

一个品牌取得成功的过程,就是消费者对企业所塑造的这一品牌的特定功用、质量等特性产生特定心理定位的过程。关联性是品牌延伸中使用同一品牌的一个必备条件,如果企业把强势品牌延伸到和原市场不相容或者毫不相干的产品上时,就有悖消费者的心理定位,会造成消费者的心理冲突。

4.跷跷板效应

当一个名称代表两种甚至更多的有差异的产品时,必然会导致消费者对产品的认知模糊化。当延伸品牌的产品在市场竞争中处于绝对优势时,消费者就会把原强势品牌的心理定位转移到延伸品牌上,这样就无形中削弱了原强势品牌的优势。这种原强势品牌和延伸品牌竞争态势此消彼长的变化,即为"跷跷板"现象,即一个名称不能代表两种完全不同的产品,当一种产品的销量上来时,另一种的销量就会下去。品牌延伸到另一个类别的产品时,新产品的销量上去了,原有品牌产品的市场份额却被竞争对手夺走了。这种情况往往发生在原有品牌地位尚未稳固,便轻易延伸到其他行业的企业。

(二)日积月累

对于大多数企业来说,品牌延伸并非一本万利的经营宝典,更不是一劳永逸的点金术,把握不当,会使企业品牌遭受巨大的损耗和影响,那么要不要进行品牌延伸?如何把握品牌延伸的机会?怎样规避品牌延伸的风险?这些问题的答案都需要从以下四个方面来分析。

1.品牌优势

品牌延伸的先决条件是企业已经建立了一个强势品牌,品牌已经具有了很高或较高的知名度、品质认知度、忠诚度和积极丰富的品牌联想,具有良好的品牌优势和品牌形象。品牌的知名度越高,品牌就越会被更多、更广泛的人所熟悉,延伸后被消费者认出、忆起的可能性越大,品牌延伸成功的可能性也就越大。在现代社会,消费者一般根据品牌的品质认知去购买。具有高品质认知的品牌有一定的光环效应,在品牌延伸上具有更大的潜力,其品牌延伸也更容易成功,因为消费者会将原有的品质印象转移嫁接到新的产品上。品牌联想源于企业对消费者持久的品牌传播和教育,以及消费者对品牌的理解和消费者间的口碑相传。因为品牌延伸的同时品牌联想也在延伸,所以品牌经营者要充分利用各种手段和工具,增强联想强度、联想喜欢度和联想独特程度。品牌忠诚度是消费者对品牌的态度在行为上的体现,而企业的一切营销努力最终也是为了使顾客产生品牌忠诚度。品牌忠诚度越高,其迁移到延伸产品上的可能性就越大,品牌延伸也就越容易成功。

2.品牌相似度

延伸产品与原有品牌产品的相似度是品牌延伸成功的关键。当消费者认为延伸产品与原有品牌产品高度相似时,对产品品牌延伸就比较有利;相反,当延伸产品被认为偏离了企业的传统专业范围时,消费者就会对延伸产品产生怀疑。因此,品牌延伸时,首先要分析延伸产品与原有品牌产品之间是否存在共同的核心价值和个性,这是决定品牌延伸成败的关键。其次,当延伸产品与原有品牌产品不具有内在的共同核心价值和个性时,应考虑延伸产品与原有品牌产品表面的关联度,尽量使延伸产品与原有品牌产品在定位、特色及消费对象等方面相吻合。

3.品牌定位度

品牌定位往往从技术、个性、文化和价值等方面入手。品牌定位对于品牌延伸应从品牌定位度和品牌适应度两个层次理解。品牌定位度包括独特档次与个性特色等,这些独特性与特色会在消费者头脑中形成固有的品牌形象。品牌延伸应该尽量不与品牌的核心价值相抵触。例如,一说茅台,我们就马上知道是白酒品牌,是国酒,不可能是啤酒或葡萄酒。对于定位度高的品牌,如果延伸产品不具有原有品牌的特性,不具有原有品牌的核心价值,则不容易被市场接受。品牌适应度是指品牌可延伸的范围。任何品牌都有定位,品牌定位表明品牌在消费者头脑中的位置,不论品牌拥有者是主动、自觉地寻求定位,还是被动地接受定位,品牌定位都有一个适度的范围。某啤酒公司在宣布要进军香港房地产市场时,它的股票价格急剧下跌,因为香港投资者看中的是它的啤酒生产能力,而非房地产经营能力,他们认为该啤酒公司没有必要把钱投资到不熟悉的香港房地产行业,这样的品牌延伸可能会对企业业绩产生负面影响。

4. 市场机会

市场机会决定了企业进行品牌延伸的时机,主要包括延伸产品要进入的市场没有强势品牌,品牌格局尚未稳定,消费者的需求发生变化或市场发生变革,所要延伸的产品的生命周期等四个方面。

市场没有形成强势品牌意味着市场尚未被强势品牌控制和垄断,市场还不太成熟,未形成品牌市场竞争的稳定格局,那些相对有优势的品牌地位不稳,市场还未被强势控制,市场容量也比较大,因此还有延伸的空间。消费者的需求发生变化,有了新的需要,就会有新的市场,只要对变化反应正确、行动快,就能抢占市场。延伸产品处于不同的生命周期,会使品牌延伸的结果不同。

(三)实践训练

(1)品牌延伸的风险有哪些?

_____
_____
_____
_____

(2)举例说明如何规避品牌延伸的风险。

_____
_____
_____
_____
_____

三、任务实施前准备

(1)知识准备:品牌延伸的风险。
(2)工具准备:笔记本、笔、电脑、网络。

四、任务实施流程

本任务实施流程如表7-3所示。

表7-3 任务三实施流程

序号	作业内容	说明
1	确定调研对象	确定2~3家企业作为调研对象
2	收集资料	分组对这2~3家企业的品牌延伸过程出现的风险进行调研并收集资料
3	整理资料	以小组为单位对调研企业的资料进行归纳整理
4	撰写调研报告	在前期调研的基础上,撰写完整的调研报告
5	汇报	分组进行汇报

五、知识链接

《品牌的起源》是艾·里斯的定位理论的延伸之作,这本书从达尔文的"物种起源"理论出发来分析,认为自然界的进化史更是一种"分化史":最初的一种物种,分化出不同的新物种,而新物种之间的区别越来越大,也成长为独立的物种,它们再继续分化,现在自然界的分化仍在继续进行。

从达尔文这种"分化式"的进化史观点出发,艾·里斯认为品牌的诞生不是源自融合,而是来源于"分化":"你若要打造成功品牌,就必须理解分化。你必须寻找机会,通过原有品类的分化创造新品类。然后,你必须成为新生品类的第一个品牌。在'品牌的大树上',成功品牌是主导了新生枝条的品牌。随着枝条不断扩展并阻挡临近枝条的阳光,品牌也随后变得越来越成功。传统营销没有把注意力集中在创建新品类上,而是集中在开发新顾客上。传统营销就是发现顾客的需求,然后提供比竞争对手更优质、更便宜的产品或服务来满足顾客的需求。"

艾·里斯认为,在打造新品牌时,人们常常犯了对市场判断的错误,"打造品牌时做出正确决策的关键点在于能够区分市场和心智之间的差异。打造品牌的规划的主要目标绝不应该是产品或服务的市场,而应该是预期顾客的心智。先有心智地位,然后市场才跟随心智而动"。

分化可以作为定位理论的延续,从一块顾客心智中的细分市场中,来创造新的品牌,"分化思维应该能让创新者问自己:'我们可以聚焦新产品的哪个部件,从而打造一个品牌?'事实是,卖电池(金霸王)比卖手电更赚钱,卖胶卷(柯达)比卖相机更赚钱,卖软件(微软)比卖硬件更赚钱"。

"是什么推动了分化:顾客还是公司?实际上是两者。自然界中发生的情况就是一个类比,生存条件(顾客)青睐或厌恶有机体(公司)身上发生的自然变异。公司对这个过程的控制比自然界更强,因为公司不必坐等自然变异的发生。它们可以有意识地推出新品牌强迫这个过程发生。"在自然界,时间的流逝和生存的竞争创造新物种。在市场营销领域,时间的流逝创造的只是机会,不会创造新品类,公司通过营销努力创造新品类。

六、总结评价

任务考评表

考评任务	被考评人	考评标准				
		考评内容	分值	自我评价	小组评价	教师评价
品牌延伸的风险	班级： 姓名：	1.调研准备充分,分工合理	10			
		2.调研记录内容全面,准确性高	20			
		3.调研过程纪律表现良好,注重团队合作	10			
		4.调研报告总结及时、认真,体现出对品牌延伸风险的认识,具有合理性	30			
		5.汇报时PPT内容完整、美观,语言表达流畅,着装、仪态合乎要求	30			
		合计				
		综合得分 （自评占10%,组评占30%,师评占60%）				

项目拓展

即测即评

项目八
品牌国际化

任务一 品牌国际化的内涵

课程思政

华为——从中国走向世界

在全球市场日益壮大与完善的浪潮下,为顺应时代发展的潮流,越来越多的国家和企业开始选择跨国经营,拓展国际市场,进行品牌国际化建设。作为我国高科技领域的龙头公司,华为公司在多个领域实现了技术的突破,努力走在全球科技的最前沿。根据华为年报记载,其全球品牌知名度 2012 年为 25%,发展至 2018 年已达 88%。随着华为公司品牌国际知名度的提升,其在全球市场上的占有率逐年扩大,2018 年华为公司全年的销售收入为人民币 7212 亿元,比 2017 年增长了 19.5%,其中国际市场的销售收入占总销售收入的 48.4%。而增长的主要动力来自海外市场。华为在世界各地设立研究所、聘用当地人才、进行全球营销,与世界众多国家的顶级运营商成为合作伙伴,不断为高科技领域带来技术创新与突破。目前华为公司在全球 170 多个国家和地区有业务分支机构分布,并且已经与来自全球的 1.3 万多家供应商广泛合作,建立了长期合作关系。可见华为公司已经在全球范围内部下了机构网,其业务领域已经遍布全球,公司规模和品牌效应迅速扩展,逐渐被世界各国认可。

学生思考

华为公司为何要走上品牌国际化之路?

教师点评

华为公司通过多年的人才、技术投入终于厚积薄发走在了世界科技的前沿,不仅实现了很多核心技术的突破,还积极参与国际高科技市场标准的制定,带动我国各行各业从质和量两个方面提升了国际影响力与国际竞争力,代表着中国成功地走向了世界市场,为我国经济发展与国家建设做出重大贡献。

一、任务描述

随着互联网与高科技的发展,网络与科技在人们生活中的作用日益显著,数字化在影响着各行各业发展的同时也在促进着各国的生产活动与经济建设快速发展,这给国际上众多发展中国家带来了更多的机遇与挑战,在新常态下我国政府提出了"走出去"与"中国制造2025"战略。华为公司品牌国际化的成功经验为我国其他产业和企业品牌进入国际市场带来了启示,从而带动我国各行各业积极投身于国际化经营。那么品牌国际化是什么?它给企业和国家带来什么好处?要解答这个问题,我们必须来认识和了解品牌国际化的内涵。

二、课前导学

(一)应知应会

品牌国际化就是将一个品牌推向国际市场,以实现品牌在全球范围内的发展,获得更多的市场份额和利润。在全球化的今天,品牌国际化成了越来越多企业追求的目标。

(二)日积月累

品牌国际化的内涵具体如下。

1.品牌国际化的时间

品牌国际化的时间是指品牌的输出有一个时间过程。品牌国际化实际上是一个系统工程,不仅需要企业有强大的经济实力、技术实力、管理实力和文化实力等作后盾,还需要一个良好的品牌国际化经营战略,以持续有效地提高品牌的国际影响力。品牌国际化不是一蹴而就的,而是十几年、几十年甚至上百年长期积累的结果。即便在新兴的IT行业,微软、戴尔、英特尔等知名品牌也都具有几十年的历史,更不用说惠普、IBM了。

2.品牌国际化的空间

品牌国际化的空间是指品牌输出的国际市场布局,品牌输出到国外市场上是一个空间转移过程。很明显,品牌国际化含有很强的国别信息,至少走出国门才有可能是国际品牌。但由于所进入的国家的经济发展水平和国家数量不同,其品牌国际化的程度也不同。同时,品牌进入所选择的目标国家或地区的市场也是一个分阶段的渐进的过程。华为1996年启动品牌国际化,首先进入非洲、拉美和中东市场,之后进入欧美和日本市场。

3.品牌国际化的动态营销

品牌国际化的动态营销是指品牌国际化过程需要因地制宜,以"全球化策略、当地化实施"战略来适应目标国家环境。品牌形象、品牌个性和品牌定位应该全球统一考虑,具体实施时需要根据当地的情况灵活调整。汇丰银行(HSBC)的品牌口号"环球金融,地方智慧"就是动态性的具体体现。

4.国际化的品牌输出

品牌国际化是一种品牌输出,国际化的品牌输出一般有三种方式:初级形式是品牌随产品或服务向国际市场输出,国际贸易是其实现手段(产品输出);中级形式是品牌随资本输出,对东道国进行投资,使品牌植根当地,更能取信于人(资本输出);高级形式是品牌的直接输出,通过品牌的特许使用而获取品牌收益。

很明显,这三种方式成递进关系,也是品牌国际化程度逐步深化的过程,其最高形式也就是品牌成为公认的国际品牌。海尔、宝马等跨国巨头都经历了从产品输出到资本输出的过程,而麦当劳、肯德基等快餐巨头则多采取加盟计划,进行品牌的授权经营。

5.品牌国际化的广泛认可度

品牌的国际认可是品牌国际化的基本标准和前提,包含品牌的认知度和美誉度。广泛的国际认可度不仅是企业国际化实力的体现,也是检验品牌国际化运作成效的指标。

6.品牌国际化的特定利益

品牌国际化的实质是品牌收益的国际化,是一个具有特定的国际化目标或利益的行为。因此,企业在进行品牌国际营销时必须考虑国际利益。

(三)实践训练

(1)品牌国际化可以为企业带来哪些益处?

(2)选取一家企业,说明其品牌国际化之路。

三、任务实施前准备

(1)知识准备:品牌国际化的内涵。
(2)工具准备:笔记本、笔、电脑、网络。

四、任务实施流程

本任务实施流程如表8-1所示。

表8-1 任务一实施流程

序号	作业内容	说明
1	确定调研对象	确定2~3家企业作为调研对象
2	收集资料	分组对这2~3家企业的品牌国际化基本情况进行调研并收集资料
3	整理资料	以小组为单位对调研企业的资料进行归纳整理
4	撰写调研报告	在前期调研的基础上,撰写完整的调研报告
5	汇报	分组进行汇报

五、知识链接

品牌国际化对企业最大的益处在于可以实现规模经济,这种规模经济主要表现为生产、流通、研发的规模经济和品牌传播的规模经济。一个品牌如果拥有较多的消费者,便可以避免生产设备的闲置;研发及品牌传播的高额成本便可以通过分摊而变得越来越少,从而企业也可以获得更多的利润,实现品牌发展的良性循环。著名品牌专家凯文·莱恩·凯勒(Kevin Lane Keller)对此做了卓有成效的研究,他认为,企业实施品牌国际化具有以下优势。

1. 实现生产与流通的规模经济

在经济全球化的今天,对许多行业来说,在世界范围内开展经济活动所带来的规模经济效益,已经成为获得竞争优势的重要因素。学习曲线(learning curve)告诉我们,大规模运作能够实现生产和流通的规模经济,即可以有效地提高生产效率,显著地降低生产成本,使品牌产品更具价格竞争力。

2. 降低营销成本

实施品牌国际化,可以在包装、广告宣传、促销以及其他营销沟通方面实施统一的活动。如果在各国实施统一的品牌化行为,其经营成本降低的潜力很大,实施全球品牌战略成为分散营销成本最有效的手段。如可口可乐、麦当劳等企业分别在世界各地采取了统一的广告宣传。通过全球化的广告宣传,可口可乐公司在20多年里节省了9000万美元的营销费用。

3. 大范围的感染力

大范围的感染力,即可以创造有益的品牌联想,让人感到该品牌实力雄厚。全球品牌向世界各地的消费者传达一种信息:他们的产品和服务是信得过的。品牌产品之所以能够在全球范围内畅销,为广大消费者所接受并拥有忠诚的顾客群,说明该品牌具有强大的技术能力或专业能力产生的高质量,也说明该品牌能够给消费者带来生活上的便利,从而反过来又增强了品牌在其母国的影响力。

4. 品牌形象的一贯性

在全球市场遵循同样的营销战略有利于保持品牌和公司形象的一贯性。统一的产品形象,使顾客无论身在何处,都能购买到他熟悉的产品或服务,感受到独特的产品文化带来的精神愉悦。

5. 知识的迅速扩散

品牌国际化可以使在一个国家产生的好的建议或构想,无论是研发、生产制造方面的,还是营销或销售方面的,都能迅速广泛地被吸取或利用。另外,国际化还可以做到,在品牌及其营销组合宣布后,立即覆盖各大目标市场,不给竞争者留下抢先的时间,从而能提高企业整体的竞争力,如微软的视窗产品推出、英特尔电脑芯片的推出等,都得益于国际化的品牌策略。

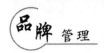

6.营销活动的统一性

由于营销者对品牌产品的属性、生产方法、原材料、供应商、市场调查、价格定位等都非常熟悉,并且对该品牌的促销方式也有详细的记录,因此,在品牌国际化过程中,就能够最大限度地利用公司的资源,大大减少和消除重复性的工作,以便迅速在全球展开该品牌的营销活动。

六、总结评价

任务考评表

考评任务	被考评人	考评标准				
品牌国际化的内涵	班级： 姓名：	考评内容	分值	自我评价	小组评价	教师评价
		1.调研准备充分,分工合理	10			
		2.调研记录内容全面,准确性高	20			
		3.调研过程纪律表现良好,注重团队合作	10			
		4.调研报告总结及时、认真,体现出对品牌国际化的认识,具有合理性	30			
		5.汇报时PPT内容完整、美观,语言表达流畅,着装、仪态合乎要求	30			
		合计				
		综合得分 (自评占10%,组评占30%,师评占60%)				

任务二　品牌国际化的障碍和风险

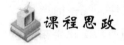

海尔集团的品牌国际化升级路径

四十多年来,海尔品牌始终站在技术革命和时代发展的前列,引领中国乃至世界家电产业的发展潮流。经过多年创新实践,海尔在品牌国际化方面取得了诸多成果。

海尔品牌的国际化分为三个阶段,即"走出去、走进去、走上去"。海尔发挥优势坚定不移地"走出去",在走向国际市场时坚持了创中国自己的国际名牌的战略,并努力通过质量、售后服务等树立海尔品牌的国际形象。海尔稳扎稳打地"走进去",努力引领消费和技术的新潮流,采用了"三位一体"和"三融一创"的本土化战略,提高了海尔国际市场的荣誉度和美誉度,最终达到海尔开拓并稳定国际市场的目标。海尔持之以恒地"走上去",一方面通过大规模销售服务,逐渐建立起遍及全球的营销网络和维修服务网络;另一方面通过严格的管理和控制,树立"高质量服务"的信誉,将品牌逐步打入国际市场。

学生思考

海尔集团品牌国际化的战略及其路径对于其他中国企业国际化发展有哪些借鉴意义?

教师点评

海尔集团以其深刻而颇具成功的战略实践,为中国企业"走出去""走进去""走上去"发展策略提供了丰富的实践经验和启示。海尔集团从国内市场进军国际市场,从利基市场到全面渗透实现连续多年全球第一,其品牌国际化战略对于中国诸多走向全球市场的企业具有较强的借鉴意义。

一、任务描述

随着中国进一步扩大开放,以及"一带一路"倡议的深入推进,越来越多的中国企业进入国际市场。海尔集团已经名副其实地成为中国企业走向国际的典型代表,并成功地由"走进去"转型升级到了"走上去"。然而,有的企业虽然"走出去"取得了不凡的业绩,但是却没有实现最终"走上去"的转型升级,这是什么原因呢?其主要原因在于企业"走出去"以后就直接想"走上去",而这恰恰忽略了非常重要的"走进去",只有真正获得了消费者的认知,企业才能真正"走上去"成为全球品牌。基于不同国家的法律、文化和竞争环境,以及消费者对品牌的了解、认知和理解不同等原因,品牌国际化会受到许多因素的制约,会遇到不同的障碍和风险。那么品牌国际化的障碍都有什么?品牌国际化会面对那些风险?

二、课前导学

(一)应知应会——品牌国际化的障碍

普遍意义上的品牌国际化障碍是指一国的品牌在向其他国家传播时可能遇到的障碍,这些障碍是整个世界范围内都可能存在的障碍。我们把它们分为环境性障碍和品牌自身障碍两种类型。

1. 环境性障碍

环境性障碍中最应引起企业重视也是最难解决的障碍是法律环境障碍和社会文化环境障碍。

1)法律环境障碍

不同国家有不同的法律体系,知识产权的保护要求不一样,产品也有不同的标准,这些都会影响品牌国际化。法律方面的障碍最主要的是技术标准的障碍,因为技术标准的障碍直接设立了一道门槛,并决定了一个品牌能否进入他们的市场。技术标准通常是非发达国家品牌

国际化运作的最大障碍,因为它多数情况下是发达国家设定的某一行业或某一类产品的标准,而且这个标准一般是非发达国家的技术所无法达到的。冲破技术标准壁垒的方法有两个:一是获得通行证,如实施 ISO14001 认证,获得进入国际市场的绿色通行证;二是自己设立全球公认的标准,这也是品牌国际化所能达到的最高境界。华为通过自主研发、创新的 GT800 数字集群系统被纳入了 3GPP 标准,成为全球标准;海尔防电墙科技和 3D 智慧洗写入 IEC(国际电工委员会)国际标准。同时,在一个国家是合法的营销行为、品牌内涵和定位的表达方式,在其他国家却有可能是非法的。

2)社会文化环境障碍

社会文化环境是阻碍品牌国际化的又一个因素,有时甚至会完全阻碍品牌的国际化。社会文化环境是指人们在一定的社会环境中成长和生活,久而久之所形成的某种特定的信仰、价值观、审美观和生活准则。处于不同的社会文化背景中,消费者的消费理念、风俗习惯、宗教信仰、偏爱禁忌、民族种族等意识方面的观点可能都有所不同,品牌认知和消费者行为取向也会有所差异,这也必然导致品牌在国际化的过程中会遇到一些相关的障碍。例如,可口可乐在全球的包装采用统一的深红色,而在中东地区却改为绿色包装;在美国只是众多保健品品牌之一的安利,在进入中国市场后,利用直销和新的保健理念,塑造了高档保健品的形象,占领了高档保健品市场。

3)竞争结构

竞争结构是影响品牌国际化的重要因素,不同的国家有独特的产业发展过程,有一些品牌在本地已牢牢地占据了某种地位,因此新品牌难以把品牌定位和联想移植到他国,从而使品牌国际化遇到阻力。品牌国际化试图改变这种格局,有必要对原有的品牌定位及营销的组合策略做出调整。

2. 品牌性障碍

品牌性障碍是指由品牌的构成要素(文字、图案、色彩、名称等)所带来的品牌国际化障碍。品牌自身之所以在国际化时存在障碍是与世界各国环境性的差异密不可分的,一个在本国非常优秀的品牌元素,在国际化时却可能成为不利的因素。

1)品牌名称

公司在为其产品选择品牌名称时,未必考虑到未来的国际化经营需要,往往取了一个很有当地文化色彩的品牌名称。这样的品牌在本国可能会非常成功,然而在国际化时就可能遇到严重障碍。欧美国家的品牌在进入亚洲国家时,也时常为名称的翻译大伤脑筋,反过来亦然。因此,品牌名称是品牌国际化中必须面对和跨越的一道障碍。

2)品牌图案

品牌图案是品牌的基本而又重要的构件。对不认得文字的小孩、文盲和外国人来说,品牌就是品牌图案。品牌图案虽然是品牌国际化中最易于被接受的要素,但并不是没有任何障碍。

在不同的国家,它们会有不同的象征和联想,有的图形甚至成为禁忌。例如,在中国,在东南亚国家,大象是人们最喜爱的动物之一,是大力士的象征,但在英国,大象有笨拙、大而无用的意思,因此,以白象作为品牌图案在亚洲国家很好,到英美国家就不行。再如兔子,在我国是一种深受小朋友喜爱的动物,因而用兔子作为品牌图案对产品的销售很有利。但在澳大利亚,由于经常遭到兔害,庄稼被毁坏,因此,有"兔"标志的品牌图案在澳大利亚就会遇到麻烦。

3)品牌标志色和包装

包装的大小,尤其是色泽图案,是品牌的有机构成部分,也是品牌视觉识别的因素之一。一个好的品牌总是借助于一定的色彩和包装来传达其内涵,如可口可乐以其特有的外形和红颜色遍布全世界,即使略去可口可乐曲线字样也能迅速被认知。每种色彩都能表达一种意义,而不同国家的国民对色彩又有不尽相同的认知和感觉。所以,在品牌国际化中,对于包装色彩应适当加以注意。例如,联想、李宁、金蝶软件等在国际化前都对其名称、标志,甚至包装进行了重新设计。

(二)日积月累——品牌国际化的风险

企业在品牌国际化的过程中,将遇到比国内经营更多更大的困难,这些困难和阻碍具体表现为各种风险,对这些风险的识别、预警和防范对于处在品牌国际化进程中的企业来说都是至关重要的。需要注意的是,障碍和风险是不可避免的,企业必须竭力克服这些困难,在保护品牌和利益的基础上实现品牌国际化。

1. 产品风险

企业在品牌国际化的经营运作中由于不同文化、经济差异以及关于产品的质量、外观、安全、环保的标准差异的存在,需要对自己的产品进行适当的修改、调整或延伸,以适应当地消费者的需求和满足当地法律的要求。正确的产品策略对于企业的营销绩效具有直接的正面影响,但产品策略不当也会给企业带来巨大的营销风险。产品风险包括产品定位、产品质量、产品线扩展、并购当地品牌等风险。例如,号称钢笔之王的"派克"钢笔。人们购买"派克"笔,绝不仅仅是购买一种书写工具,更主要是购买一种象征、一种气派,高档次是"派克"笔行销市场的支撑点。然而,"派克"公司在西欧市场曾一度热衷于同其他厂商争夺低档笔市场,生产经营每支3美元以下的大众化钢笔。结果没过多久,"派克"公司不仅没有顺利打入当地低档笔市场,反而让对手"克罗斯"公司乘虚而入,"派克"的高档笔市场被冲击,市场占有率下降,销量只及"克罗斯"的一半。

2. 价格风险

价格风险主要包括定价风险和价格变动风险。在品牌国际化阶段,产品价格政策一旦失误,再好的产品也逃脱不了被淘汰的命运。定价风险主要是许多企业由于不能有效地识别企业的定价目标,或者成本核算失误,使其产品的价格并不适合自己在目标市场上的处境,导致不良后果。价格变动风险主要体现在不适宜的涨价、降价所带来的销售量不理想,恶性商业竞

争,企业形象受损,以及当地政府的价格管制带来的风险。

3. 销售渠道风险

新技术的发展、新产品的不断涌现以及全球化浪潮愈演愈烈,企业分销渠道面对的不确定性也越来越大。在人员销售方面,致力于品牌国际化的企业之间的竞争不仅在技术、市场方面展开,还突出表现在对人才,尤其是既通晓当地文化又熟悉国际营销业务的销售人才的争夺。其结果是造成了销售人员跳槽率高,导致企业分销渠道不稳定,甚至有可能造成分销渠道断裂。同时,企业销售人员的国别、文化、语言、价值取向和行为方式等背景的不同,增大了信息的不对称性,极易产生道德风险。企业的营销渠道系统一般呈金字塔状,只要总经销商下面存在两个或两个以上不同的二级经销商和批发商,就有窜货的可能。

4. 促销的风险

目前企业常用的促销工具仍然是广告、销售促进、公共关系与宣传、人员推销和直销。但是,由于媒介的多样性和媒介的效力因市场不同而不同,以及不同国家消费者文化、宗教信仰、风俗习惯等方面的不同,企业促销的难度和风险更大。企业在目标市场上为其产品促销时,如果对当地状况了解得不充分可能会产生严重的后果。某个广告在一些市场上被接受但却有可能在其他地方遭遇麻烦。此外,包括区域文化风险、审美风险和宗教信仰风险等的文化适应性的风险已成为国际化营销风险的重要来源。

(三)实践训练

(1)品牌国际化的障碍有哪些?

_____
_____
_____
_____

(2)举例说明品牌国际化需要考虑的因素。

_____
_____
_____
_____

三、任务实施前准备

(1)知识准备:品牌国际化的障碍和风险。

(2)工具准备:笔记本、笔、电脑、网络。

四、任务实施流程

本任务实施流程如表 8-2 所示。

表8-2 任务二实施流程

序号	作业内容	说明
1	确定调研对象	确定某一个国家或地区作为调研对象
2	收集资料	分组对该国家或地区的市场宏观环境进行调研并收集资料
3	整理资料	以小组为单位对调研国家或地区的资料进行归纳整理
4	撰写品牌国际化风险识别分析报告	在前期调研的基础上,撰写完整的报告
5	汇报	分组对品牌进入该国家或地区的障碍和风险进行汇报

五、知识链接

企业进行品牌国际化的动因主要有以下几种。

1. 发展动因

品牌在国内市场发展到一定的程度,积累了一定的实力,或发展潜力受限时,就会开始放眼世界,走出国门,开拓海外市场,寻求更广阔的发展空间。例如,我国家电企业海尔、TCL等通过新创投资、并购等方式在海外设立生产基地和销售中心,开拓海外市场。

2. 利润动因

品牌国际化经营利润远高于产品国际化经营利润。尤其在中国,很多企业都是从贴牌生产开始的。贴牌生产的企业利润微薄,而跨国公司却收获了丰厚的利润。一件品牌产品的价格往往是贴牌产品原产地价格的几十倍。因此,这些生产企业的实力达到一定程度后,往往会在贴牌的市场基础上,积极创建自己的品牌,走品牌国际化的道路。格兰仕、捷安特、明基等都是典型的代表。

3. 规模经济动因

品牌国际化能带来巨大的市场空间,实现大量生产和大量流通的规模效应,降低生产制造成本,提高生产效率,并促进产品销售。此外,实施品牌国际化,可以在包装、广告宣传、促销及其他营销沟通方面实施统一的活动,从而大大降低营销国际化的推广费用,并及时把在某一国度获得成功的营销创新经验迅速推广到全球市场,获得规模效益。例如,高露洁在世界各地采取了统一的广告宣传,而高露洁在每个国家都可以节约100万～200万美元的广告费用。

4. 分散风险动因

由于各国技术、经济发展水平不一样,一个品牌产品在不同国家的生命周期也不同,在发达国家处于成熟期,在部分发展中国家则可能处于导入期或成长期。这样一种产品消费的国别梯度可以通过全球市场的调节,延长产品的生命周期。同时,国际市场空间广阔,可以避免一国或一个地区因经济、政治环境因素的影响带来需求波动,使品牌经营具有稳定性,起到分散风险的作用。

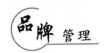

5. 竞争动因

品牌国际化就是要在企业品牌及其营销组合形成后,即刻覆盖各大目标市场区域,不给竞争对手留下时间和空间。此外,在资本全球化的背景下,跨国品牌越来越多地通过并购推行国际化进程,这种并购的目的已不只是纯粹获取投资收益,而是品牌国际化的战略布局。

六、总结评价

任务考评表

考评任务	被考评人	考评标准				
品牌国际化的障碍和风险	班级： 姓名：	考评内容	分值	自我评价	小组评价	教师评价
		1.调研准备充分,分工合理	10			
		2.调研记录内容全面,准确性高	20			
		3.调研过程纪律表现良好,注重团队合作	10			
		4.调研报告总结及时、认真,体现出对品牌国际化障碍和风险的认识,具有合理性	30			
		5.汇报时PPT内容完整、美观,语言表达流畅,着装、仪态合乎要求	30			
		合计				
		综合得分 (自评占10%,组评占30%,师评占60%)				

任务三　品牌国际化的策略

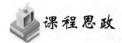

以OEM模式为起点的格兰仕品牌国际化之路

格兰仕从一个不知名的乡镇企业,经过多年的发展,成为全球最大的微波炉生产企业。格兰仕通过贴牌生产开始创业,也通过贴牌生产走向海外市场,并创出了一条与众不同的、以成为"全球最大的微波炉制造中心"为目标的国际化经营之路。格兰仕的品牌国际化路径可分为两个阶段：第一阶段——以贴牌为主开启国际化。由于亚洲金融危机的影响,格兰仕通过自身的成本优势以及成熟的制造工艺,拿得了美国的GE、日本的三洋等国际品牌的订单,为它们生产产品。自此之后,格兰仕的生产规模大幅扩张,跃然成为世界顶级的微波炉制造商。第二阶段——贴牌与自主品牌并存。21世纪初期,格兰仕的生产经营状态开始从被动接受生产订单到主动发挥优势去生产创造。格兰仕一边加大研发创造,一边积蓄力量将品牌推向国际市场。格兰仕在生产创造中不断开拓进取、锐意创新,以"格兰仕"出口的中高档微波炉全部是由格兰仕自主设计研发的,为企业从OEM(原厂委托制造)向ODM(原厂委托设计)转型升级提供了基础,实现了企业价值链的延伸。格兰仕通过在国外市场设立分公司的形式来进行品牌推广,通过这种品牌推广的模式,已经让全球近200个国家和地区接触了来自"世界名牌格兰仕造"的产品。

学生思考

格兰仕品牌是如何走上世界舞台的?

教师点评

格兰仕一方面发展低成本的比较优势,另一方面不断关注全球微波炉等家电业的产品、市场和管理发展动态,力求集成全世界最先进的技术、工艺、装备和管理。这些发展战略弥补了国际经营能力、经验以及人才不足的弱势,从而使得格兰仕作为一个发展中国家的企业,巧妙地避开了与外国巨型跨国公司的正面交锋,进而在竞争实力悬殊的情况下,找到了企业生存机遇和较大的发展空间。

一、任务描述

品牌在国内通过品牌设计、定位、传播等品牌培育过程,赢得消费者的认知和忠诚,当品牌资产积累到一定程度时,受国际市场空间的吸引和企业获利性的驱动,往往会实践"走出去"战略,把自己的产品推向国际市场,实现品牌国际化。如何提升品牌国际化的成功率呢?下面将从品牌国际化的程序、品牌国际化的模式来介绍品牌国际化的策略。

二、课前导学

(一)应知应会——品牌国际化的程序

1. 重新设计品牌标志

在品牌国际化前要重新设计品牌标志,也就是进行品牌更新,以适应国际化的需要。品牌标志系统是一个复杂的系统,其中最重要的是确定品牌核心价值、品牌名称。品牌核心价值是品牌的灵魂,而品牌名称是品牌的面孔。重新设计品牌标志,保持全球市场的一致性,并保持相当长一段时间的稳定性,有助于品牌在新的市场上建立与消费者的关系。例如,宏碁电脑在其品牌国际化中把英文名称改为Acer,运动服系列品牌李宁则更换了品牌标志和品牌口号。品牌标志要得到国际市场消费者的一致认可,如安全、纯真、健康、专业、活力、创新等价值取向在国际上是通用的。

2. 选择国家或地区

品牌国际化是一个过程,企业不可能一蹴而就地全面进入每个国家的市场,而是要根据自身条件和市场特征有选择地进入。例如,TCL从越南、印度等东南亚国家开始进行品牌国际

化,而海尔却选择将生产和技术都很强的欧洲市场作为品牌国际化的开端。

3. 瞄准目标市场

选定一个国家或地区,还需要明确适合的目标市场。因为一个国家或地区的市场内部也划分为很多层次,企业需要进行市场细分,以明确具体的目标市场。例如,很多外国公司进入我国都是将目标放在北京、上海、广州、深圳等一线城市,这些城市不仅消费水平高,而且对其他二、三线城市有示范效应。宝洁公司的SK-Ⅱ的目标消费者就选择了收入水平较高的城市女性消费群体。

4. 调整品牌结构

一些跨国公司采取的是多品牌结构战略,这并不意味着所有的品牌都要进入国际市场,也不意味着进入某个国家市场的品牌也要进入另一个国家的市场。每一个品牌都有其战略角色,必须与将要进入的国家的市场目标相吻合。例如,一些强势的品牌进入发达国家是为了建立品牌形象,而一些弱势品牌进入发展中国家则是为了抢占市场份额。

5. 选择适合市场的产品

由于市场需求和政策法规的差异性,一些在本国畅销的产品不能直接照搬到国外市场,企业可以通过产品的设计、包装、配方、尺寸和定价等方面的差异化,来适应当地市场的需求。例如,美国通用家电的电冰箱到了日本就必须缩小容量,因为日本人习惯经常性地采购食物,而美国人通常是一周一次。

6. 策划品牌营销活动

包括广告、公关、促销等在内的全球品牌营销活动必须符合当地的政治、法律、社会文化环境,尽量融入当地文化元素,但不能触犯当地的禁忌。本土化策略使企业能够采取更具针对性的营销策略,以更好地适应外国市场。

(二)日积月累——品牌国际化的营销模式

品牌国际化的营销模式有两种:标准全球化模式和标准本土化模式。在实际选择过程中,往往把两种模式结合起来,以充分利用两种模式的优点,由此产生了四种不同的品牌国际化模式。

1. 标准全球化

标准全球化是将全球视为一个完全相同的市场,即每一个国家或地区都是具有无差异特征的子市场。标准全球化在营销元素组合和运营方式上,除战术调整外,都采用统一化和标准化,这种品牌全球化可以带来规模效应。一般来说,品牌资产雄厚的、具有规模化生产能力和强大销售网络的世界性品牌往往会采用这种策略。此外,从行业和产品上看,实行这种策略的主要是一些高档奢侈品和化妆品品牌,也有部分是食品品牌。例如,路易威登(LV)和伊丽莎白·雅顿(Elizabeth Arden)等在每个国家的市场上,包装、宣传等都是一致的。标准全球化品牌约占品牌国际化总数的25%。

2.模拟全球化

模拟全球化是指除了品牌核心价值和品牌定位等主要的品牌要素实行全球统一化以外,其他要素(产品、包装、广告策划等)要根据当地市场的具体情况加以调整,以提高品牌对该市场的适应性。从行业上看,餐饮、汽车、家电、银行等容易采用模拟全球化模式,比较典型的是汽车行业。例如,欧宝汽车在欧洲的销量很高,但除了品牌标志、品牌个性等至关重要的因素以外,从产品设计到价格制定,基本实行本土化策略,也就是说,生产什么款式、卖多少钱,全部由通用汽车公司设在欧洲的子公司次定,总公司不予干预。模拟全球化的品牌约占品牌国际化总数的27%。

3.标准本土化

标准本土化是国际化程度最低的品牌国际化策略。在实施国际化策略的过程中,所有营销组合要素的出台都要充分考虑所在国的文化传统、语言,并根据当地市场情况加以适当调整。本土化策略能充分满足不同地区差异化的要求,但是大大增加了企业的研发、生产和宣传成本。由于针对每个地区都要制定不同的营销策略,增加了企业管理的难度,这种策略主要集中于一些食品和日化产品品牌。例如,肯德基在中国市场上每年都会推出一系列富有中国特色的产品。标准本土化的品牌约占品牌国际化总数的16%。

4.体制决定的本土化

体制决定是指某些产品由于特殊性,其营销并不完全取决于企业本身,而要受所在国贸易和分销体制的巨大影响,企业只能在体制约束的框架内做出统一化或本土化的决策。比较典型的例子是音像制品行业、电影行业,虽然在全球都占有巨大的份额,但是从总体上说,由于各国对电影业、音像制品业的政策存在差异,所以其发展呈现明显的不平衡性。

企业不管采用哪种品牌国际化模式,品牌的形象和定位一般都不采用本土化策略。因此,品牌国际化中,纯粹的标准化和本土化是不存在的,企业会根据品牌所在行业、企业所在国家的文化和所在国家的市场环境等因素,确定品牌国际化的模式,一般采取"思考全球化、营销本土化"的品牌国际化策略。

(三)实践训练

(1)品牌国际化的程序有哪些?

(2)举例说明品牌国际化策略。

三、任务实施前准备

(1)知识准备:品牌国际化的程序和营销模式。
(2)工具准备:笔记本、笔、电脑、网络。

四、任务实施流程

本任务实施流程如表8-3所示。

表8-3 任务三实施流程

序号	作业内容	说明
1	确定策划对象	确定1家企业作为品牌国际化的设计对象
2	收集资料	分组对该企业现有的市场资源和品牌影响力进行调研并收集资料
3	整理资料	以小组为单位对调研企业的资料进行归纳整理
4	撰写策划方案	在前期调研的基础上,撰写针对该企业的品牌国际化策划方案
5	汇报	分组进行汇报

五、知识链接

品牌国际化的过程与跨国经营的过程是相伴相生的。企业跨国经营的方式有产品输出、资本输出和授权经营三种,因此品牌国际化的路径选择对比跨国经营也有三种。

1. OEM 路径

由贴牌到贴牌与自主品牌并存(或收购合作品牌),再到统一使用自主品牌(或多品牌共存),这是中小企业经常选择的品牌国际化路径。对实力不强的中小企业来说,在品牌国际化的初期,通过 OEM 不仅可以比较容易地进入国际市场,而且可以积累资金和国际市场经验,提高获取国际市场信息和开发国际产品的能力。当企业实力提升到一定水平时,就要伺机对品牌国际化战略做出调整。这个时候有以下三种选择:

(1)国内用自己的品牌,出口用贴牌,当海外中间商和消费者对本企业有了相当认识后,逐步向海外市场推出自己在国内市场使用的自主品牌,最后,当海外市场完全在自己控制之下时,放弃 OEM,统一使用自己的品牌。

(2)当自己有了相当的资金实力时,把曾与企业有贴牌合作的品牌收购过来,变成自己旗下的拥有自主控制权的品牌。当然,企业在收购了合作品牌后,可以选择继续使用这些品牌,也可以选择放弃它们,转而使用自己的品牌。

(3)虽然企业贴牌与自主品牌并存,但贴牌和自主品牌的目标市场不同,运营模式也不同。例如,以青岛双星、康佳为代表的一批企业在实施品牌国际化战略的初期选择了"贴牌+创牌"的"中间模式",即进入发达国家市场的产品一般采用贴牌的做法,而进入非洲和东南亚国家市场的产品则使用企业自主品牌。前一种做法有助于企业尽快积累国际市场经验,收回现金,而且风险小;后一种做法则有利于扩大企业自身知名度,为将来创建国际性品牌奠定基础。

2. 本土化品牌路径

许多跨国公司在推行品牌国际化的过程中正是通过推行本土化策略,依靠被收购品牌原有的销售渠道以及知名度来开拓自己品牌的市场。

(1)收购东道国品牌,纳入自己的品牌体系,稳定东道国市场,利用东道国品牌开发国际市场。

(2)收购品牌与自主品牌并存,再到统一使用自主品牌。企业实力较强,但缺少品牌国际化经验时,可以选择这一路径实现品牌国际化。不熟悉某个海外市场时,收购当地品牌是许多企业首选的品牌国际化模式。收购当地品牌的目的是利用该品牌背后的技术研发、销售渠道、顾客忠诚和市场知识等战略性资源,在加快市场进入步伐的同时,降低市场进入成本。2010年3月28日,中国吉利集团宣布以18亿美元收购沃尔沃,吉利汽车将拥有沃尔沃的核心技术和沃尔沃的品牌,收购完成后,吉利集团将同时运营两个汽车品牌。此举是寻求品牌国际化的一种有效途径,同时,通过人员交流等方式,提升吉利品牌的技术能力和设计能力,提升吉利品牌的价值,实现沃尔沃品牌与吉利品牌平行运营。

TCL在收购美国的高威达成为全资子公司后,在美国当地市场上仍以高威达的品牌进行营销;收购施耐德后,在欧洲依然是以施耐德的品牌出现在消费者的视野中。这是一种非常经典的本土化战略。TCL的品牌国际化道路表明了在品牌国际化之初选择本土化(并购)这一策略是正确的。它让TCL节省了在海外市场的品牌推广费用,也避免了与一些当时已经很成熟的品牌的正面竞争,如三星等。通过收购当地品牌,慢慢改善在当地消费者心中的品牌形象,也逐渐增强认同感和熟悉度,再到品牌足够成熟时,将各个营销地域的本土化进行整合。

3. 自创品牌路径

自创品牌是很多企业都想去实践的路径,但是它的要求之高也让很多企业望而却步,相比其他路径,它在资金、技术、管理方面都有着更高的要求。品牌在国内已经具有很强的实力,在确保国内市场的基础上,进行品牌国际化。因为经过了产品出口,品牌在国外市场的定位、销售渠道、忠诚消费群体等方面有一定的基础,可以采用国外直接建厂等方式直接开展品牌的国际化经营。我国很多企业在国际化过程中也选择了直接投资建厂等方式开展国际化经营。这方面比较突出的有海尔、华为等企业。

以上三种品牌国际化的路径各具特色,表明创国际品牌并不是只有一种选择。但是无论选择哪种路径,都要根据企业的品牌国际化规划,结合企业实际和国际市场现状,借助世界知名品牌的成功经验走出国门,实现真正意义上的品牌国际化。

六、总结评价

任务考评表

考评任务	被考评人	考评标准				
	班级：	考评内容	分值	自我评价	小组评价	教师评价
品牌国际化的策略	姓名：	1. 调研准备充分，分工合理	10			
		2. 调研记录内容全面，准确性高	20			
		3. 调研过程纪律表现良好，注重团队合作	10			
		4. 策划方案总结及时、认真，体现出对品牌国际化策略的认识，具有合理性	30			
		5. 汇报时PPT内容完整、美观，语言表达流畅，着装、仪态合乎要求	30			
		合计				
		综合得分 （自评占10%，组评占30%，师评占60%）				

任务四　中国品牌国际化

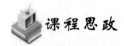 课程思政

联想品牌国际化的成功之道

2015年，联想集团的联想品牌首次进入Interbrand全球最佳品牌100强排行榜，继华为之后成为中国第二个跨入品牌百强的企业。联想采用并购方式快速进入国际市场。一是2004年，联想集团以6.5亿美元现金和6亿美元股票收购IBM的个人电脑业务，成功进入国际市场，成为世界第三大电脑制造商。二是联想成为国际奥委会全球合作伙伴，并将英文标志Legend换成Lenovo。随着联想国际化发展进程趋于稳健，对产品品牌进行全新定位，将原始的品牌转换为Idea和Thinkpad。三是联想在多领域创建自主品牌，满足消费者的需求，智能手机(Lenovo+Moto品牌)使联想成为全球第三大智能手机厂商。手机-相机跨界产品VIBE Shot，为用户提供极致拍照体验的同时满足用户对于多任务处理的需求。机身小巧且性能出众Pocket Projector无线投影仪，成为商务演示者随身携带的首选工具。在智能化竞争条件下，联想成立了一家专门针对中国智能终端市场的互联网子公司——神奇工场，为联想在物联网领域提供更强的后盾。联想以客户为中心的宗旨不断创新，产品覆盖高端到低端市场，每种

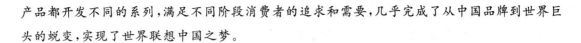

产品都开发不同的系列,满足不同阶段消费者的追求和需要,几乎完成了从中国品牌到世界巨头的蜕变,实现了世界联想中国之梦。

学生思考

联想品牌国际化带来的启示有哪些?

教师点评

中国企业要在国际化运营中树立国际化的品牌,任重而道远。从长远来看,以技术、产品、服务优势为基础的品牌,将是中国企业占领国际市场的有力保证。因此,中国企业应该适应经济全球化发展的形势,致力于在更大范围、更高层次、更广领域内实施国际化战略。中国企业要积极参与国际经济技术的合作与竞争,拓展经济发展空间,做大做强,创造出中国的世界品牌,不断提升自己的国际竞争力。

一、任务描述

2021年8月《财富》杂志世界"500强"企业排行榜中,美国有122家企业上榜,中国有143家企业上榜;2021年12月世界品牌实验室(World Brand Lab)公布的世界品牌"500强"企业中,位于榜首的美国占198个,第二梯队的法国占48个、日本占46个、中国占44个、英国占37个,第三梯队的德国占26个、瑞士占17个、意大利占15个。从数字比较不难看出,拥有国际强势品牌的数量与国家经济竞争力具有很高的一致性,中国企业在营收规模与品牌国际影响力方面具有较高的不协调性和不一致性,在品牌国际化的短板上还有巨大的提升空间。如何提升中国品牌国际化的实力呢?下面来介绍中国品牌国际化的现状及发展战略。

二、课前导学

(一)应知应会——中国品牌国际化的现状

改革开放以来,中国自主品牌经历了从无到有、从小到大的发展历程。经过多年打拼,这些企业已在国内市场站稳了脚跟。随着国际、国内市场的接轨,中国经济融入了国际经济之中,中国的企业品牌在坚守国内市场的同时,也应积极主动地参与国际市场的竞争。我国企业品牌只有实施适合于自身的国际化发展战略,才能在竞争中立于不败之地。

1. 品牌国际化程度较低

目前,在500种主要工业产品中,我国有四成以上产品的产量居世界第一位,但具有世界水平的品牌却较少。商务部发布的报告表明,全国外贸企业中约20%拥有自有品牌,自有品牌出口额占全国出口总额的11%,大部分出口产品靠贴牌生产或借用国外的品牌。

2. 品牌缺乏科技含量

当今世界著名品牌,包括世界500强品牌,都具有极高的科技含量。据有关的研究资料表明,进入世界500强的企业,其产品的科技贡献率一般都超过了65%。也就是说,这些品牌中

"品牌价值"的绝对份额基本上集中在科技含量上,正是科技含量决定了这些品牌的"价值"。而反观我国企业品牌,科技含量一般都较低,就全国整体而言平均不超过35%。当我国企业品牌遭遇跨国企业品牌竞争时,将处于劣势。

3. 品牌国际化发展战略缺位

我国的很多企业虽然已经认识到了品牌的重要性,开始有意识地进行品牌的国际化营销,但是很少能够从战略的层次考虑品牌的建设和维持,更缺乏专门的品牌国际化战略。有的企业向海外扩张时没有形成一个清晰的战略发展规划;有的企业由于投资决策失误,不仅没有获得预期的收益,反而付出了巨大代价。有的企业创品牌的目的只是获得荣誉、名声,而不是企业的可持续发展,企业的短期行为导致品牌国际化失败。

4. 成本优势与品牌弱势并存

在国际市场上,一个企业的竞争优势主要表现在成本优势、产品优势与品牌优势三个方面。中国企业的最大优势还在于成本优势,而最大劣势是品牌劣势。中国的市场经济刚开始发展,中国企业的品牌刚刚起步,在一个陌生的市场树立一个新品牌不是一蹴而就的事情,特别是在竞争激烈的国际市场中,创立一个品牌绝非易事。

(二)日积月累——中国品牌国际化发展战略

1. 提高品牌的科技含量

对于中国企业来说,要想在激烈的品牌竞争中赢得市场主动权,企业必须以"品牌价值"为导向制定积极的创新战略。技术创新是企业持久发展的核心动力。高技术、高水平产品的研发对提升企业竞争力起到了重要作用,通过技术创新提升产品档次,不断培育和塑造国际化品牌。根据当前国际、国内品牌竞争的特点,中国企业实施品牌创新的策略有:一是培育良好的品牌竞争环境,建立健全企业品牌创新的外部动力机制。一个开放、有序、公平竞争、优胜劣汰的市场环境才能够促进企业品牌的创新。二是培育企业品牌创新主体。只有加大企业的科技投入,建立健全企业技术创新机制,才能产生持续创新的内在动力和要求。企业应培育有效的技术创新团队,并及时将创新技术成果产业化。三是不断提高产品质量,用产品创新推进品牌创新。质量是一个品牌、一个企业生存的关键,企业必须重视产品的质量控制。企业应提高科技研发投入,不断融入科技、文化含量,保证产品的质量。

海尔开发出高质量、优越性能和低污染排放、保护生态环境、不损害人体健康而又通过中国环境保护产业协会验证的海尔"环保双动力"洗衣机。这些融入科技、文化创新含量的产品开发,不仅满足了顾客的需要,而且符合环保和节能的需要。

2. 实现品牌文化的本土化

实施品牌国际化的过程,实际上是与当地消费者进行沟通的过程。品牌国际竞争的本土化首先表现为品牌文化的本土化。企业需要花大力气理解不同国家或地区的不同文化,研究不同社会习俗及营销方式,需要对消费者不同的反应做出及时调整。首先,要注重品牌的设计。品牌要具备以下特点：简洁醒目，朗朗上口，便于识记，易于传诵，有吸引力和亲和力。其次，要进行品牌形象策划。针对不同的社会背景和地域文化，可通过品牌策划重新赋予品牌新的文化内涵。这种新品牌文化内涵如果自然地融入当地文化背景中而不被排斥，就能获得自身品牌文化的渗透力，从而可使品牌所代表的产品被充分认识和接受。

3. 建立营销联盟，加入国际协作网络

当今企业国际化运营发展的一个重要特点就是建立营销联盟。一方面，在经济全球化、一体化的时代，企业只有通过营销联盟，借助国际信息资源、网络渠道资源等，才能在竞争中占据一席之地。另一方面，企业要想在复杂、动态的世界市场上竞争取胜，离不开与其他企业的合作。因此，营销联盟是一种既竞争又合作的新型国际化运营形式。我国很多企业缺乏国际市场运作经验，如果与其他国际企业结成某种形式的联盟或加入某种国际性的联盟，不失为一种较好的国际化运营策略。企业进行国际化营销的目的就是要最大限度地利用全球资源，而与国外企业结成营销联盟，就能在既有的国际市场资源配置格局中挤占一席之地，这对中国企业抢占国际市场具有十分重要的意义。万向集团的国际化运营实践就是一个很好的例子。在国际上，首先与同行企业建立营销联盟，主要手段是收购、控股和参股，从而介入国际市场；其次，纳入国外汽车厂商的全球采购体系中，成为重要成员。万向集团已成为国内外知名的主营汽车零部件的企业。

4. 实施贴牌和创牌并举的国际化运营策略

通过贴牌生产，中国企业可以在较短的时间内接触到具有世界领先水平的生产技术和产品，节省了自主研发的时间和成本，并能够很快地适应国际产品标准和市场规则，为今后的自主发展积累资本。同时，中国企业应积极主动地发挥自身的能动性，通过消化吸收先进的技术和制作工艺，在一个更高的平台上进行新技术、新工艺的自主研发，最终将具有相对优势的技术、工艺投入国际市场，在国际化的舞台上创立中国的国际品牌。除了将中国的本土品牌推向国际市场外，企业还可选择在东道国市场中，结合当地的具体情况，创立新的品牌。在国际化运营中，可以弱化产品、品牌的国籍，结合当地的需求，创造出本土化的品牌。

5. 实行多元化营销战略

为了分散风险和增强竞争实力，我国企业进入国际市场后可同时在多个市场或不同领域从事多种不同产品的生产运营活动，即实行多元化的营销战略，最终使企业实现滚动发展，不断促进企业品牌的成长壮大。在国际市场实行多元化战略的途径有两种：一是单一品牌推进的多元化。企业以单一品牌为旗帜，建立起稳固的市场基础、社会认知、顾客忠诚和良好声誉，依靠旗帜品牌的强大实力，围绕品牌和新价值，不断向市场和顾客推出各种不同的产品，实现产品多元化。例如，TCL实行的就是单一品牌推进的产品多元化战略，从而成功地走向国际市场。二是多品牌推进的多元化战略。实践证明，实行多品牌战略可以最大限度地占有市场份额，培育企业多个不同的利润增长点，有助于企业根据市场变化和外部环境变化，迅速调整并实现公司战略转移。例如，海信集团实施的多品牌发展战略，极大地提高了

集团的核心竞争力。通过其旗下的"海信""科龙""容声"等品牌,加速了产品进入国际市场的步伐。

中国企业要在国际化运营中树立国际品牌,任重而道远。需要说明的是,不同的企业,不同的行业,由于产品的技术经济特点不同,其国际化的策略和途径肯定存在着很大的差异。从这个意义上来说,不存在一种放之四海而皆准的国际化模式和策略,这是企业在实施国际化策略时必须加以考虑的问题。从长远来看,以技术、产品、服务优势为基础的品牌,将是中国企业占领国际市场的有力保证。因此,中国企业应该适应经济全球化发展的形势,致力于在更大范围、更高层次、更广领域内实施国际化运营。

(三)实践训练

(1)中国品牌国际化的现状如何?

_____
_____
_____

(2)举例说明如何运用中国品牌国际化发展战略。

_____
_____
_____
_____

三、任务实施前准备

(1)知识准备:中国品牌国际化的战略。
(2)工具准备:笔记本、笔、电脑、网络。

四、任务实施流程

本任务实施流程如表8-4所示。

表8-4 任务四实施流程

序号	作业内容	说明
1	确定策划对象	确定1家国内企业作为品牌国际化的策划对象
2	收集资料	分组对该企业现有的市场资源和品牌影响力进行调研并收集资料
3	整理资料	以小组为单位对调研企业的资料进行归纳整理
4	撰写策划方案	在前期调研的基础上,撰写针对该企业的品牌国际化现状分析与建议方案
5	汇报	分组进行汇报

五、知识链接

品牌国际化是一个历史过程,它不可能一蹴而就。那么究竟怎样衡量一个品牌的国际化程度呢?品牌国际化度量是一个既现实又重要的问题,迄今为止,理论界尚没有定论。根据一些学者的观点,我们试着从定量、定性两个方面进行探讨。

1. 品牌国际化程度的定量分析

1)品牌的知名度和美誉度

针对国际目标市场客户对于该市场主要品牌的知名度、美誉度进行市场调研,确定品牌在该市场的地位。其中,知名度是关键指标,是品牌国际化程度的主要指标。一般来说,能够在较小市场上排名前五位,在较大市场上排名前十位的品牌,可以被视为知名品牌。而这样的品牌是否就是国际化品牌,则还要结合其他指标进行判别。美誉度调查主要是确定品牌信心及品牌策略是否适当,以预测知名度的提升潜力并确定相应的对策。

2)品牌评估的价值

世界品牌实验室根据市场占有率、品牌忠诚度和全球领导力评估品牌价值。我们可以从计算品牌国际化前后评估价值的差值和同市场、同行业国际品牌价值比较来度量品牌国际化程度。

3)企业国际化经营的比重

在国际化经营活动中,反映企业经营国际化程度的量化指标主要有:一是外销比重,即整个企业产品的外销(含出口和国外公司的销售)比重。这是企业界衡量品牌国际化程度最常用的指标。例如,华为公司海外收入占全部收入的比重超过50%,结合其他指标,我们可以说其品牌国际化程度较高。二是对外投资比重,该指标可以表明企业外向发展的战略方向和决心,以及企业融入全球一体化的程度。三是国际采购比例,这反映了国际化大生产的程度,几乎所有的跨国公司都采取了全球采购战略,在全球范围内寻找性价比高的原材料和零部件。这些指标中,外销比重是核心指标。

4)外籍员工比重

人才国际化包括高管的国际化和普通员工的国际化两个部分。高管由外国人担任已成为一些国际化组织的趋势。我国国际化程度很高的华为和中兴在海外的本地员工与中国员工比例都在1:1左右。

2. 品牌国际化程度的定性分析

1)品牌国际化经营的时间

伴随企业经营的国际化,品牌也将走出国门,在国际市场上参与竞争。如果一个企业能够长期在国际市场上生存下去而没有被淘汰出局,则说明该企业具有一定的国际竞争力,相应

地,其品牌也会得到国际市场的检验和一定程度的认可。因此,如果一个企业能够持续地在国际市场上获得生存和发展的机会,那么其品牌的国际化程度就会提升。

2)品牌国际化的区域分布

品牌的国际化不仅要求走出国门,更要求在广阔的国际市场上参与竞争。如果品牌在海外的销售额非常高,但其销售区域分布在东南亚或非洲,出口到欧美的很少,就不能说该品牌的国际化程度高。此外,有些品牌虽然出口额不高,但销售分布却很广,其品牌的国际化程度可以说很高。从这个角度来说,品牌国际化不仅具有时间性(长期过程),而且具有区域性。只有在较大的市场上与国际品牌展开竞争,才能得到检验和发展,才能获得较高的国际认同,才能提高品牌的国际化程度。

3)品牌国际化的输出方式

从国际品牌的运作经验来看,品牌国际化有三种方式:一是国际贸易的方式,这是品牌国际化的初级形式,是阶段性的、不确定的。二是资本输出方式,通过资本输出在目标市场投资,设立研发机构、生产机构或销售机构,建立品牌的持续经营和维持系统,使品牌获得高度的认同,建立品牌信心、品牌忠诚甚至品牌依赖。三是品牌的直接输出方式,即品牌授权经营,这是品牌国际化的最高形式。一般来说,只有国际化品牌才有可能做到这一点。通过品牌输出的三种方式,我们可以判断品牌国际化的程度。

六、总结评价

任务考评表

考评任务	被考评人	考评标准				
	班级:	考评内容	分值	自我评价	小组评价	教师评价
中国品牌国际化	姓名:	1.调研准备充分,分工合理	10			
		2.调研记录内容全面,准确性高	20			
		3.调研过程纪律表现良好,注重团队合作	10			
		4.策划方案总结及时、认真,体现出对中国品牌国际化战略的认识,具有合理性	30			
		5.汇报时PPT内容完整、美观,语言表达流畅,着装、仪态合乎要求	30			
		合计				
		综合得分(自评占10%,组评占30%,师评占60%)				

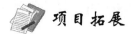 项目拓展

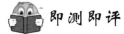 即测即评

项目九 品牌危机管理

任务一 品牌危机的成因

课程思政

星巴克陷舆论漩涡

2022年2月,"执勤民警在星巴克门口吃盒饭被店员驱赶"引发热议,星巴克被推上舆论浪尖。关于"星巴克驱赶民警"的朋友圈内容截图在社交网络平台上被曝光,该事件被曝出后引起网友对星巴克傲慢态度的不满,社交媒体舆论战爆发。全网对"星巴克驱赶民警"事件以负面情绪为主。据媒体报道,在事件发生前,该门店便已有很多差评,包括服务态度差、投诉电话打不通等,或许可以窥见,该门店在运营管理上确实存在一些问题。

学生思考

星巴克此次是如何面对品牌危机的?

教师点评

从品牌危机的表现形态可以看出,大多数品牌危机看似是企业外部因素所致,但其根源还是在企业内部。

一、任务描述

从"星巴克"事件来看,驱赶人的行为,发生在任何一家服务性企业身上都是不妥的,更何况引起当事人明显不满。因此,一个品牌想要成功,危机管理必须成为重要的一课。

二、课前导学

(一)应知应会

1.品牌危机的含义

品牌危机是指因组织外部环境导致或内部环境造成的失误,而对企业品牌形象造成不良影响,降低品牌价值且陷入困境的状态。品牌是企业的一项重要资产。如果品牌事件演化为品牌危机,则导致企业行为与公众期望产生冲突;如果品牌事件得到很好的处理,品牌事件就不会演化为品牌危机。对品牌事件的处理总是影响品牌事件的走向。

2. 品牌危机的特点

(1)突发性。品牌危机都是突发性的、难以预料的,在发生之前有些可以预见其发生的可能性,但通常无法确切地预料具体发生时间、地点、形式、强度等。从理论上来说所有品牌都存在发生危机的可能性。

(2)危害性。品牌危机具有危害性。一旦发生危机,其品牌形象很难挽回,从而引发品牌价值骤降,造成巨大损失。

(3)关注性。品牌危机爆发时,品牌必然引起广泛的舆论关注。媒体大张旗鼓的报道和消费者的口传也会加速品牌负面新闻的传播,使得品牌危机成为一时的热门话题,这常常成为危机处理中最棘手的问题。舆论的导向直接影响到品牌的存亡。

(二)日积月累

1. 危机的含义

约翰·贝拉米·福斯特(John Bellamy Foster)认为,危机具有四个显著特征:急需快速决策,严重缺乏训练有素的员工,严重缺乏物质资源,时间极其有限。劳伦斯·巴顿(Laurence Barton)提出,危机是一个引起潜在负面影响的具有不确定性的大事件,可能对组织及其员工、产品、服务、资产和声誉造成巨大的损害。他明确地将危机的影响扩大到组织及其员工的声誉和信用层面,并认为组织在危机中的形象管理是非常必要的。班克斯(Banks)对危机的定义与巴顿有近似之处,认为危机是对一个组织、公司及其产品或名声等产生潜在负面影响的事故。里宾杰(Lerbinger)将危机界定为对企业未来的获利性、成长乃至生存发生潜在威胁的事件。他认为,一个事件发展为危机,必须具备如下三个特征:一是该事件对企业造成威胁,管理者确信威胁会阻碍企业目标的实现;二是如果企业没有采取行动,局面会恶化且无法挽回;三是该事件具有突发性。里宾杰的定义尽管是针对企业提出的,但实际上对各类社会组织都具有借鉴意义。斯格(Seeger)等人认为,危机是一种能够带来高度不确定性和高度威胁的、特殊的、不可预测的、非常规的事件或一系列事件。

在危机中,组织面临的挑战不单纯是一个(或多个)威胁性事件,而是一种涉及内部与外部多重利害关系的复杂情境。与此相应,危机管理也不单纯是事件处理,而是对组织生存环境、运行规则乃至价值系统的修复和改造。因此,我们认为,危机本质上是一种威胁性的形势、情境或者状态。

2. 危机管理的4R模式

罗伯特·希斯(Robert Heath)提出了危机管理的4R模式。4R是指缩减(reduction)、预备(readiness)、反应(response)、恢复(recovery)。4R涵盖了危机管理的全过程。

(1)缩减。缩减是指减少危机的成本和损失。这个工作在危机发生之前进行,这是整个危机管理的初始阶段。如何减少危机带来的损失?一个重要的工作就是对组织内可能存在的风险进行评估,利用科学的方法,把组织中可能存在的风险列出来,按可能产生的危害大小进行分级,通过风险管理,减少或避免危机的发生。

(2)预备。通过建立预警系统,对组织内可能产生的风险进行监视和控制,并组织员工进行培训和针对危机情景的演习,加强员工应对危机的能力,可以将损失控制在最小的范围之内。

(3)反应。反应指的是危机发生时的管理,对于危机的发生要迅速做出反应,及时分析危机的类型和影响程度,选择应对危机的方法,制订危机应对计划,评估计划是否可行,最后付诸实施。这一系列的工作要在极短的时间内完成;否则,会错过处理危机的良机,使危机进一步扩大,造成更大的危害。

(4)恢复。恢复是危机管理的最后一步。在危机消除后,要评估危机对组织的影响程度、企业在这一次的危机当中损失有多大、应该吸取的教训和在处理危机中值得借鉴的地方,制订恢复计划,尽快地恢复组织正常运转,稳定员工心态,使组织中的各个系统尽可能地恢复到危机发生之前的状态。

(三)实践训练

(1)你听说过哪些品牌危机事件?

(2)以消费者角度举例说明品牌危机所带来的影响。

三、任务实施前准备

(1)知识准备:品牌危机发生的原因(见图9-1)。

(2)工具准备:笔记本、笔、电脑、网络。

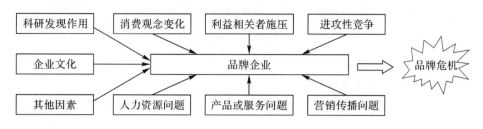

图 9-1 品牌危机发生的原因

四、任务实施流程

本任务实施流程如表 9-1 所示。

表 9-1 任务一实施流程

序号	作业内容	说明
1	确定调研对象	确定某一企业作为调研对象
2	收集资料	分组对企业的品牌发展历史、品牌故事、品牌的危机事件等进行调研并收集资料
3	整理资料	以小组为单位对调研企业的资料进行归纳整理
4	撰写调研报告	在前期调研的基础上,撰写完整的调研报告
5	汇报	分组对各品牌危机的调研进行汇报

五、知识链接

从表面上看,品牌危机起源于某件突发事件,但事实上,品牌危机的发生绝不是偶然的。要有效防范品牌危机,就必须探究其发生的根源。从品牌危机的表现形态可以看出,大多数品牌危机看似是企业外部因素所致,但其根源还是在企业内部。

1. 品牌的外部环境

(1)市场环境。市场环境是指一个国家的经济制度、经济结构、产业布局、资源状况、经济发展水平以及未来的经济走势等。通常因宏观经济波动而产生的企业品牌危机,是企业的系统外风险。

(2)自然灾害。自然灾害往往是不以人的意志为转移的,包括水灾、旱灾、雪灾、地震、海啸、龙卷风等。这些灾害一旦发生就会对品牌的运转产生意想不到的影响,如质量变化、供货断档和服务延误等,从而引发品牌危机。

(3)政治法律环境。政治法律环境是指一个国家或地区的政治制度、体制、方针政策、法律法规等方面。这些因素常常制约、影响企业的经营行为,尤其是影响企业较长期的投资行为。政治环境对企业具有直接性、难以预测性和不可逆转性等影响。

(4)同行恶性竞争。市场经济是竞争经济,竞争能使消费者获得物美价廉的商品,也促使企业持续发展。竞争的手段多种多样,虽然有的企业通过"修炼内功"来增强竞争力,但也有些企业通过卑劣手法展开恶性竞争,从而打击同行企业、夺取市场份额。如果某些行为卑劣的企业故意向社会散布不准确消息,蓄意争夺人才、窃取商业机密,甚至做出挑衅市场的违法行为,那么会给同行业的其他品牌带来危害。

(5)公众因素。公众因素是企业外环境系统中的重要因素。随着经济的迅速发展,公众对产品和服务的维权意识也在提高。公众群体意识、社会责任感、民族意识不断增强,不再一味崇拜知名品牌,一旦发现产品有问题,就会毫不留情抛弃品牌。

2.品牌管理环境

造成品牌危机的品牌管理环境主要包括品牌战略失误和品牌策略选择失误,失误相对于内因层来说,它是诱发品牌危机的外部因素,但是相对于品牌外部环境,又可以将其看作内因的一部分,所以在整个危机形成体系中成了中因层。

1)品牌战略失误

品牌战略失误,主要是指企业的高层管理者未能清楚地认识到品牌的长期发展趋势和方向的问题,具体体现为:①品牌战略展望不能准确地传递企业目标和充分地规划企业未来,品牌的核心价值理念不能为员工及社会公众所认同,企业不能建立一种健康、积极的品牌文化;②目标体系建立失误,包括各类目标不一致、各层目标不一致等,前者是指长期目标与短期目标不协调、品牌目标与财务目标及其他目标不协调;③战略制定失误,包括企业外部环境分析的失误、企业内部资源分析的失误等。

2)品牌策略选择失误

(1)品牌延伸策略的失误。品牌延伸得当不仅能使新产品迅速进入市场,取得事半功倍的效果,而且可以利用品牌优势扩大产品线,壮大品牌队伍。但是企业一定要注意品牌延伸安全,否则就会进入品牌延伸的误区,出现品牌危机。这主要有四种情况:

一是品牌本身还未被广泛认知就急躁冒进地推出该品牌的新产品,结果可能是新老产品一起消亡;

二是品牌延伸后出现的新产品品牌形象与原产品的品牌形象定位互相矛盾,使消费者产生心理冲突和障碍,从而导致品牌危机;

三是品牌延伸速度太快,延伸链太长,超过了品牌的支撑极限;

四是不顾现有技术、资金、管理力量等的局限,进行跨行业的无关联品牌延伸,从而造成巨大的损失。

(2)品牌扩张策略的失误。品牌扩张策略主要有两种:一是通过收购品牌进行扩张的策略;二是通过自创品牌进行扩张的策略。这两种方式实质上都是通过收购、兼并、控股等资产重组的方式实现品牌的规模扩张。此外,企业还可以通过授权经营、共享品牌以及联盟等方式扩大品牌的控制规模。品牌扩张的风险来自很多方面,如品牌扩张策略本身的失误、消费者需求重心的转移,或者国家及地方政策的影响等。因此,要保证品牌扩张策略的安全,就应该在策略制定的过程中充分考虑企业自身实力、市场需求状况及政策方面的影响等。

(3)品牌营销策略的失误。品牌营销是指品牌通过营销手段在消费者心目中建立品牌的目标形象、定位及相应的品牌资产的行为。品牌营销手段包括产品、价格、渠道和促销。品牌营销手段出现危机，会给品牌带来极大的损害。例如，在开发新产品时，没有找准市场，造成品牌定位不清楚，影响产品的销售；过度的价格战导致品牌价值受损，消费者对产品的质量产生怀疑，对品牌的忠诚度下降；在产品促销时，过度投入广告费，造成企业的财务危机。

3.品牌自身素质缺陷

品牌自身素质缺陷包括两个方面：一是品牌的硬素质缺陷，即品牌产品自身的缺陷，以及品牌符号结构的设计缺陷，如品牌名称、标志、象征色等存在缺陷；二是品牌的软素质缺陷，主要是指品牌内涵的缺陷，如品牌理念、品牌文化、品牌个性方面的问题等。

(1)产品自身缺陷。产品自身缺陷一般来源于以下两方面：其一，企业在生产经营中，产品的结构、质量、品种、包装等方面与市场需求脱节，使企业产品缺乏竞争力，产品大量积压，从而导致企业生产经营的运转发生困难；其二，企业在内部定价策略方面，低估了竞争对手的能力或高估了目标顾客的接受能力，如竞争对手采取低价策略，而企业受自身生产条件、技术、规模的限制，无法压低产品的价格，使企业产品销售困难。

(2)品牌保护不足。我国市场经济体制建立较晚，部分企业品牌意识淡薄，由于不懂得对自己的品牌进行保护或者保护能力不足，给企业造成了巨大的损失。

(3)广告公关性错误。广告是一种很好的打造品牌、美化品牌的手段，但广告使用不当则会导致毁灭品牌的结果。比如，广告与东道国的文化相冲突，广告所选择的表达方式不当等。公共关系方面则有可能由于不了解东道国政治法律、法规、文化禁忌等造成与政府及公众之间的误解，招致消费者对产品的抵制等品牌危机发生。

(4)品牌内涵缺陷。品牌是有内涵的，内涵是能延续产品、企业生命的。品牌内涵主要包括品牌理念、品牌文化、品牌个性等方面的内容。品牌理念既是企业经营思想的集中反映，又是企业战略思维的高度概括，对企业的经营发展起着导向作用。品牌文化是决定品牌外在形式的基本原则，是品牌的核心。品牌个性就是品牌特征，品牌既要脱颖而出，又要与企业形象吻合，不能有冲突。

(5)品牌定位问题。品牌定位是指建立或重塑一个与目标市场有关的品牌形象的过程与结果。定位的关键是选择品牌的竞争优势——差别化利益。定位失误包括：①定位不够或定位模糊。一些公司发现顾客对品牌只有一个模糊的概念，顾客并不真正知道它的任何特殊之处，或者顾客可能会对品牌有一个混乱的印象，这一混乱可能是说明太多或时常改变品牌定位造成的。②定位过分。这会让顾客对产品产生一个非常狭窄的印象。③定位疑虑。顾客很难从产品特征、价格或制造商的角度相信品牌的定位。

品牌生存在复杂的市场环境中，与市场中的诸多因素进行互动，诱发品牌危机的原因是多方面的，因此对一个事件进行分析时一定要全面客观。

六、总结评价

任务考评表

考评任务	被考评人	考评标准				
		考评内容	分值	自我评价	小组评价	教师评价
品牌危机的成因	班级： 姓名：	1.调研准备充分,分工合理	10			
		2.调研记录内容全面,准确性高	20			
		3.调研过程纪律表现良好,注重团队合作	10			
		4.调研报告总结及时、认真,体现出对品牌危机成因的认识,具有合理性	30			
		5.汇报时PPT内容完整、美观,语言表达流畅,着装、仪态合乎要求	30			
		合计				
		综合得分 （自评占10%,组评占30%,师评占60%）				

任务二　品牌危机的类型

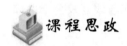

惠普公司：一个失误,向消费者道歉并赔付三倍补偿！

惠普在China Joy展会上正式发布了暗夜精灵Ⅲ代Plus游戏本电脑,在发布会上使用的PPT中,惠普特别强调了其优秀的散热性能,并声称拥有"5根散热管",不仅如此,在惠普的官方微博上也提到该款笔记本采用双风扇五热管设计。而在2017年8月1日正式发售后,首批购买的消费者发现,惠普暗夜精灵Ⅲ代Plus游戏本电脑宣传的5根散热管实际上只有3根！惠普电脑官微发布声明,惠普对2017年8月1日产品上市至8月3日期间在中国大陆购买该笔记本电脑的消费者提供以下两种补偿方案供选择：

（1）用户可选择保留继续使用该产品,惠普会提供购买产品所实际支付价格三倍的人民币补偿,以及额外价值500元的补偿。

（2）用户可以选择退货,惠普将会全额退款,并提供购买产品所实际支付价格三倍的人民币补偿。

其实以前也有许多这样的"虚假宣传",但有的厂商选择死不承认,而有的厂商选择正面回应并赔偿,前者自然是失去了消费者的信任,而后者知错能改的精神却赢得了更多消费者。

学生思考

惠普在此次事件中表现如何？

教师点评

企业要重视品牌危机！

一、任务描述

对于品牌而言，危机公关水平不能完全代表其整体水平，但对于外界消费者而言，却是决定其对于品牌形象认知的一个重要因素。当品牌爆出负面事件时，公关团队做出反应的方式千变万化，但优秀的公关反应大多都脱不了"真诚"二字。

二、课前导学

（一）应知应会——品牌危机的影响

1. 顾客利益

在发生品牌危机时，顾客是直接影响者，他们会降低对品牌的信赖。品牌代表了顾客对产品（服务）性能的感知和认识，当顾客的期望值和企业营销相差甚远时，被欺骗的感觉一触即发。

2. 组织存在

品牌危机对企业经营存在两方面影响。从积极的方面看，一般的危机会给企业带来醍醐灌顶的影响，给企业持续带来压力或动力，使企业不断处于有活力的状态；从消极的方面看，它不仅意味着老顾客的流失，也让品牌形象受到了不可逆转的影响，甚至会将企业推向倒闭的深渊。

3. 市场环境

在经济全球化的大背景下，一些全球连锁品牌的波及范围更容易扩大，在发生品牌危机时会产生"涟漪效应"，比如前几年发生的奶粉事件，这让国人对于不管是国产奶粉还是进口奶制品都产生了怀疑。

（二）日积月累——品牌危机的表现

1. 品牌形象受损

所谓品牌形象受损是指不利事件的发生致使品牌形象和增值效应受到破坏，品牌的经济和战略优势大为降低。而对品牌形象受损处理不当，就会进一步激化品牌危机。

2. 顾客信任度下降

品牌危机如果是由产品危机导致的，一般会让消费者对其品牌的信任度下降。产品危机事件的发生总会使消费者对产品产生一定的物质和非物质的联想，物质联想导致消费者对品牌或品牌商品功效失去信心，非物质联想导致消费者对品牌的接受度降低，这些都可能使品牌危机事件升级。

3. 销售利润率下降

由于品牌危机的发生,消费者对公司品牌的信任度下降,势必导致产品销量下降,从而使销售利润率下降。

4. 企业内部人员流失

当品牌危机发生时,企业的内部员工是最直接的感受者,员工的情绪会受到影响。如果企业管理层对危机管理不当,往往会导致危机影响程度加深,品牌的负面报道增多,员工对企业管理层失去信心,对企业的忠诚度下降,从而造成企业内部的人员流失。

5. 媒体的负面报道

媒体是连接企业与公众的桥梁。当企业的品牌发生危机,消费者对品牌的信任产生怀疑时,媒体总是同情弱者,这时它们就会首先站在公众的角度,发表一些对企业品牌不利的报道。如果这时企业不能与媒体进行有效沟通,就会激化品牌危机。

(三)实践训练

(1)哪种类型企业更容易发生品牌危机?

_____
_____
_____
_____

(2)请列举一两个企业爆发品牌危机的案例。

_____
_____
_____
_____
_____

三、任务实施前准备

(1)知识准备:品牌危机的发展过程(见图9-2)。

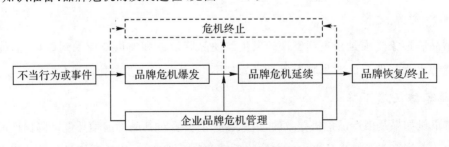

图9-2 品牌危机的发展过程

(2)工具准备:笔记本、笔、电脑、网络。

四、任务实施流程

本任务实施流程如表9-2所示。

表9-2 任务二实施流程

序号	作业内容	说明
1	确定调研对象	确定某一企业作为调研对象
2	收集资料	分组对该企业的背景及发生过的品牌危机事件进行调研并收集资料
3	整理资料	以小组为单位对调研企业的资料进行归纳整理
4	撰写调研报告	在前期调研的基础上,撰写完整的调研报告
5	汇报	分组进行汇报

五、知识链接

品牌危机从不同的维度有不同的分类。

(一)按危机的程度分类

1. 难以挽救的品牌危机

难以挽救的品牌危机是指以下三种品牌危机:①因缺乏诚信或欺诈消费者而引发的品牌危机;②因企业经营不善或经营中出现重大失误而引发的品牌危机;③因危及消费者生命安全的重大质量问题而引发的品牌危机。

这三类品牌危机带给品牌的打击是致命的,也是难以挽回的,如巴林银行倒闭案、安然公司财务造假丑闻等都属于此列。

2. 可以挽救的品牌危机

可以挽救的品牌危机是指以下三种品牌危机:①因文化冲突而引发的品牌危机;②因非危及消费者生命与健康安全的质量问题而引发的品牌危机;③因不十分严重的道德问题和法律问题而引发的品牌危机。

由于这些危机发生的根源不是致命的,因此企业可以通过科学的危机管理手段来迅速化解这些危机。

(二)按危机的性质分类

1. 品牌经营危机

品牌经营危机是指由于企业经营管理者在生产经营方面的战略决策失误及管理不善而给品牌带来的危机。

2. 品牌形象危机

品牌形象危机是因反宣传事件而引发的有损品牌、企业形象的品牌危机。反宣传一般有两种:一种是对企业发生的有损品牌形象的实情的曝光,如企业在产品的生产、销售、服务各环节与消费者产生纠纷,产品生产条件恶劣,企业偷税漏税、财务混乱、贪污舞弊等;另一种是对品牌的歪曲失实的报道。这些报道和传闻会严重损害品牌形象和企业信誉。

3.品牌信誉危机

品牌信誉危机是指企业管理不善或操作不当导致品牌在市场和社会上的信誉下降,对企业的经营造成不良影响,使企业处于可能发生危险和损失的状态中。

4.品牌质量危机

品牌质量危机是指在企业发展过程中,企业内部管理工作的缺陷、失误,或设计、制造技术方面的因素,导致产品存在质量问题,严重损害消费者利益,从而引发的品牌危机。

5.品牌服务危机

品牌服务危机是指企业在向消费者提供产品或服务的过程中,因其内部管理失误、外部条件限制等造成消费者不满并引发的品牌危机。

六、总结评价

任务考评表

考评任务	被考评人	考评标准				
品牌危机的类型	班级: 姓名:	考评内容	分值	自我评价	小组评价	教师评价
		1.调研准备充分,分工合理	10			
		2.调研记录内容全面,准确性高	20			
		3.调研过程纪律表现良好,注重团队合作	10			
		4.调研报告总结及时、认真,体现出对品牌危机类型的认识,具有合理性	30			
		5.汇报时PPT内容完整、美观,语言表达流畅,着装、仪态合乎要求	30			
		合计				
		综合得分 (自评占10%,组评占30%,师评占60%)				

任务三　品牌危机的防范和应对

顺丰公司:回应"救命药"延误事件

2017年10月15日,有媒体报道称,杭州的王先生亲戚因脑干出血入院,后委托王先生在杭州购买"申捷针"用于抢救治疗,但药于10月9日通过顺丰速运寄出后,直到14日药品才抵达四川省南充市,而病人已于13日被宣布脑死亡。

顺丰集团官方微博于10月16日14：08给出回应。

在辟谣"病人已脑死亡"这个说法之后，顺丰集团称，因所寄药品为粉末状，根据相关法律法规，无法通过航空方式寄运。王先生10月9日寄递时，我司员工已说明只能使用陆运方式寄递且时效预计四天，客户考虑后决定寄出。后快件因中转环节操作失误，导致延误一天，客户最终于14日14：19分签收。

顺丰集团表示，事件发生后，已立即成立专项工作小组，同时成立24小时陪护小组，相关人员已于15日抵达南充当地并探望患者，为家属提供贴身服务；也已协助家属，联系北京协和等知名医院咨询专家意见和建议，有任何希望绝不放弃。

学生思考

当品牌危机发生时该如何应对？

教师点评

正确处理、态度端正是应对品牌危机的重要因素！

一、任务描述

对于顺丰"救命药"事件如何妥善处理这样的问题，我们需要学习品牌危机的防范和应对相关内容。

二、课前导学

(一)应知应会——品牌危机管理的原则

1. 快速反应

当品牌危机发生时，企业应当以最快的速度向消费者做出积极响应；否则顾客会感到被忽视，甚至感到企业不够重视顾客利益，成为负面信息的传播者。现在一旦发生品牌危机事件，当事方应在8小时内迅速反应。对危机的反应越快速，态度越积极，危机造成的影响和损失就越小。

2. 公众利益至上

以消费者为中心不仅体现在品牌创建和营销手段上，当危机发生时这一原则同样适用。是否把公众利益放到第一位，是决定企业品牌危机管理成败的关键因素。

3. 真诚坦率

通常情况下，任何危机的发生都使公众产生猜忌和怀疑，但消费者并不都是苛刻的群体，对于勇敢承认自己错误并且采取措施的企业，消费者还是愿意容纳并且给予支持的。

4. 信息一致

品牌危机发生后，企业不仅要快速反应，态度真诚，而且信息传递需要一致。从企业内部看，必须尽快建立健全危机管理机制，统一指挥协调，制定相关宣传内容，向外界传播真实恰当的信息；从企业外部传播看，尽快召开新闻发布会、情况通报会，真诚、客观、实事求是地发布官方消息。如果前后信息不一致，让消费者和公众信息混乱，会使品牌形象模糊。因此要坚持信息一致原则，才能正确引导公众对品牌的认知。

（二）日积月累

1.品牌危机的防范准备

不管哪种品牌危机，一旦爆发必然会给企业造成不同程度的危害，轻则破坏正常的经营秩序，重则破坏持续发展的基础，甚至导致品牌大厦轰然倒塌。因此，企业要注重品牌危机的防范。品牌危机防范应该采取如下策略。

1）引起全员危机意识，制定品牌日常管理制度

思想决定行动，品牌危机意识是有效进行品牌危机管理的前提条件。只有企业全体员工真正意识到市场竞争的残酷性，感觉到危机时刻在他们身边，才能防微杜渐，防患于未然。为此，企业管理者应该注重给员工灌输危机意识，并制定和实施严格的品牌管理制度；在生产中严把质量关，确保投入市场的都是高品质的产品和服务；加强产品核心技术的保护管理；做好商标注册维护工作，及时处理假冒伪劣等侵害自身商标权益的产品。

2）建立有效品牌危机预警系统，实施品牌自我诊断制度

信息是品牌危机防范的生命线。为了及时发现企业经营过程中潜伏的危机，疏通信息交流的渠道，企业必须建立有效的危机预警系统。第一，建立完善的信息监控系统，及时准确地收集和分析与企业有关的国家政策、市场、竞争者等多方面的信息，甄别危机因子；第二，建立品牌自我诊断制度，定期从不同层面、不同角度对品牌进行检查监控，尽早发现薄弱环节，及时采取措施，减少乃至消除危机诱因；第三，组建品牌危机管理小组，对各种危机情况进行预测分析，制定危机应对策略，为企业品牌危机修筑第二道防线。

3）改善企业管理，优化品牌管理体制

品牌危机的发生不是一个孤立事件，而是企业内部管理恶化的结果，因此，改善企业管理有助于预防品牌危机。品牌管理是品牌保值、增值的基础性工作。品牌管理体制就是品牌管理的组织形式，它是企业在分析、计划、组织和协调与品牌管理相关的各项活动时的制度安排。科学的品牌管理体制能合理协调品牌管理活动中企业内部各部门的权力与责任及其相互关系，有利于品牌策略和战略的优化调整，培育品牌危机抗体，从而有效预防品牌危机。目前，全球企业品牌管理的组织形式主要有职能管理制、品牌经理制、品牌事业部制和品牌公司制四种。我国有条件的企业应向着建立品牌经理制的方向发展，而大部分的中小企业应采用职能管理制，并在实践中不断完善这种制度。

4）加强品牌全方位管理，制定品牌战略规划

品牌建设是一个任重而道远的过程，切忌急功近利。但凡成功的国际品牌，绝对不是依靠广告炒作一夜催熟的，而是对品牌经营有长久的、执着的追求，广告和形象识别系统只是其外在表现形式。加强品牌的全方位管理意味着要在品牌创立之初就对品牌进行战略规划，将品牌个性定位、品牌核心价值确定、品牌形象塑造、品牌注册与保护、品牌延伸与扩张、品牌创新、品牌传播等一系列环节的决策规范化,并提高到企业战略的高度,使之成为企业常规化的工作。

5)科学实施品牌延伸策略,适当开发子品牌

品牌延伸作为企业品牌经营战略最主要的一种方式,在现代企业发展中发挥着越来越重要的作用。现在的国际知名品牌,大多数源于品牌延伸。但是品牌延伸一定要遵循品牌的成长规律,不能任意而为(如品牌跨行业延伸、高档品牌向低档产品延伸等),否则不仅无助于新产品的推出,还会对品牌形象造成严重的损害。不过,如果品牌延伸的策略得当,不仅可以有效回避品牌风险,还可以使品牌的价值得到进一步的提升。特别是用子品牌策略进行品牌延伸时,由于子品牌针对的是一类或一种产品,具有很强的针对性和高度统一性,所以能有效地避免株连风险。

6)以良好的品牌形象,提高消费者的忠诚度

树立良好的品牌形象,培育与提高消费者对品牌的忠诚度,是企业能够成功渡过品牌危机的一个重要的先决条件。企业是否能够安然渡过其面临的品牌危机,其中一个很重要的因素就在于企业在发生品牌危机时是否已经建立起足够的信誉。对企业而言,信誉体现出企业品牌是值得信赖和有信用的,是诚实的、谨慎的、坦率的、可以亲近的、有效率的及成功的。这种信誉度是通过企业每天、每月、每年与企业主要公众建立起来的信任、忠诚和信用而获得的。它是企业的信誉银行,总有一天会派上用场,特别是在企业品牌危机发生时更是如此。

2.品牌危机的处理

1)迅速组成处理危机的应变总部

在危机爆发后,最重要的是应该冷静地辨别危机的性质,有计划、有组织地应对危机,因此,迅速成立危机处理的应变总部,担负起协调和指挥工作是十分必要的。一般来讲,这类机构应该包括调查组、联络组、处理组、报道组等小组。每个小组的职责要划分清楚。一旦危机事件发生,调查组要立即对事件进行详细的调查,并尽快做出初步报告。调查内容包括:①突发事件的基本情况,即事态现状及具体情况,事态所造成的影响,是否已被控制,控制的措施是什么,是否有恶化的趋势;②事件发生的原因;③事件涉及的公众对象,与事件有关的组织和个人,与事件处理有关的部门机构、新闻媒体等;④企业与有关人员应负的责任等。

2)迅速启动产品召回制度

由于产品质量问题所造成的危机是最常见的危机。一旦出现这类危机,企业要迅速启动产品召回制度,不惜一切代价收回所有在市场上的不合格产品,并利用大众媒体告知社会公众如何退回这些产品的方法。启动产品召回制度,回收不合格产品,表现了企业对消费者负责的态度,表明企业始终是以消费者的利益为第一位的,为此不惜承担任何损失。这种做法首先就从心理上打动了公众。如果放任这些产品继续流通,就有可能使危机涉及的范围进一步扩大,引起公众和媒体群起而攻之,最终达到不可收拾的地步。

3)进行积极的、真诚的内外部沟通

(1)搞好内部公关,取得内部公众的理解。面对各种突发性的品牌危机,企业只有处变不惊,沉着冷静,正确把握危机事态的发展,有条不紊地开展危机公关工作,才能处理好内部公众关系,避免人心涣散、自顾不暇、各奔前程的局面。企业要迅速组建由首席执行官领导的危机公关小组,小组成员由企业相关部门人员组成,必要时可以根据情况聘请社会专业公关资源作顾问进行协助。企业制订出公关方案,统一口径后对外公布消息。

(2)与消费者和其他外部公众沟通。品牌是一种承诺,生存于消费者心中。企业首先要关注消费者的利益和感情,当重大责任事故导致消费者和公众利益受损时,要以最快的速度直接和受害者进行坦诚的深层沟通,尽量满足他们的要求,给予一定的精神和物质补偿,与消费者达成和解,使危机能朝着有利于企业的方向发展。

(3)与媒体沟通。媒体是舆论的工具。从某种程度上讲,品牌危机常常由于新闻媒体的报道而扩大了影响范围。媒体又是企业和公众沟通的桥梁,是解决危机的重要外部力量。因此,要做好危机发生后的传播沟通工作,就要坦诚对待媒体,积极主动让媒介了解真相,争取新闻界的理解与合作,引导其客观公正地报道和评价事件。

(三)实践训练

(1)品牌危机管理的原则有哪些?

_____
_____
_____
_____

(2)列举一两个成功化解品牌危机的案例。

_____
_____
_____
_____

三、任务实施前准备

(1)知识准备:品牌危机中的利益相关者(见图9-3)。

(2)工具准备:笔记本、笔、电脑、网络。

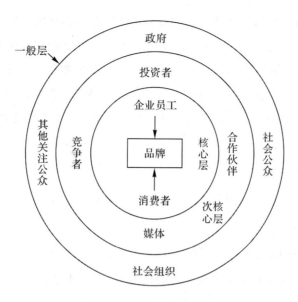

图 9-3 品牌危机中的利益相关者

四、任务实施流程

本任务实施流程如表 9-3 所示。

表 9-3 任务三实施流程

序号	作业内容	说明
1	确定调研对象	选择某一企业品牌作为调研对象
2	收集资料	分组对该企业的基本情况及处理的品牌危机事件等进行调研并收集资料
3	整理资料	以小组为单位对调研企业的资料进行归纳整理
4	撰写调研报告	在前期调研的基础上，撰写完整的调研报告
5	汇报	对企业的品牌危机成功案例进行汇报

五、知识链接

彻底根除危机给顾客、社会及相关群体造成的不良影响是任何一个面临危机的企业的共同心愿。危机发生后，不光要"救灾"，还要进行类似灾后"重建家园、恢复生产"的工作。企业在妥善地平息危机之后，还要分析危机波及的范围及影响程度，有针对性地大力开展活动，重塑品牌形象，重新赢得消费者的信任。

1. 品牌营销调研

了解危机给品牌形象、品牌信誉度和美誉度带来多大的影响是企业关心的内容，也是危机平息后重振品牌、使品牌重新得到消费者认可的重要的基础性工作。在进行品牌营销调研时，企业既要调研危机处理效果,又要调研品牌运营各环节的协调状况。通过前者,可以了解顾客与公众对企业在危机中开展的一系列活动的意见,及时发现企业在危机处理过程中的不足,为进一步强化品牌形象提供决策依据。对于后者,如果企业各职能部门能够为实现企业目标而协调一致,品牌形象就会在正确的品牌运营下得到提升;相反,若各职能部门职责不明、相互推诿,在危机中反应迟缓、杂乱无章,即使侥幸避过危机,也不利于品牌重振,同时也为危机的再度发生留下隐患。

2. 举一反三,深刻反省

危机事件发生后,企业应开展深刻的反省活动,以活生生的事实教育员工,避免类似事件的再现。

3. 企业外部品牌恢复和重振的具体要求

危机过后,企业必须进行一系列恢复品牌形象、重振企业精神的工作,以保护品牌形象和企业声誉,具体来说可从事如下工作。

(1)实事求是地兑现企业在危机过程中对公众做出的承诺。企业在危机后实事求是地兑现在危机中的各种承诺,体现了企业对诚信原则的恪守,反映了企业对完美品牌形象和企业信誉的一贯追求。承诺意味着信心和决心,企业通过品牌承诺,将企业的信心和决心展现给顾客及社会公众,表示企业将以更大的努力和诚意换取顾客及社会公众对品牌、企业的信任,是企业坚决维护品牌形象与企业信誉的表示;承诺也意味着责任,企业通过品牌承诺,使人们对品牌的未来有了更大、更高的期待。若企业在危机后不能兑现承诺或者不能足额兑现承诺,那么企业必将面临顾客及社会公众的信任危机。他们会对企业言行不一而感到失望,进而淡化对品牌及企业的感情,降低对品牌及企业的忠诚与信任。由此,企业不仅容易失去较多的忠诚顾客,而且将为再度出现危机留下隐患。鉴于此,危机过后重振企业品牌形象,企业必须认真履行危机中的承诺。

(2)以富有成效的公关活动密切与各界公众的关系。危机过后企业要继续传播企业信息,举办富有影响力的公关活动,提高企业美誉度,创造良好的公关氛围。企业与公众之间的信息交流和沟通是企业获得公众的了解和信任、争取公众的支持与合作的有力手段。危机期间,品牌形象和企业信誉大为减损。在经历危机考验之后,企业更需要加强对外信息传播,消除公众心理和情感上的阴影,让顾客及社会公众感知品牌新形象,体会企业的真诚与可信,提高企业美誉度。只有通过富有成效的公关活动,消费者才能感知到品牌又回来了,它还是那样一如既往地关心公众利益,而且更加值得信赖。可以说,危机平复后富有成效的公关传播活动是品牌重获新生并有所提升的不可或缺的条件。

六、总结评价

任务考评表

考评任务	被考评人	考评标准				
		考评内容	分值	自我评价	小组评价	教师评价
品牌危机的防范和应对	班级： 姓名：	1.调研准备充分，分工合理	10			
		2.调研记录内容全面，准确性高	20			
		3.调研过程纪律表现良好，注重团队合作	10			
		4.调研报告总结及时、认真，深刻理解如何对品牌危机进行防范和应对	30			
		5.汇报时PPT内容完整、美观，语言表达流畅，着装、仪态合乎要求	30			
		合计				
		综合得分 （自评占10%，组评占30%，师评占60%）				

项目拓展

即测即评

项目十 品牌资产

任务一 品牌资产的内涵

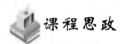
课程思政

春秋航空:1元钱机票

春秋航空在上海—济南航线上首次推出"比坐公交车还便宜"的1元机票,自2006年11月30日起至12月11日,仅限网上购票。一时间,春秋航空公司济南营业部的人气火爆,不断有客户来来往往。一直宣扬走低成本之路的春秋航空,自2005年7月开航以来就以低价撼市,所谓99系列票价,吸引市场注意。春秋航空目前已开通320余条航线,各航线总平均票价定位于5折左右,低于同航线其他航空公司。当然,低票价的背后是"降低"服务标准:省之于旅客,让利于旅客。正是在这样的思路指导下,一切"多余"的服务都在取消之列:限制免费行李数量,将最高免费行李额从一般的20千克降至15千克;餐食自行解决,仅免费提供1瓶矿泉水;没有廊桥和摆渡车,使用较远的机位,旅客需徒步上下飞机;重复使用塑料登机牌……

学生思考
春秋航空这样的营销模式到底会吸引大众多久?

教师点评
用低价策略吸引市场关注,这是中国企业新品上市时惯用的一种竞争手法。春秋航空的"1元钱机票""99系列"不仅让旅客得到实惠,为新航线培育了市场,并且给航空"价格同盟"带来了冲击。各家航空公司被迫推出的3折、4折机票,与春秋航空的"搅局"不无关系。

一、任务描述

企业的市场营销行为发展到一定阶段后,人们越来越多地从战略的高度去理解和分析它,即企业市场营销的终极目标是什么,评价企业市场营销行为成功与否的标准是什么。在这个过程中,人们对一个概念的关注也就越来越多,这就是品牌资产。

二、课前导学

(一)应知应会——品牌资产的含义

品牌资产,简单来说,就是品牌产生的市场效应。从已有的研究成果看,学者们主要从以下三个角度来解释品牌资产。

1. 基于消费者的品牌资产定义

从消费者的角度来定义品牌资产,是绝大多数学者所采用的方法。如果品牌对于消费者来说没有任何意义(价值),对消费者产生不了什么影响,那么它对于投资者、生产商或零售商也就没有任何意义了。因此,品牌资产的核心是如何与消费者建立起联系,消费者如何理解该品牌的意义和内涵等。

品牌资产积累的第一步是扩大品牌知名度,让消费者认识它是了解它和喜爱它的前提。这之后是与消费者的需求之间建立联系,很好地满足消费者的需求。也就是说,当消费者产生了对该类产品的需求时,就能够很自然地联想到该品牌。最后,品牌的产品功能和绩效必须满足消费者的要求,这样才能制定出适宜的战略和策略来维持或提高顾客的忠诚度。

2. 基于市场角度的品牌资产定义

基于市场角度的品牌资产概念认为,一个有价值的、强势的品牌应该具有强劲的品牌力,在市场上是有助于企业继续成长的。这种定义认为,品牌资产在财务上表现出来的价值只有在品牌收购或兼并时才很重要、才有意义,在品牌的运行发展中,品牌资产的大小应该体现在品牌自身的成长与扩张能力上,企业如果能够借助于一个品牌延伸推出新的产品,或者延伸进入新的业务领域,那么品牌资产的价值就得以体现了。品牌的延伸力越强,说明品牌资产越大;反之,品牌资产就很小。基于市场角度定义品牌资产是顺应品牌不断扩张和成长而提出的。

3. 基于财务的品牌资产定义

从财务会计角度提出的品牌资产概念是为了方便计算企业的无形资产,以便向企业投资者或者股东提交财务报表,为企业并购、合资等商业活动提供依据。这种概念认为,品牌资产本质上是一种无形资产,一个强势品牌被视为具有巨大价值的可交易资产。如美国食品和烟草巨人菲利普·莫里斯公司以129亿美元购买卡夫(Kraft)品牌,该价格是卡夫(Kraft)有形资产价值的四倍。品牌资产的财务会计概念模型主要可用于以下目的:①向企业的投资者或股东提交财务报告,说明企业的经营绩效;②便于企业资金募集;③帮助企业制订并购决策。

(二)日积月累——品牌资产的特征

1. 增值性

追求价值增值是资产的直接目的,也是资产最基本的特征。品牌资产也是如此,它可以在企业的持续经营中,在运动中保值、增值。对一般有形资产而言,其投资和利用往往很明显,存在着明显的界限,投资会增加投资存量,利用会减少资产存量。而品牌资产则不同,品牌作为一种无形资产,其投资和利用往往是交织在一起的,难以截然分开。如果品牌管理利用得当,品牌资产非但不会因利用而减少,反而会在利用中增值。

2. 波动性

品牌资产是一个动态的概念,它是企业品牌管理行为的结果。品牌从无到有,消费者对品牌的感知由弱到强再到忠诚,品牌资产的价值得以累积,这是品牌管理者经营努力的结果。然而,品牌资产并不是只增不减、单向累积的,任何一次品牌决策的失误、品牌危机的出现,都有可能导致品牌资产发生波动甚至大幅度下降。实践证明,即使是世界知名的强势品牌,其资产价值也不是单向上升而是上下波动的。

3. 竞争性

资产增值的本性决定了资产和资产之间必然会展开竞争,而竞争关系一旦形成,它对资产的存在和运动又会转化成一种外在的强制力,所以竞争性既是资产内在属性的要求,又是面临外在压力的反应,品牌资产也是如此。品牌资产的竞争性体现在强势品牌不仅给目标群体留下深刻的知觉印象,而且能给他们以质量和服务上的保证和承诺,拉近与目标群体之间的心理距离,甚至为目标群体带来鲜明而独特的心理感受和情感上的依托,从而与目标群体之间建立起稳定的关系。所以,品牌会与品牌之间形成抢夺客户的竞争关系,这也是品牌资产之所以重要的意义和依据。

(三)实践训练

(1)品牌资产的竞争性体现在哪里?

_____

_____

_____

_____

(2)列举一个品牌资产相关案例。

_____

_____

_____

_____

三、任务实施前准备

(1)知识准备:戴维·阿克品牌资产五星模型(见图10-1)。

(2)工具准备:笔记本、笔、电脑、网络。

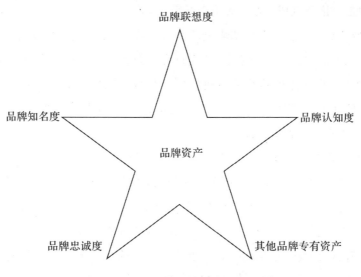

图 10-1　戴维·阿克品牌资产五星模型

四、任务实施流程

本任务实施流程如表 10-1 所示。

表 10-1　任务一实施流程

序号	作业内容	说明
1	确定调研对象	确定 2~3 家企业作为调研对象
2	收集资料	分组对企业的基本情况、品牌资产管理方面进行调研并收集资料
3	整理资料	以小组为单位对调研企业的资料进行归纳整理
4	撰写调研报告	在前期调研的基础上,撰写完整的调研报告
5	汇报	分组对企业品牌资产的调研进行汇报

五、知识链接

1.品牌忠诚度

品牌忠诚是指顾客对品牌所持有的态度,它反映顾客对品牌感情忠诚的状况。品牌忠诚是品牌资产的核心组成部分,它直接影响到品牌的生存和发展。顾客对不同品牌的忠诚度会有所区别,因此品牌忠诚度就是顾客对品牌感情深浅的程度。

戴维·阿克根据顾客对品牌忠诚的程度不同把品牌忠诚度从低到高分成五个层次:

第一,无品牌忠诚的购买者。这是品牌忠诚度最低的购买者,这类购买者对品牌漠不关心,他们在购买决策中购买哪种品牌根本无所谓,品牌对他们的购买决策不起任何作用,决定

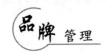

他们购买行为的是价格便宜或者购买便利等因素。

第二，习惯型的购买者。这类购买者处于品牌忠诚的第二个层次，他们是那些对品牌基本满意或至少没有意见的顾客。一般来说，这类顾客不会因为不满意而去购买其他品牌的产品，但一旦竞争品牌提供更优惠的价格或者更好的产品、赠品、奖励等，他们就会进行品牌更换。但如果没有明显的好处，他们仍然会购买原来的品牌，不是因为他们对品牌有多忠诚，而是因为习惯、因为不想折腾去了解新产品。

第三，满意型的购买者。这类购买者处于品牌忠诚的第三个层次。他们对产品感到满意，同时因为转换品牌进行购买需要花费更多的时间、精力成本，还有适应新品牌产品的风险，所以他们一般不会转换品牌。竞争对手要想争取到这部分顾客难度比较大，当然除非提供更加诱人的利益，让这类顾客认识到花费成本进行品牌转换是值得的。

第四，朋友型的购买者。这类购买者处于品牌忠诚的第四个层次。他们是真正喜欢品牌的忠诚顾客。他们对品牌的偏好是建立在对品牌标志、使用体验、产品质量等高度满意的基础上的，这类购买者与品牌有了一种情感性的联系，建立了类似于朋友之间的关系。

第五，忠贞型的购买者。这类购买者处于品牌忠诚的最高层次。他们以自己使用的品牌为骄傲，对于他们来讲，品牌产品不光是用来使用的，更是他们表达自我、体现自己生活方式的一种形式，所以他们乐意向周围的人宣传和推荐这种品牌。

2. 品牌知名度对品牌资产的作用

（1）知名度能产生品牌联想。品牌联想是品牌的各种信息经由一次次的传播在消费者大脑中累积形成的印象。品牌知名度高，品牌的信息传递次数就多，消费者一再接触到这类信息，久而久之就会在大脑中留下深刻的印记，一旦产生购买需求，品牌的相关信息联想自动就会浮现出来，推动消费者的购买行为。

（2）知名度导致熟悉度，进而引发对品牌的好感。人是习惯的动物，对于熟悉的事物往往容易产生好感和依赖感。知名度高的品牌，消费者熟悉程度就高，自然也就有好感。

（3）知名度是一种保障。品牌知名度高，容易给人一种大品牌的印象，给消费者带来一种心理上的保障。当消费者面对多种品牌进行选择时，他的心理一定包括：这个品牌这么有名，一定错不了；这个品牌做这么大的广告，一定错不了；这么多人都买这个品牌，一定没问题；这么多人都用这个品牌，应该可以放心用；即使这个品牌产品有问题，反正这么多人用呢，又不是只有我一个，会有人出来维权的。

（4）知名度高的品牌容易获得销售渠道。品牌知名度高，消费者购买的意愿就强，对于经销商来说，消费者愿意购买的品牌就是他们最乐意进货并且放到货架上最显眼的地方进行销售的品牌。因此品牌知名度高，销售渠道更容易获得，而且生产企业在跟中间商进行利益博弈时往往也处在有利的位置。

六、总结评价

任务考评表

考评任务	被考评人	考评标准					
		考评内容	分值	自我评价	小组评价	教师评价
品牌资产的内涵	班级： 姓名：	1.调研准备充分，分工合理	10			
		2.调研记录内容全面，准确性高	20			
		3.调研过程纪律表现良好，注重团队合作	10			
		4.调研报告总结及时、认真，正确理解品牌资产的内涵	30			
		5.汇报时PPT内容完整、美观，语言表达流畅，着装、仪态合乎要求	20			
		合计				
		综合得分 （自评占10%，组评占30%，师评占60%）				

任务二　品牌资产的评估

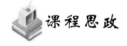

品牌价值

品牌价值是品牌经济发展和建设过程中的重要标志，是一个企业综合实力和竞争力的重要体现，也是经济全球化中重要的要素资源。它不仅是一家企业的名片，也是一个国家软实力的象征，甚至决定着这个国家在全球经济体系中的话语权。

下面是部分中国品牌在各品牌价值排行榜的排名情况：

腾讯在2018年《中国500最具价值品牌》分析报告中位居第二；

中国工商银行位列"2021福布斯全球上市公司2000强"第1位；

中国建设银行位列"2021福布斯全球上市公司2000强"第4位；

五粮液以302.9亿美元品牌价值入选"Brand Finance（品牌金融集团）2023年全球品牌价值500强"，排名第59位。

品牌是高质量发展的重要象征，更是企业宝贵的无形资产。为此，越来越多的中国龙头企业重新审视品牌的发展，它们将提升品牌价值、建设成为世界一流品牌等作为重要指标列入年度重点工作。

学生思考

品牌价值重要吗?

教师点评

品牌价值是品牌经济发展和建设过程中的重要标志,是一个企业综合实力和竞争力的重要体现!

一、任务描述

不能衡量品牌价值就无法管理,也无法有效地激发起企业创建品牌的主动性和积极性。正是基于此,我们需要学习品牌资产评估方面的知识。

二、课前导学

(一)应知应会——品牌资产评估的意义

1.有助于管理者了解品牌在消费者心目中的位置

由品牌价值链得知,消费者对于品牌的看法和态度是品牌资产的根本来源。只有了解品牌在顾客心目中处于什么样的位置,企业才能找出目前所存在的品牌资产问题,从而改进营销活动和管理行为。

2.有助于评估品牌的延伸能力

企业在发展的过程中为了充分利用品牌资源,必然要延伸产品。延伸的产品能否成功,很大程度上取决于母品牌是否具有强大的品牌资产。研究表明,品牌的认知度和忠诚度越高,品牌的延伸能力就越强;反之,延伸能力就弱。

3.便于企业之间的兼并收购

企业之间的兼并收购在当今市场经济环境下非常普遍,品牌作为企业一项非常重要的无形资产,必须纳入企业资产的计值中。通过对品牌资产进行评估,可以完善企业资产在资产负债表上面的记录,使企业资产得到完全的反映。如果不对品牌资产进行评估,那么企业的价值将会被大大低估。

4.有助于对品牌建设的成效进行考查

品牌资产价值反映了企业的财务收益。这个财务收益反映的是品牌未来几年的现金流量折现,体现了品牌对企业收益的贡献。

5.有助于获得企业利益相关者的支持

企业的利益相关者主要包括股东、人才、顾客、金融机构、中间商等。企业要想吸引这些利益相关者进行合作,就需要展示自己的实力。企业通过品牌资产评估将品牌价值数字化,就能够增强股东的投资信心,吸引更多优秀的人才加盟,吸引更多顾客购买,吸引更好的中间商合作,以及得到更多的融资渠道。

(二)日积月累

1.品牌资产评估指标

品牌资产评估指标如表10-2所示。

表10-2 品牌资产评估指标

指标	评估指标释义
1.品牌的了解、认知、识别、回忆	测评品牌力量,反映不同条件下消费者区分品牌的能力
2.定位认知	通过目标市场或细分市场鉴别定位和销售信息的市场认知水平
3.契约履行	测评一个品牌对其品牌契约的支持程度
4.角色识别	测评品牌与品牌角色一致性的程度
5.关联阶梯	类似于角色识别评估指标,有助于确定在品牌价值金字塔上,品牌价值是在上升、下降还是原地不动
6.赢得消费者	统计那些由于品牌吸引力才联想起企业的消费者
7.流失的消费者	统计那些遗忘我们的品牌,而转向竞争对手的消费者,或者是离开我们所服务的行业的消费者
8.市场份额	使用我们品牌的潜在消费者(处于我们商品的类别中的人)的百分比
9.现有消费者渗透	评估依靠品牌力量向现有消费者销售其他产品或服务的数量
10.客户忠诚度	测评消费者持续购买我们的某品牌的程度以及这种忠诚维持的时间
11.购买频率	评估品牌能提高购买频率的程度
12.社会影响	计算既定时间正面的公共关系影响品牌进步的次数
13.品牌关系	了解消费者对品牌持何种感受以及如何对他人谈论起该品牌
14.推荐指数	确定消费者、影响者或其他利益相关者向新的潜在客户推荐我们品牌的百分比
15.消费者满意度	消费者对产品或服务的满意程度打分
16.财务价值	明确品牌在市场的财务价值(假如品牌被出售、转让或用于投资)
17.溢价	与其他品牌以及关键的竞争对手相比,我们的品牌可以在多大程度上索要溢价
18.广告回报	广告预算方面的财务回报
19.顾客终生价值	因品牌的影响力而长期维系消费者的关系所获得的价值

2.四种品牌资产评估模型中对评估指标的选择

(1)品牌资产评估模型(见图10-2)。扬·罗必凯公司的品牌资产评估模型针对消费者用以下四项指标对每一个品牌的表现进行评估:①差异性(differentiation),即品牌在市场上的独特性及差异性程度;②相关性(relevance),即品牌与消费者相关联的程度,品牌个性与消费者适合的程度;③尊重度(esteem),即品牌在消费者心目中受尊敬的程度、认知质量以及受欢迎程度;④认知度(knowledge),用来衡量消费者对品牌内涵及价值的认识和理解的深度。

在消费者评估结果的基础上,该模型建立了两个因子:其一,品牌强度(brand strength),等于差异性与相关性的乘积;其二,品牌高度(brand stature),等于品牌地位与品牌认知度的乘积,并构成了品牌力矩阵,可用于判别品牌所处的发展阶段。

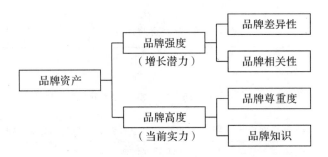

图 10-2　扬·罗必凯公司的品牌资产评估模型

(2)品牌资产趋势模型。品牌资产趋势模型选择以下三项指标来衡量品牌资产:①品牌的认知程度,即消费者对品牌认知比例,也可以分为第一提及、提示前及提示后知名度;②认知质量,即品牌资产趋势模型的核心,因为消费者对品牌质量的评估直接影响到品牌的喜欢程度、信任度、价格以及向别人推荐的比例;③使用者的满意程度,即品牌最常使用者的平均满意程度。

(3)品牌资产十要素模型。品牌资产十要素模型是由戴维·阿克提出的,从五个方面衡量品牌资产,即忠诚度、感知质量或领导品牌、品牌联想或差异化、品牌知名度和市场行为,具体包括十项具体评估指标。①品牌忠诚度评估:价差效应、满意度或忠诚度。②感知质量或领导品牌评估:感知质量、领导品牌或普及度。③品牌联想或差异化评估:感觉中的价值、品牌个性、公司组织联想。④知名度评估:品牌知名度。⑤市场行为评估:市场份额、市场价格。

(4)品牌资产引擎模型。品牌资产引擎模型建立了一套标准化的问卷,通过专门的统计软件程序,可以得到所调查的每一项品牌资产的标准化得分,得出品牌在亲和力(affinity)和利益能力(performance)这两项指标的标准化得分,并进一步分解为各子项的得分,从而可以了解每项因素对品牌资产总得分的贡献,以及哪些因素对品牌资产的贡献最大,哪些因素是真正驱动品牌资产增长的因素。

(三)实践训练

(1)为什么要进行品牌资产评估?

(2)列举餐饮品牌价值前十的企业。

三、任务实施前准备

(1)知识准备:贝里(Berry)服务资产品牌模型(见图10-3)。

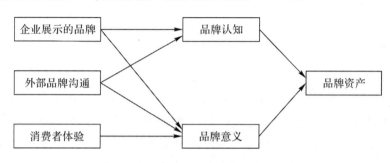

图10-3 贝里服务资产品牌模型

(2)工具准备:笔记本、笔、电脑、网络。

四、任务实施流程

本任务实施流程如表10-3所示。

表10-3 任务二实施流程

序号	作业内容	说明
1	确定调研对象	确定1家企业作为调研对象
2	收集资料	分组对该企业的基本情况、品牌资产评估等进行调研并收集资料
3	整理资料	以小组为单位对调研企业的资料进行归纳整理
4	撰写调研报告	在前期调研的基础上,撰写完整的调研报告
5	汇报	分组对品牌资产评估的调研进行汇报

五、知识链接

1. 凯文·凯勒的基于顾客的品牌资产金字塔模型

20世纪90年代,美国品牌权威学者凯文·凯勒在《战略品牌管理》一书中提出了"基于顾客的品牌资产"模型。凯文·凯勒的模型将品牌资产分成四个层次,由下到上依次为品牌识别、品牌含义、品牌响应、品牌关系。品牌识别回答了"品牌是谁"的问题,它是品牌被消费者知晓的程度,也就是品牌的显著度。品牌含义属于品牌所代表的产品层面的意义,包括功效和形象。品牌响应表示顾客对品牌的感觉如何,包括品牌判断和品牌感受。品牌关系代表顾客对品牌的钟情程度和联系的密切程度,体现出品牌共鸣。从金字塔底部的品牌识别,到金字塔顶部的品牌关系,反映的是品牌资产在消费者心里的形成过程。

凯文·凯勒为每一个具体指标都设计了若干问题进行测量,这样不仅能够使管理者全面了解品牌资产的现状,而且可以使他们清楚在品牌资产形成过程中每一个步骤的成效如何。并且,模型从理性和感性两条线路来测量品牌资产的形成过程,从而也帮助了品牌定位现状检查和未来路线的规划。

2. Interbrand 的品牌价值评估模型

Interbrand(英图博略)成立于 1974 年,是全球最大的品牌管理与市场咨询公司之一。早在 1984 年,Interbrand 就开始研究品牌价值的评估方法。1988 年,它在业内率先推出了专有的品牌价值评估模型,并在次年 Grand Met 的并购案中,为 Pillsbury 品牌群进行了划时代的品牌价值评估。Interbrand 的评估体系第一个通过了 ISO 国际认证,是业界公认的权威品牌评估工具。1993 年,Interbrand 并入全球第二大传播集团宏盟。2000 年,Interbrand 开始与顶级商业杂志《彭博商业周刊》合作,联合发布年度"最佳全球化品牌榜"。

Interbrand 采用收益法进行评估,其逻辑是品牌估价就是对品牌未来能够产生的收入以及现金流的现值进行评估。因此,品牌价值就是未来品牌所有权收益的现值。

$$品牌价值 = 无形收益 \times 品牌化角色 \times 品牌贴现率$$

第一步,财务分析,基于上市公司的公开财报来分析品牌化产品或服务的财务表现,确定其经济附加值。

第二步,评估品牌在不同行业、不同细分市场所扮演的驱动需求的作用。这个作用力就叫作品牌化角色(role of brand),简称 RBI 指数。这个指数用以测量无形收益中品牌因素所贡献的比例。RBI 指数因行业不同而平均差异很大。

第三步,确定品牌贴现率,它由品牌强度分析(brand strength score, BSS)的得分转化而来,反映了品牌在未来获得收益的风险大小。BSS 评估的是品牌对企业未来收益的影响,反映了品牌创造顾客忠诚度的能力以及对顾客决策的影响力,它代表着企业管理品牌的水平。因此,BSS 就是 Interbrand 对于品牌资产的理解。

在测量 BSS 的因子上,Interbrand 有过多次修改。2012 年以来,Interbrand 进一步完善其模型和评估指标,目前是十项指标,其中包括 clarity(清晰度)、commitment(对品牌的信仰与承诺)、governance(管控)、responsiveness(更新)四项内部因素以及 authenticity(真实性)、relevance(相关性)、differentiation(差异性)、consistency(一致性)、presence(外部形象)、engagement(参与度)六项外部因素。

3. Kantar Millward Brown 的品牌价值评估模型

Kantar Millward Brown（凯度明略行）将其每年发布的品牌价值评估榜单命名为 BrandZ，全称为 BrandZ 全球最具价值品牌 100 强，它已经成为世界上最知名的品牌评估平台之一。

其评估品牌价值的逻辑也是收益法，也就是公司总收益中有多少是由品牌效应贡献的。具体计算公式是为

品牌价值＝品牌收益×品牌贡献×品牌乘数

(1)品牌收益。将企业的总体收益分解成具体产品品牌的收益，看看一家企业的收益中有多大比例是在品牌的旗帜下产生的。

(2)品牌贡献。分析品牌收益中，真正归因到品牌因素上的比例，消费者是因为品牌才选择它，而非促销等其他因素。品牌贡献反映了消费者对品牌的态度、与品牌的关系，是真正的品牌资产。

(3)品牌乘数。分析品牌驱动收益的未来增长潜力有多大，品牌乘数由品牌动力、市场价值、增长潜力等指标聚合而成。它评估品牌贡献的具体模型叫作"MDS"，包括了三个维度：①有意义(meaningful)，即品牌对消费者需求的满足和关系的建立。它又分成需求满足和亲和力两个关键指标。消费者对产品表现和需求被满足的感知，对品牌是否有亲切感。②差异化(different)。差异化也分成两个指标：独特和活力。独特代表品牌在自己所处品类中，是否与众不同、独一无二；活力代表品牌是否能引领品类的发展趋势，有创新性。③显著性(salient)，反映消费者能否迅速识别品牌。显著性只有一个指标，那就是消费者头脑中的第一识别力。

4. Brand Finance 的品牌价值评估模型

Brand Finance 是一家总部位于伦敦的品牌估值和市场战略咨询公司，也是独立第三方品牌价值评估与咨询机构，常年为全球各行业最具影响力的近万家品牌进行估值，是评判全球品牌价值的重要依据。Brand Finance 计算品牌价值的思路完全从金融和财务出发，具体方法叫作"特许费率法"。假定一个企业的品牌不属于该企业所有，而由第三方机构授权该企业使用，为此企业需要支付一定的品牌特许费用，这个款项即为品牌价值。它会根据公开可用的交易记录来确定每个行业的特许费率范围，确定上下限；接着计算该行业中一个品牌的品牌强度指数(brand strength index,BSI)，以此再确定在行业中使用该品牌的特许费率。这一方法中最核心的 BSI 由三部分构成，分别是现有表现、顾客评价和未来预期。其中，现有表现包括利润、销售额、市场占有率、定价等，顾客评价包括知名度、联想度和美誉度，未来预期则包括重复购买、竞争者策略等。

六、总结评价

任务考评表

考评任务	被考评人	考评标准				
		考评内容	分值	自我评价	小组评价	教师评价
品牌资产的评估	班级： 姓名：	1.调研准备充分，分工合理	10			
		2.调研记录内容全面，准确性高	20			
		3.调研过程纪律表现良好，注重团队合作	10			
		4.调研报告总结及时、认真，正确认识品牌资产评估的含义，具有合理性	30			
		5.汇报时PPT内容完整、美观，语言表达流畅，着装、仪态合乎要求	30			
		合计				
		综合得分 （自评占10%，组评占30%，师评占60%）				

任务三　品牌资产的保护

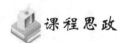

小红书诉"小红书奈斯造型"商标侵权

在《小红书诉"小红书奈斯造型"商标侵权及不正当竞争》(2023)辽知民初字第0001号案件中，沈阳市中级人民法院一审判决被告停止侵权，并赔偿小红书100万元。法院认为，被告使用"小红书"字样作为店铺名称，并擅自在店铺招牌、店内"入店防疫场所码"及收费码等多处使用含有"小红书"字样的标识，与小红书的驰名商标"小红书"构成混淆，侵犯了小红书的商标权和企业名称权。法院认定"小红书"商标在第9类计算机软件上为驰名商标，可以获得跨类保护。

学生思考

品牌资产保护为什么很重要？

教师点评

为使企业的巨大无形资产和宝贵财富不受侵犯，企业必须对自己的品牌实施有效保护。

一、任务描述

当一个品牌培育成功以后,它的生存环境就变得异常复杂。由于品牌是一项十分重要的无形资产,尤其是名牌、驰名商标等具有极高的经济价值,这就使它们容易成为不法商人眼中的唐僧肉。创名牌不易,保名牌更难。

二、课前导学

(一)应知应会

1.品牌保护的定义

品牌保护就是对品牌所有人、合法使用者的品牌实行资格保护措施,以防范来自各方面的侵害和侵权行为。但在全球经济一体化时代,这一含义已不能适应品牌日益被侵害的现实。品牌遭到的攻击不仅仅是法律意义上的,而且越来越是全方位的,更多时候品牌侵害是来自市场的攻击。

我们将品牌保护定义为:企业在品牌运营中所采取的一系列维护品牌市场竞争优势的活动。它包括巩固提高品牌的竞争力与市场影响;延长其市场寿命;维持品牌与消费者之间的长期忠诚关系,树立良好的品牌形象;促进品牌资产不断增值。

2.品牌保护的背景

(1)社会与心理背景。品牌竞争是指商家对消费者心灵的争夺。消费者对品牌的偏好源于对品牌个性的认同,而对品牌个性的认同似乎又与消费者自己的个性密切相连。品牌个性与品牌的其他所有属性一起,构建了品牌形象。在产品功能利益点越来越小的情况下,消费者购买时看重的是实物与心理利益之和,而形象化的品牌能带来品牌的心理利益。消费者透过品牌形象,可在自己的头脑中联想到一系列与此品牌有关的特性与意义,这些内容深深地定位于消费者的思想与情感中,最终影响到他们做出的购买决策。

(2)经济背景。在品牌竞争的时代,强势品牌是企业真正的利润增长点,它能获得高于平均利润的超额利润。因此,实施品牌战略已成为企业的经营战略之一。但在急功近利的企业行为驱动下,品牌建立的长期性使某些企业疏于品牌管理,而采取"傍名牌"的不法行为,假冒现象由此而生。品牌的知名度越高,假冒者就越多,技术失窃的可能性也就越大。品牌商品,尤其是名牌、驰名商标商品被侵害的比例远远高于一般品牌。假冒伪劣给不法企业带来的是短期利益,给消费者和企业带来的是严重伤害,这种情形构成了品牌保护的经济背景。

(二)日积月累——品牌保护的意义

首先,品牌保护是对企业创新力的保护。企业是经济活动的主体,也是创新的主体。企业创新活动为社会提供了丰富的商品,满足了人类的生活需求,提高了人类生活的质量。其次,品牌保护是对知识产权的保护。品牌保护可以防止他人盗用企业商标、名称,从而保护企业的知识产权,确保企业在商业活动中获得更大的利益。最后,品牌保护是对消费者合法利益的保护。品牌保护的一个重要原因,就是保护消费者的利益。由于在全球范围内信息不对称,某些假冒伪劣商品肆意横行,消费者往往被这些外表绚丽的商品所蒙蔽,结果深受其害。

(三)实践训练

(1)为什么要进行品牌资产的保护?

(2)列举一个品牌保护的案例。

三、任务实施前准备

(1)知识准备:品牌作用机理模型(见图10-4)。

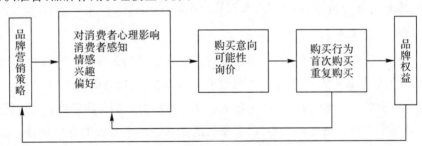

图10-4 品牌作用机理模型

(2)工具准备:笔记本、笔、电脑、网络。

四、任务实施流程

本任务实施流程如表10-4所示。

表10-4 任务三实施流程

序号	作业内容	说明
1	确定调研对象	确定某一品牌企业作为调研对象
2	收集资料	分组对企业的基本情况、品牌保护机制等进行调研并收集资料
3	整理资料	以小组为单位对调研企业的资料进行归纳整理
4	撰写调研报告	在前期调研的基础上,撰写完整的调研报告
5	汇报	分组对企业品牌保护机制的调研进行汇报

五、知识链接

1. 品牌的经营保护

1）维持高质量的品牌形象

维持高质量的品牌形象可以通过以下途径：①评估产品目前的质量。在品牌组合中，目前被顾客认为质量低的是哪些品牌？是整个品牌还是某个方面？企业的销售人员是缺乏训练还是缺乏与产品有关的业务知识？品牌经营者如果不能确定，那么就直接询问顾客对该品牌产品的质量有什么意见。②设计产品时要考虑顾客的实际需要。③建立独特的质量形象。④随时掌握消费者对质量要求的变化趋势。⑤让产品便于使用。⑥倾听顾客意见，对现有产品质量进行改良；倾听专家意见，以便在产品质量上有所突破。

2）进行品牌再定位

在进行品牌重新定位的选择时，品牌经营者必须考虑两个因素。一个因素是将品牌转移到另一细分市场所需的费用，该费用包括产品品质改变费、包装费和广告费等。一般来说，更新定位离原定位越远，则所需费用就越高；改变品牌形象的必要性越大，所需的投资也就越多。另一个因素是定位于新细分市场的品牌能获得多少收益。收益的大小取决于以下因素：有偏好的细分市场的消费者人数，这些消费者的平均购买率，在同一细分市场内已有竞争者的数量和实力，以及在该细分市场内为品牌所要付出的代价。

3）以市场为中心，迎合消费者需求

对品牌经营者而言，以市场为中心就是以消费者为中心。因为品牌不是经营者的品牌，而是消费者的品牌。品牌的经营保护与消费者的兴趣、偏好密切相关。如果品牌的内容不随着市场上消费需求的变化而做相应的调整，品牌就会被市场无情地淘汰。以市场为中心就要求品牌经营者建立市场动态调控系统，随时了解市场上消费者的需求变化状况，及时地对品牌进行调整，只有这样才能确保品牌在市场竞争中不会处于劣势。

4）保持品牌的独特性

只有在保持品牌独立性的前提下才能维持品牌形象，使品牌不断发展、壮大。品牌的独立性是指品牌占有权的排他性、使用权的自主性以及转让权的合理性等方面的内容。占有权的排他性是指品牌一经注册，就成为企业财产的一部分，归本企业独家占有，其他企业或产品不得重名。

2. 品牌资产的自我保护

（1）保持技术领先。技术领先是企业产品名牌地位赖以确立和长久维持的先决条件。技术领先意味着在相同市价条件下，企业提供的产品比同类竞争产品具有更多的功能和更优的品质，能给消费者带来更多的价值和效用。

（2）严格技术保密。企业以明显区别于竞争者提供的同类产品，从而形成某种相对垄断局面,在激烈的竞争中赢得一席之地。产品差异可以存在于多个方面,但相当一部分企业产品与其独特的原料、配方、工艺或其他技术秘密有关。

(3)统一技术标准。在激烈的竞争中,一些拥有良好效益和品牌声誉的公司往往会突破原有企业、地域乃至国界的局限,通过购并、控股、合资、联营、承租乃至纯粹的品牌特许方式,将生产扩大至别的单位或允许他人有偿使用本企业品牌生产产品,以求获得更多的市场份额和利益。必须牢记的是,质量是品牌的生命,企业在扩大生产规模时一定要视自己的控制能力而行,对特许单位坚持统一的技术要求,严格按母公司的质量标准组织生产,决不能因盲目追求规模而牺牲企业品牌声誉。

(4)恰当选择营销渠道。除了部分直销企业外,多数企业的产品都要通过一个或几个中间环节才能最后送达目标市场的顾客手中,这就产生了渠道与中间商的选择问题。对名牌企业来说,渠道选择不仅关系到产品的流通效率与利益分割,而且关系到品牌声誉。

(5)重视产品销售保证。在现代条件下,销售保证甚至比产品品质本身更重要。对许多商品而言,特别是对那些价值较高的机器设备和耐用消费品而言,人们的购买选择往往取决于企业提供的销售保证程度。因为在较成熟的产业市场上,各厂商提供的产品品质并无太大区别,品牌往往是人们购买时的首选因素。

3.品牌自我保护的方法

(1)积极开发和应用专业防伪技术。有些产品品牌和包装的技术含量低,使制假者伪造极为容易,这是有些品牌的假冒伪劣产品屡禁不止的一个重要原因,所以必须采用高技术含量的防伪技术来有效保护企业品牌。企业开发和应用防伪技术的有效途径如下:①企业自己独立开发和应用防伪技术;②企业与专门的防伪技术机构合作开发和应用防伪技术;③企业直接向防伪专业机构定购其已开发出的防伪技术产品。不论哪种防伪方法,只要行之有效均可采用,或者结合采用。采用现代高科技含量的防伪技术是有效保护品牌的重要手段,这要求企业品牌经营者要有清晰的认识,保持高度的警惕,综合运用多种高科技尖端技术,使一般人难以仿制。

(2)运用法律武器参与打假。假冒伪劣作为一种社会公害,是会长期存在的,不可能一谈打假,假货就会退出市场。打击假冒伪劣是一场长期的、持久的战斗,企业经营者要有长期作战的思想准备。

(3)严守品牌机密。当今世界是信息的世界,谁掌握了信息,谁就有了主动权。在知识经济时代,信息可能比资产更为重要。在和平年代里,经济情报已成为商业间谍猎取的主要目标,严酷的现实要求品牌经营者必须树立信息观念,高度警惕、妥善保护自己品牌的秘密,防止泄密。

(4)避免互相杀戮。品牌经营者在激烈的市场竞争中不应攻击竞争品牌,更不能互相诋毁,否则,很容易两败俱伤。

六、总结评价

任务考评表

考评任务	被考评人	考评标准				
	班级：	考评内容	分值	自我评价	小组评价	教师评价
品牌资产的保护	姓名：	1. 调研准备充分，分工合理	10			
		2. 调研记录内容全面，准确性高	20			
		3. 调研过程纪律表现良好，注重团队合作	10			
		4. 调研报告总结及时、认真，体现出对品牌资产保护的认识，具有合理性	30			
		5. 汇报时PPT内容完整、美观，语言表达流畅，着装、仪态合乎要求	30			
		合计				
		综合得分（自评占10%，组评占30%，师评占60%）				

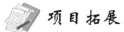

项目拓展

即测即评

参考文献

[1] 李静.双创导向下"品牌管理实务"课程重构研究[J].新潮电子,2023(4):169-171.

[2] 孙丽辉,李生校.品牌管理[M].北京:高等教育出版社,2023.

[3] 徐婷婷,巫春凤,刘宝平.服务供应商合作的制造企业服务化品牌价值:网络嵌入性视角的解释[J].现代管理,2023,13(4):513-519.

[4] 王咏,倪明."品牌管理"课程思政教学改革的难点与突破路径[J].吉林工程技术师范学院学报,2023,39(1):14-16.

[5] 史密斯,里奇.商标估值:品牌管理工具(原书第2版)[M].王星,于仁涛,译.北京:知识产权出版社,2023.

[6] 李曜轩.品牌管理战略的市场营销及创新策略探究[J].商业观察,2023,9(22):45-48.

[7] 瞿珊珊,舒咏平.信息时代品牌管理新趋势[J].上海商业,2023(1):53-55.

[8] 何佳讯.中国品牌管理:问题情境和理论思想[M].上海:华东师范大学出版社,2023.

[9] 黎建新.品牌管理[M].2版.北京:机械工业出版社,2022.

[10] 郑佳.品牌管理:案例与应用[M].2版.西安:西安电子科技大学出版社,2022.

[11] 王惠敏.新媒体环境下企业品牌管理的市场营销策略分析[J].老字号品牌营销,2022(4):33-35.

[12] 李元花.新媒体环境下企业品牌管理的市场营销策略分析[J].产业创新研究,2022(15):106-108.

[13] 刘伟.项目教学法在品牌管理课程中的创新应用分析[J].创新创业理论研究与实践,2022(14):181-184.

[14] 冯伟才.我国餐饮"老字号"品牌管理研究[J].市场调查信息:综合版,2022(22):163-165.

[15] 刘丽容.品牌管理战略的市场营销及创新策略[J].经济管理,2022(6):160-162.

[16] 张光鑫.新时期集团企业品牌管理的优化路径[J].经济师,2022(9):285-286.